支持现代粮食产业发展的财税政策体系研究

陈金玉　任碧云　寇　淮　韩晓亮　著

中国财政经济出版社

图书在版编目（CIP）数据

支持现代粮食产业发展的财税政策体系研究/陈金玉，任碧云，寇淮，韩晓亮著．—北京：中国财政经济出版社，2011.10

ISBN 978-7-5095-3035-1

Ⅰ.①支…　Ⅱ.①陈…②任…③寇…④韩…　Ⅲ.①粮食行业-财政政策-政策支持-研究-中国　Ⅳ.①F326.11

中国版本图书馆 CIP 数据核字（2011）第 161776 号

责任编辑：卢关平　　　　责任校对：张　凡

封面设计：郁　佳　　　　版式设计：兰　波

中国财政经济出版社出版

URL：http：//www.cfeph.cn

E-mail：cfeph@cfeph.cn

社址：北京市海淀区阜成路甲 28 号　邮政编码：100142

发行处电话：88190406　财经书店电话：64033436

北京富生印刷厂印刷　　各地新华书店经销

787×960 毫米　16 开　18.25 印张　306 000 字

2011 年 12 月第 1 版　2011 年 12 月北京第 1 次印刷

印数：1-2500　定价：40.00 元

ISBN 978-7-5095-3035-1/F·2574

（图书出现印装问题，本社负责调换）

本社质量投诉电话：010-88190744

序

农业在整个国民经济的发展过程中，起着为其他部门提供原料与食品的基础性作用；粮食产业作为整个农业中的重中之重，关系着国计民生和政局稳定。新中国成立以来，在国家的高度重视下，我国的粮食产业有了一定程度的发展，生产能力相对稳定并基本实现了自给自足，粮食产业链条基本完成。但我国的粮食产业发展依然薄弱，并出现了一些新问题，比如：尽管粮食种植面积占据了农用耕种面积的70%以上，但是盈利能力差，种粮农民收入较低；伴随人口的增加，对粮食产品的刚性需求上升，但耕地面积却在不断缩小。因此，如何解决粮食产业发展过程中的新问题，尤其是如何健全和完善粮食产业发展中的财税政策体系，成为了各国政府的关注焦点。

首先，可以肯定地讲，粮食产业明显的正外部性，对于维持社会稳定有着重要意义。从理论上说，在开放经济条件下，各国可以依托贸易来发挥其比较优势，粮食的需求可以通过进口来维持本国供需平衡；而且，在世界史上，一些先进的经济体确实有过粮食完全依赖进口的案例存在，例如“海上马车夫”荷兰，曾经在其贸易最发达时期，完全依靠粮食进口来满足本国的需求。但是，我们必须明白，要维持这种状况，必备两个基本条件，即：其一是政治强权，集中体现在军事上的霸主地位；其二是经济强权，体现为贸易上的绝对垄断和国际经济关系中的主导地位。观之我国现阶段国情，显然这两个条件都不具备；而且，一旦本国粮食产业受制于人，势必会造成经济体的不稳定，进而影响国家政权的稳定。历史上，拿破仑曾以粮食封锁手段作为战争手段，对英国进行打击。当时，英国小麦的进口量占当年粮食需求量的比例曾高达 1/6，当 1808 年拿破仑实施大陆封锁政策时，英国的粮食进口几乎中断，又恰逢 1809 年和 1810 年国内歉收，致使粮价从封锁前的 66 先令飞涨至 1810 年的 117 先令，严重影响了英国社会的稳定。

其次，由于粮食供给与人口增长的矛盾日益突出，粮食安全问题已经成为了世界各国关注的重点。2008 年，随着国际粮价飚升，粮食需求严重依赖进口的喀麦隆、布基纳法索、塞内加尔、科特迪瓦等多个非洲国家相继发生“粮食骚乱”，造成人员伤亡。可见，粮食供给的充足与否直接与国家政权和社会稳定相关联，支持粮食产业的发展对整个国家都有着重要的意义。中国是世界上人口最多的国家，庞大的人口基数形成了对粮食的巨大需求；同时，人口仍在缓慢增长，由人口增长导致的对粮食的刚性需求也随之上涨；而且，随着中国经济的发展，人民生活水平的不断提高，对粮食的需求不仅仅停留在吃饱，更对粮食的质量提出了进一步的需求。因此，我国粮食政策的重要目标就是要从总量和结构上调节我国粮食的供求状况，这不仅是对中国人民负责，更是对世界粮食安全所作的重要保障。

再次，对粮食产业的关注，有着深刻的经济学原因。从产业的特性来看，粮食产业存在着固有缺陷并限制了粮食产业发展。粮食产业发展的过程中，对资源的依赖性极强，耕地的质量和数量以及自然环境的好坏对粮食产品的产量和质量有着直接的影响，这是任何一个国家粮食产业发展过程中都无法避免的问题。同时，粮食产业是弱质性产业，易受自然风险和市场风险的双重冲击，依靠自身力量稳定发展能力较差，投资回报期长。粮食产业的这些弱质性和弱势性，如果任由市场机制自发地发挥作用，各种资源都会大量流出农业领域，从而危及农业的基础地位。就我国情形而言，粮食产业虽然一直有所发展，但是商品化程度始终较低，技术应用率也不高，使得我国的粮食产业的上述两点缺陷尤为明显，粮食产业的抗风险能力弱，且易受外部冲击。黑龙江大豆产业的沦陷，就是明显例证。黑龙江的非转基因大豆产业在国外的资本介入后，生产和加工业基本被外资所掌控，产业链条失去自主性；与大豆加工企业不断进口国外的低价大豆形成鲜明反差的是国内的豆农种植的大豆无人收购，这一现象引起了社会各界的广泛重视。为避免大豆沦陷的悲剧再次上演，并在国外资本与商品的双重冲击下还能够保持我国粮食产业的独立性，就又成为了一个新的重要话题。另外，美国量化宽松货币政策的实施，使国内通货膨胀的压力持续增加，要最大限度地削弱输入型通货膨胀对我国的影响，必须保证粮食的存量。因为只有手中有粮，心中才能不慌。

最后，粮食产业的重要性与特殊性，决定了政府应在市场调节的基础上加以政策引导。财政政策，作为国家根据一定时期政治、经济、社会发展的任务而规定的财政工作的指导原则，可以通过财政支出与税收政策来调节总需求，从而促进经济发展和维护分配公平。各国在发展粮食产业的过程中，都不同程度地利用财税手段对粮食产业加以支持，并形成了相应的政策体系。具体到我国，粮食产业没有形成相应的规模，商品化水平低，要实现产业结构的优化无法离开财政政策的支持和引导作用。更为重要的是，我国是一个农业大国，农业人口占据总人口的70%，且其中大部分为种粮农民。这样，粮食产业的发展水平，不仅直接关系到农民的收入水平，而且影响着农村的产业结构调整和广大人民生活质量的提高。可以说，全面建设小康社会，重点在于很好地解决“三农”问题。但是，我们遗憾地看到，农民的增产不增收现象在我国屡有发生，严重伤害了农民的种粮积极性，粮食市场的发展水平也不足以让农民的付出回报率完全对等。在这种情况下，健全财税支持政策体系、发挥财税政策的补贴效果，其重要性不言而喻。

本书的出版，无疑对我国粮食产业的发展及其发展中的财税支持政策体系的健全和完善，是一个有益的尝试和探讨；书中所讨论的问题及其观点，也给我们以很好的借鉴和参考。希望本书能够在充分发挥财税政策对粮食产业发展的支持效果和导向作用，促进市场力量与国家政策手段的有机结合，推动我国粮食产业健康有序发展等方面，做出一定的贡献。

由于本书涉及的面较广，也较为复杂，因此本书的缺点和不足在所难免，希望广大读者能够给予批评指正，以促进我国农业现代化的早日实现。

李京文

2011.10.25

前言

粮食产业，作为关系国计民生的基础性产业，历来受到各国政府的高度重视；中国，作为一个人口和农业大国，粮食产业的发展更是意义非凡。毋庸置疑，经过 30 多年的改革和开放，中国粮食生产的综合能力大大提高，粮食产量连年增长，农民收入持续增加，粮食市场也呈现平稳运行态势。但是，伴随城镇化进程不断加快而产生的耕地减少问题，由于管理体系不健全、运行机制不完善引发的食品安全问题，随着粮食贸易对外开放程度不断加深而呈现的粮食安全问题等等，都使人们比过去任何时候更加关注粮食问题。

本书以粮食产业发展为研究对象，以粮食产业发展中的财税政策体系为研究内容，本着理论联系实际、借鉴别国经验但不照搬别国做法的基本原则，结合中国经济运行的特殊性和复杂性，总结、梳理了粮食产业发展中财税支持政策的理论基础，概括、分析了国内外粮食产业发展的现状及未来趋势，考察、探讨了中国现行粮食产业发展中财税政策体系的实施效应、存在问题和成因以及今后改革和完善的思路及建议。

基于此，全书的内容分为 7 章。

第一章，导论。

第二章，粮食产业发展的财税理论。本章综述了国内外关于粮食产业发展中财税支持政策的早期与近现代研究成果，着重介绍了其中有较大影响的学派及其代表学者的理论和观点。

第三章，国外粮食产业发展现状及未来的发展趋势研究。本章在考察了发达国家和发展中国家的粮食产业发展现状的基础上，对国外粮食产业发展具有市场化、全球化和科技化的趋势作了介绍和分析。

第四章，中国粮食产业发展现状及未来的发展趋势研究。本章在第三章的基础上对中国当前粮食产业发展状况进行了现实分析，结合中国粮食产业问题的特殊性与复杂性，对中国粮食产业应具有绿色化和优质化的发展趋势作了分析和探讨。

第五章，国外支持粮食产业发展的财税政策体系研究。本章研究了当今世界发达国家和发展中国家对粮食产业发展的财税政策支持，并在总结其经验与教训的基础上，进一步抽象出完善中国支持粮食产业发展的财税政策体系的几点启示。

第六章，中国支持粮食产业发展的财税政策研究——历史演进及现状分析。本章在考察中国支持粮食产业发展的财税政策的历史演进基础上，利用计量经济学方法分析和检验了政策效应，提出了中国现行支持粮食产业发展的财税政策中存在的问题并作了成因分析。

第七章，中国支持粮食产业发展的财税政策研究——政策体系改进建议。本章在第六章所归纳的问题及原因的基础上，探讨了中国粮食产业的战略发展方向，并依此对中国现行支持粮食产业发展的财税政策提出了改进和完善的建议，特别强调了金融政策工具的重要性。

本书试图在以下三个方面为中国粮食产业发展及其财税政策体系的完善做出贡献。第一，通过国内外粮食财税政策发展趋势的系统研究，为完善和发展中国粮食财税政策理论奠定理论基础；第二，通过国际比较研究，科学借鉴发达国家经验，为中国粮食财税政策的调整与相关法律法规的修订提供参考意见和建议；第三，通过分析、比较典型国家（地区）粮食财税政策背景、目标、手段的演变历程及发展方向，尽可能在准确把握世界贸易组织（WTO）粮食贸易规则的前提下，为中国粮食财税政策体系的调整与完善提供思路和建议。

本书由河南省中小企业担保集团股份有限公司董事长陈金玉，天津财经大学教授、博士生导师任碧云，中央财经大学博士、博士后寇准，财政部办公厅处长韩晓亮共同撰写，是一本由高校、实际工作部门、政府主管部门的专家、学者共同完成的一部理论专著。天津财经大学的陈实、封禹、王熙、刘云、李如意、李婧、李岚、林晨同学在资料的搜集和整理方面做了大量的工作并参与部分内容写作，书中还引用了诸多书籍和文献的观点及数据，中国财政经济出版社的张立宪副总编辑也为本书的出版付出了大量辛勤劳动，在此一并致谢。

由于粮食产业的发展时刻面临新的问题，各国政府支持粮食产业发展的财税政策体系也在不断改革和完善，我们的思考和探索也将继续。本书如能对中国粮食产业发展及其财税政策体系的完善有所贡献，我们也将深感荣幸！

限于作者的学识，书中难免会有各种局限与不足，恳请读者批评指正。

作者

2011 年 9 月

目录

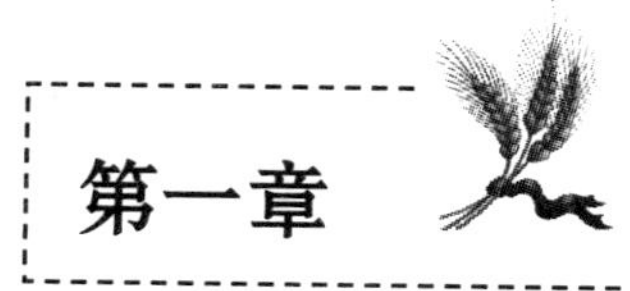

第一章 导 论

第一节 本书研究的背景

粮食产业作为一个多领域的大产业，涉及生产、收储、加工、流通、科学研究等多个环节。支持粮食产业发展的财税政策体系，是由支持粮食产业链条各个环节的财政支持政策和税收政策系统构成的宏观经济运行与管理系统，它通过整体功能的发挥，促成国家粮食与农业发展目标的实现。在不同的环境、农业发展水平与目标约束下，会有不同的支持粮食产业的财税政策体系，随着环境、农业发展水平与目标的变化，必然要求对既有的支持粮食产业发展的财税政策体系做出变革甚至重新构建。

一、中国发展现代粮食产业的需要

中国工业化的迅速发展与人民收入水平的不断提高，使人们对粮食的关注点发生重要变化：由关注粮食安全向关注食品安全变化；由关注粮食数量安全向关注粮食质量安全变化；由关注总量安全向关注弱势群体用粮安全转变①。

① 范建刚：《新型国家粮食供给调控体系的构建》，中国社会科学出版社 2008 年版，第 1 页。

在农业中，粮食生产在农户农业经营中的地位不断下降。1983～2004年，全国粮食播种面积占农作物播种面积的比重已从79.2%下降到66.2%，其中上海市、新疆维吾尔自治区已下降至40%以下。包括粮食在内的种植业收入占农民家庭经营收入的比重已从73.4%下降到20%，其中来自种植粮食的收入占农民家庭经营收入的比重平均不到10%。对农民来讲，粮食产业已日益成为单纯的生存保障产业，越来越多的农民把增加货币收入当做从事经营活动的首位目标或基本目标。可以看出，农业已明显进入到工业化中期阶段的结构调整时期，粮食产业与农业急需进一步向市场化、产业化与现代化转型。不过，中国虽已具备实施普遍持续农业支持政策的经济条件，但中国现行粮食产业政策与粮食管理体制总体上仍是一种双轨制体制，在长期中已明显不能适应粮食产业和农业向市场化与产业化转型的需要。因此，对粮食产业财税政策体系进行改革成为必然选择。

二、促进中国农业经济对外开放的需要

自2001年11月11日加入世界贸易组织（WTO）以来，中国的粮食贸易就面临着新局面：在总体关税水平上，到2004年前，由45%下降到17.5%；在关税配额上，除放宽粮食等重要农产品的关税配额，2006年前取消部分农产品关税配额；在非关税措施上，承诺保持动植物检疫等非关税措施与WTO相关条款的一致性和建立在充分的科学依据上；在贸易分销权上，承诺每年的配额中有一定比例给予私营贸易商，以确保私营贸易商参与农产品进出口贸易的机会；在出口补贴方面，承诺不对农产品提供任何出口补贴。这些承诺表明，中国在开放国内农产品市场的同时，正在实行的国内产业保护政策注定是阶段性的，不具有长期性。2005年12月，世界贸易组织香港部长级会议已提出，2013年实现世界农产品自由贸易的战略目标。这表明中国农业今后仍然面临主动或被动的开放国内市场的政策选择①。在这一进程中，中国农业发展既要面临严峻挑战，又会面临众多机遇。世界经济一体化趋势的加强，使中国农业不可避免地进入到国际分工与竞争体系之中，这不仅使中国农业进入了新的历史发展阶段，也是加入世界贸易组织之后面临的客观环境。

世界农业发展的实践表明，政府财政对农业的支持与保护是各国宏观经济政策中极其重要的部分，农业财政资金投入在促进农业发展、提高农业效率与

---

① 范建刚：《新型国家粮食供给调控体系的构建》，中国社会科学出版社2008年版，第1页。

竞争力等方面发挥了十分重要的作用[①]。因此，构建适合中国国情、农情与财情的粮食产业财税政策体系，就显得十分重要和迫切。

三、对农民收入目标的重视程度日益提高

20世纪90年代初期以来，农民收入问题日益得到了重视，目前这个目标的重要程度似乎已经接近生产目标和粮食安全目标。在各种官方文件中，农民收入已经是一个重要的农业经济发展目标。农民收入问题获得日益重视的原因是：虽然农产品供给状况大为好转，但是城乡居民收入差距日益加大，农民收入问题不仅是一个经济问题，而且日益成为一个社会问题和政治问题。农民收入问题既直接影响到农村人口向城市人口的流动，也影响到城市工业品的农村市场购买力[②]。如何保障农民收入、提高农民种粮积极性，也是国家在制定财税政策时需要考虑的一个问题。

四、保持供需平衡、稳定国内市场仍是粮食政策的首要目标

粮食作为人们生活的必需品，是关系国计民生的重要物资。在计划经济条件下，政府完全控制了粮食市场，生产计划由国家下达，价格由国家统一制定，产品由国家统购包销，国内粮食市场长期处于供给短缺局面。随着经济体制改革的深化和市场机制的逐步引入，市场波动问题出现了，并日益突出。20世纪80年代中期以来，农产品生产和供给方面的波动常常引起强烈的市场价格波动。1993~1994年粮食和农产品价格的大幅度上涨，被认为是造成当时高通货膨胀的重要原因。1997年以来粮食和其他农产品价格的大幅度下降，是一个市场波动的例子。2007年以来，粮食和其他农产品价格大幅度上涨，是一个最新的市场波动例子。

五、确保长期粮食安全与粮食主权是粮食政策目标的核心

粮食作为农业的支柱和基础，是关系国计民生的重要物资，一直具有无可

---

① 罗剑朝：《中国政府财政对农业投资的增长方式与监督研究》，中国农业出版社2004年版，第1页。

② 鲁靖：《粮食经济中的和谐——中国粮食市场与政府宏观政策的耦合》，东南大学出版社2006年版，第82页。

比拟的社会政治意义。对中国这样一个人口大国、农业大国而言，粮食问题不仅是个经济问题，还是一个政治问题。通过提高粮食产量来保障粮食供给，是长期以来中国农业政策的一个头等重要的目标。经过30多年的改革开放，中国农业的综合生产能力得到了很大提高，粮食产量大幅度增长，基本实现了供求平衡。目前中国粮食连年丰收，农民持续增收，粮食市场运行平稳，粮食安全形势越来越好，但是从长期发展趋势来看，中国人口增长，耕地减少，水资源短缺，生态环境恶化日益严重等矛盾越来越突出，靠天吃饭的局面未根本改变，粮食增产的难度越来越大，持续保持粮食供求平衡的任务十分艰巨。

随着粮食供给形势的大大改善，这个目标的强调程度似乎有一定的减弱，而且强调的重点也从单纯强调数量变为日益重视质量和品种，但是，这个目标仍然是中国农业发展的重要的目标。1996年，在中国政府发表的粮食问题白皮书中明确提出，中国粮食的自给率目标是95%，这个95%自给率目标的最重要的含义，并不在于95%的数字目标，而在于它表明了中国将保持一个对世界适度开放的粮食市场。胡锦涛总书记批示："粮食安全事关重大，需万分重视，精心调控。"温家宝总理强调，"粮食安全始终是中国头等大事，任何时候都不能忽视，不能掉以轻心"①。

因此，构建支持现代粮食产业发展的财税政策体系，是面对粮食安全问题必须进行的准备。

六、国有粮食经营企业和国家财政支出负担受到更多关注

从1996年夏粮收购开始，粮食定购价格提高了40%，而提价之前市场价格已经开始从高峰下跌。到1997年夏季，市场价格跌落到与定购价格持平并继续下跌。紧接着国家宣布实行粮食的保护价收购政策，保护价格也高于市场价格，这种价格关系变化的直接后果，是国家用于粮食补贴的财政支出直线上升。政企不分、国有粮食部门的低效率和保护价制度设计与执行方面的漏洞，是造成粮食补贴飙升的内在原因。

在这样的背景下，如何减少国家财政支出负担，变成了突出的粮食政策目标。用财政支出对粮食进行价格补贴，本来是一项实现有关政策目标的政策手段，而现在如何减少补贴却变成了目标本身，在某种意义上，甚至变成了短期

① 朱志刚：《中国粮食安全与财政问题研究》，经济科学出版社2008年版，自序第2页。

最重要的目标。与减少财政支出相关联的是保证国有粮食部门数百万职工的福利问题。国有粮食部门低效率的原因，有相当一部分是企业本身难以解决的体制问题，包括就业制度、养老制度、医疗制度、住房制度等。这些问题使企业的非经营负担成本太高，没有国家的补贴就不足以同其他经营单位竞争。换言之，没有国家的补贴，相当一部分企业就要破产。因此，如何既减少国家财政负担，又确保国有粮食部门具有生存力，就成为一段时期内粮食政策的重要目标了。

第二节 本书的研究目的和意义

一、本书的研究目的

本书研究的主要目的是通过对粮食产业未来发展趋势研究以及经济发达国家、发展中国家或地区的粮食产业链条中各个环节的财税政策发展趋势的比较研究，探讨粮食产业财税政策发展的特征和规律，并结合中国的实际情况，提出发展和完善中国现代粮食产业发展的财税政策的对策和建议，为建立支持中国现代粮食产业发展的财税政策体系提供有益的参考，以促进中国农业和粮食产业持续发展。

二、本书的研究意义

农业作为国民经济的基础，在一国或地区的经济发展中具有不可替代的作用。同时，农业又是弱质产业，需要政府制定农业政策，对农业加以支持和保护。随着各国或地区的农业经济不断融入世界农业经济，各国或地区的农业政策不但没有被削弱，反而成为各国或地区关注和国际贸易谈判的焦点。中国也再次把农业发展问题摆在国民经济中的突出位置。粮食作为人们生活的必需品，是关系国计民生的重要物资，是农业的支柱和基础，对中国而言，粮食问题不仅仅是经济问题，同时还是一个政治问题。

本书通过对国外主要国家（地区）不同时期粮食产业财税政策以及粮食产

业链条中各个环节财税政策的分析比较研究，总结其经验和教训，为进一步完善和发展支持现代粮食产业的财税政策体系提供借鉴。本书的研究有利于建立确保国家粮食安全的长效机制，有利于提高粮食综合生产能力，有利于粮食市场宏观调控，有利于粮食流通体制市场化改革，有利于促进粮食增产和农民增收等等。因此，本书研究有着巨大的理论和现实意义。第一，对主要国家（地区）粮食财税政策发展趋势的系统研究，对完善和发展中国粮食财税政策理论具有理论意义；第二，通过国际比较研究，科学借鉴发达国家经验，为中国粮食财税政策的调整与相关法律法规的修订提供直接参考；第三，分析与比较典型国家（地区）粮食财税政策背景、目标、手段的演变历程与发展方向，把握WTO粮食贸易规则的发展趋势，对中国粮食财税政策体系的调整与完善具有现实意义。

第三节 国内外研究综述

粮食产业的财税政策作为政府对粮食产业进行宏观调控的核心措施，一直是经济理论界研究的重要问题。但是，由于各国财政状况以及农业所处的发展阶段不同，各国在研究内容和研究方法方面也有很大不同。

一、国外研究综述

国外对农业政策的研究起步比较早，研究内容较广。财税政策作为农业保护和支持政策的核心内容，在国外的研究始于20世纪30年代。最初的研究成果体现在美国1933年的《农业调整法》中，该法确定农业政策的主要目标是支持农民收入。但是，真正把财税政策作为一个专门范畴进行规范研究，却是从1958年欧洲共同体（以下简称“欧共体”）成立后对“共同农业政策”的研究和制定开始的。1961年开始实施的“共同农业政策”中规定了欧共体实行统一的农业政策。统一的农业财政政策主要是对农产品实行价格支持、出口补贴，同时还对生产者进行直接补贴来扶持农业生产。此后，经济学家从不同角度对农业财税政策进行了研究，研究成果主要体现在以下几个方面：

（一）关于农业政策影响的研究

这方面的研究主要探讨一国（或地区）农业政策对国际农产品市场的影响以及各国（或地区）农业政策的相互影响。20 世纪 80 年代以来，伴随国际农产品市场的大幅动荡以及农产品国际贸易自由化趋势的加强，探讨国内农业政策对国际市场影响的文献逐渐增多。例如，泰尔斯和安德逊从农业保护政策扭曲国际市场价格的角度进行了分析，在《乌拉圭回合中经济合作与发展组织国家农业政策的自由化：对贸易和福利的影响》一文中估算了世界农产品价格因受保护而降低的程度，认为如果放开经济合作与发展组织（以下简称“经合组织”）国家所有的农业保护政策，那么真实的国际食品价格将会出现。到 1995 年，如果与 20 世纪 80 年代的保护程度持续不变的情况相比，可能的价格水平大约将会平均提高 30%。罗宁根和迪克西特在《农业政策改革在工业化市场经济国家里的经济影响》报告中指出，各国农业保护政策相互影响，其结果是作用抵消，如在 1986～1987 年度，美国对本国农民超过 40% 的支持“仅能抵消其他工业化国家的支持政策给其造成的损失”①。泰尔斯发现，针对一个和多个国家国内市场的隔离增加了国际市场的不稳定性，也给这些国家本身的经济发展带来了风险和压力，即农业政策导致国内市场价格的隔离问题，在《国内和国际农产品市场的改革与价格风险》一文中进一步证明，国内市场的隔离基本上发生在大多数经合组织国家和少数几个发展中国家，如欧盟农产品市场的完全隔离产生于“共同农业政策”体系花样繁多的进口负担和形式多样的出口补贴。

（二）关于农业政策改革的研究

随着乌拉圭回合农业谈判的进行，一些学者对农业政策改革进行了探讨。阿兰·温斯特在《工业化国家农业政策的政治经济学》一文中分析了现行农业保护政策在绝大多数工业化国家普遍泛滥的原因，并悲观地认为，只有在危机时代，政策创新才会发生。与阿兰·温斯特的观点相近，蒂姆·乔斯灵在《美国与欧共体的农业政策改革》一文中认为，农业政策改革是对一种实事或压力的影响的反应，即变化所带来的利益超过维持现状所得到的利益，并分析了推进 20 世纪 80 年代主要工业化国家农业政策改革的三种压力。其一，是对政府

---

① 冯涛：《农业政策国际比较研究》，经济科学出版社 2007 年版，第 4 页。

干预农业市场绩效的清醒认识和这种干预必须承担的成本日益显现；其二，是农业与宏观经济的联系不断增强以及农业对宏观经济冲击的脆弱性增大，使得传统农业政策措施作用下降；其三，是美国和欧盟之间的相互依赖及与其他国家的相互依赖不断增强，这不仅增加了贸易对农业政策结果和农业收入影响的重要性，而且直接导致农业政策的相互抵消，一个国家价格支持的一部分，被用于抵消其他国家支持的影响。日本学者岸根卓郎分析了日本农业政策的缺陷及其失败的原因，他认为，日本农业政策的根本缺陷在于，政策作用的对象基于作为"个别农户"的自立农户或核心农户，对策是站在"社会性分工"的立场上，实行以"地域计划"为中心的结构政策。

此外，麦克考勒和乔斯灵、泰尔斯和安德逊等还分别对贸易谈判对农业政策改革的影响进行了研究。如麦克考勒和乔斯灵在《农业政策与世界市场》一文中认为，多变谈判只会从一个极端走向另一个极端，即谈判的结果不是合作而是进一步冲突。泰尔斯和安德逊认为集体行动可以带来自由化的利益。泰尔斯进一步认为，对于贸易自由化的谈判，只要多数国家同意即可，对贸易谈判较为乐观。西方学者多数认为，农业政策改革的总体方向是由原来的农业保护主义政策向提高农业竞争力的政策转变，但进展不大。

（三）关于国家的农业政策目标的研究

阿兰·温斯特对经合组织中主要国家的农业政策目标进行了研究，发现在所提及的12个发达国家中，11个国家把农业效率与竞争力作为农业政策目标；10个国家把安全、可靠、稳定及充足的食品供给作为农业政策目标；7～8个国家把稳定国内农产品价格作为农业政策目标①。此外，收入稳定，对外来干扰的灵活调节，维持农村社会、地区健康发展，保护环境，公平消费者价格，对家庭农场的鼓励和保护等也被许多国家列为农业政策目标。雷纳等人认为，发达国家农业干预政策的主要目标是：维持农场的收入、价格和收入稳定，支持农村社区发展，确保食物供应的稳定安全。政策目标的共同之处是，它们是防御性的，寻求对农业部门和扩大的食品体系进行特别保护，抵制由于国内外各种因素的变化对农业生产造成的长期调整和短期动荡。

目前，世界上许多国家对农业都是实行"多予少取"或"只予不取"的高补贴、低税收或无税收的财税政策，并且西方很多发达国家财税支农政策已

---

① 范建刚：《新型国家粮食供给调控体系的构建》，中国社会科学出版社2008年版，第8页。

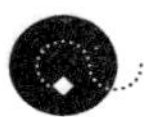

形成规模且系统化、规范化。西方国家的涉农税制虽然各国都有自己的特点，也存在差异，但基本都没有设立对于农业单独征收的税种，而是在完整的税收体系中，通过各种优惠措施来均衡农业与非农业的税收负担，体现政府的支农思想。

二、国内研究综述

近些年来，农业政策问题在中国得到了政府部门和学术界的高度重视，特别是针对加入世界贸易组织以后中国农业政策应如何调整和改革做了大量的研究工作，并取得了丰富的研究成果。

（一）改革开放以来中国农业政策的调整

钱德元在《论中国农业发展所处阶段与农业政策取向》一文中，分析了中国农业发展处在由传统农业向现代农业的过渡阶段，主张对农业实行倾斜性政策，加强农业结构调整、科技投入和提高农民素质；王金洪在《改革以来中国农业政策变动与农民利益的相关分析》一文中，分三个阶段分析了自1978年以来中国农业政策调整与农民利益变动之间的内在联系，指出农业政策调整要注重保护农民利益的重要性；胡书东的《社会转型时期的农业问题和农业政策选择》一文探讨了农地规模经营、区域分工问题，提出降低农民务农成本和种粮成本是解决中国农业问题的重要出路。

1991年，农业部财务司编写的《中国农业资金问题研究》一书中对新中国成立40多年来农业投资问题进行了定量的实证分析。一些学者对中国财政农业投入资金进行了深入的探讨。比如，朱志刚对中国1993年和1994年农产品生产者补贴等进行了测算，得出中国农业处于负保护阶段的结论。苏明对实行分税制以来地方财政农业投入弱化的原因进行了分析，指出分税制改革不完善是地方财政支农力度下降的主要原因。丁学东等针对中国农业及农村经济形势，剖析了现行农业补贴政策的局限性，对WTO主要成员国有关农业补贴政策进行了比较分析，强调应将中国粮棉流通领域的价格支持政策逐步转化为直接向农业低收入生产者发放补贴的政策。林毅夫反对中国利用“黄箱”政策来增加农业补贴等。

（二）加入WTO以后中国农业政策调整和改革方向研究

这类文献近些年来数量增长较快，研究的基本内容和观点主要包括以下几个方面：

1. 从顺应世界贸易组织农业规则方面分析。如相关文献认为中国国内支持增量相对较小，削减压力小，但农业协议也限制了中国国内支持的空间，并指出中国“绿箱”政策支持结构不尽合理，如粮食安全储备补贴所占比重较高。相关文献主要观点是，在国内支持水平上，主张用足8.5%的“黄箱”政策支持空间和充分发挥“绿箱”政策支持；在国内支持对象上，主张重点增加农业基础设施投入和科技投入。这类代表性文献有马晓河、蓝海涛的《加入WTO后中国农业补贴政策研究》。还有些文献根据世界贸易组织农业规则对某一具体政策进行研究，例如，王兆阳的《WTO规则与中国农产品价格政策调整》提出了完善农产品价格管理及调控体系的具体设想，如完善农产品储备调控体系、用足8.5%的支持空间、健全农产品价格监测分析及预警体系以及规范农产品流通企业的价格行为和农产品市场交易行为；孙大光在《直接收入补贴改革与中国农业国内支持政策》一文中具体分析了直接支付政策的优点和理论依据，介绍和评价了经济发达国家的直接支付政策，主张首先在粮食主产区和生态环境恶劣地区试行将保护价水平降到均衡价格以下，同时对农民实行直接收入补贴政策的改革；裘孟容、王万山的《论加入WTO后中国农产品国际贸易政策调整》探讨中国农产品国际贸易政策的改革与调整，认为中国农产品国际贸易政策应从国内外市场分割的农产品国际贸易政策向国内、国际市场对接的农产品国际贸易政策转变，从传统的农产品国际贸易政策向符合WTO规则的新型农产品国际贸易保护政策转变，从主导、控制型的农产品国际贸易政策向管理、服务型的农产品国际贸易政策转变。

2. 从适应加入世界贸易组织后内外环境的变化方面分析。如李炳坤的《加入世界贸易组织与农业发展对策》在分析来自市场竞争、政府行为和劳动力就业方面对农业冲击的基础上，提出了应在农业结构、市场结构和就业结构等方面加以调整的具体建议；李东升、周健围绕农业可持续发展目标在《加入WTO后中国农业政策调整的定位分析》一文中提出，农业政策调整的战略方向是，应以农民增收来确保农产品供给和生态安全、政府应推动农民组织建设、加快城镇化建设推动劳动力转移以及增加农业基础设施和科技投入。

（三）对发达国家农业宏观调控的研究

刘志扬在《美国农业新经济》一书中，对美国农业经济政策进行了系统而全面的研究，全面介绍了美国农业保护制度、资本支持系统、农产品的质量与安全措施、劳动力转移政策、农产品进出口政策及美国政府对农业经济的管理等。

陈华山对美国政府干预农业的历史、现状与效果进行了全面分析，发现现代美国政府对农业经济的干预与调节具有调节供给与调节需求兼顾的特点。

吴立山研究了日本农产品贸易自由化的经验与对策，他指出，1994 年以来，日本对农业的巨额投资，仍然是过去农业保护政策的延续。而按照 WTO《农业协定》，政策应向强化农业国际竞争力方向转变。根据日本经验，要在新一轮农业谈判中获得主动，就必须有主张有依据，如日本就强调国际农业差异，提出建立各国农业能够共存的国际原则。

赵昌文等人对欧共体共同农业政策的建立与发展进行了研究，认为自由与保护的选择，是西欧农业政策变化的主线。欧洲农业政策总是在保护主义与自由贸易之间变动，而改革的主线是通过足够的价格削减确保持续竞争性，既保证内部市场供给量的增长，又提高欧共体农业在世界市场上的竞争力。

杨素群对发达国家农业立法调控的特点进行了研究，指出其具有体系完备、立法层次高、条款详细与可操作性强，稳定性与灵活性相结合，多手段相互配合等特点。

林善良等人对发达国家农业宏观管理的主要模式进行了比较分析。他们认为，国外农业宏观管理模式主要有美国加拿大模式、欧共体模式、日本模式与东盟模式，它们各具特点。

上述研究使我们获得了发达国家调控农业的经验教训及其变化趋势，有重要借鉴意义，但是，总体来说，国内对农业财税政策的研究尚处于起步阶段，缺乏系统性、全面性研究。

第四节 有关概念和研究范围的界定

一、有关概念的界定

（一）农业

农业为通过培育动植物生产食品及工业原料的产业。农业属于第一产业。

农业的劳动对象是有生命的动植物，获得的产品是动植物本身。我们把利用动物植物等生物的生长发育规律，通过人工培育来获得产品的各部门，统称为农业。农业是人类衣食之源、生存之本，是一切生产的首要条件。它为国民经济其他部门提供粮食、副食品、工业原料、资金和出口物资。农村又是工业品的最大市场和劳动力的来源。因此，农业是支撑国民经济建设与发展的基础。

由于各国的国情不同，农业包括的范围也不同。狭义的农业仅指种植业或农作物栽培业；广义的农业包括种植业、林业、畜牧业、副业和渔业。有的经济发达国家，还包括为农业提供生产资料的前部门和农产品加工、储藏、运输、销售等后部门。现阶段，中国农业包括农业（农作物栽培，包括大田作物和园艺作物的生产）、林业（林木的培育和采伐）、牧业（畜禽饲养）、副业（采集野生植物、捕猎野兽以及农民家庭手工业生产）、渔业（水生动植物的采集、捕捞和养殖）。

根据生产力的性质和状况，农业可分为原始农业、古代农业、近代农业和现代农业。近代农业指手工工具和畜力农具向机械化农具转变、由劳动者直接经验向近代科学技术转变、由自给自足的生产向商品化生产转变的农业。现代农业指广泛应用现代科学技术、现代工业提供的生产资料和现代生产管理方法的社会化农业。农业的根本特点是：经济再生产与自然再生产交织在一起，受生物的生长繁育规律和自然条件的制约，具有强烈的季节性和地域性；生产时间与劳动时间不一致；生产周期长，资金周转慢；产品大多具有鲜活性，不便运输和储藏，单位产品的价值较低。

农业是人类社会赖以生存的基本生活资料的来源，是社会分工和国民经济其他部门成为独立的生产部门的前提和进一步发展的基础，也是一切非生产部门存在和发展的基础。国民经济其他部门发展的规模和速度，都要受到农业生产力发展水平和农业劳动生产率高低的制约。

（二）粮食

粮食是指烹饪食品中作为主食的各种植物种子总称，也可概括称为“谷物”。粮食基本是属于禾本科植物，所含营养物质主要为糖类，主要是淀粉，其次是蛋白质。联合国粮食及农业组织的粮食概念就是指谷物，包括麦类、粗粮和稻谷类三大类。

本书所涉及的粮食，它有三个层次：一是包括谷物、豆类、薯类在内的粮食，中国粮食总量统计资料中的“粮食”是这一意义上的；二是谷物层次上的粮食，包括稻谷、小麦、玉米，发达国家的粮食统计资料通常是谷物统计资料；三是在具体论及粮食的生产、流通、分配等问题时，本书涉及的粮食，主要包括稻谷、小麦、玉米、大豆四类。1990 年以来，中国谷物占粮食总产量的比重一直在 87% ~91% 之间。由于这几种粮食作物的供给状况反映了中国粮食供给的基本状况，它们在生产规模、供给稳定性及供给发展趋势方面，对中国粮食安全、粮食供给稳定性、农业结构调整以及农产品加工业的发展等都具有决定性的意义。所以，在这一意义上使用“粮食”概念，是合理的，相信三个层次的划分不会造成混乱。

（三）粮食产业

产业是社会分工的产物，是具有同类属性的经济主体及其活动的集合。产业概念的内涵与外延十分宽泛，从不同的层次和学科角度可以进行不同的界定，并存在不同的分类体系。产业经济学把产业定义为：属于微观经济细胞（企业）与宏观经济单位（国民经济）之间的一个集合，是宏观经济系统中同类企业构成的集合体。粮食产业自然属于微观层次上的产业范畴，即农业产业组织体系中的结构性分支产业。一般意义上，粮食产业属于农业产业部门。

粮食产业与粮食、粮食生产不是一个概念。粮食产业作为一个多领域的大产业，涉及生产、收储、加工、流通、科研、贸易等诸多行业，是一个完整的产业链，贯穿于经济发展的第一、第二、第三产业之中。

（四）农业政策与粮食政策

何谓农业政策？国内外学者对此并无统一的界定，各种定义之间既有差异，也有共识。本书研究无意对各种说法加以评析。本书界定是：农业政策是政府为了实现一定的农业、经济和社会发展目标，对影响农业发展的重要因素以及影响农业发展的重要环节所采取的一系列起宏观调控作用的政策措施的总称。

粮食政策是农业政策的一个重要组成部分，它的制定和实施对粮食生产和粮食流通有重大的影响。所谓粮食政策，就是国家为了实现其经济利益和政治目的而对粮食生产、分配、流通和消费等方面制定的规范和准则，其实质是协调社会不同利益群体之间的关系。从社会生产过程来考虑，粮食政策大致可以分为生产政策、流通政策、国际贸易政策、消费政策等几个方面，它们之间互为条件、相互衔接。

（五）财税政策

财税是财政与税收的简称，财政是国家为了行使职能而参与社会产品的分配以及由此而发生的国家与各有关方面的分配关系。税收是国家凭借政治上的权力，按照法律规定标准取得财政收入的一种方式，在历史上又称为赋税、租税或捐税。任何税收都是由纳税人、课税对象和税率三项要素构成的，它体现了以国家为主体在国家与纳税人之间形成的特定分配关系。

政策是一定阶级、政党、国家以及其他社会主体，为达到一定的目的，结合当前情况或历史条件所制定的实际行动准则。

财政政策是指根据稳定经济的需要，通过财政支出与税收政策来调节总需求。增加政府支出，可以刺激总需求，从而增加国民收入，反之则压抑总需求，减少国民收入。税收对国民收入是一种收缩性力量，因此，增加政府税收，可以抑制总需求从而减少国民收入；反之，则刺激总需求，增加国民收入。

税收政策对宏观经济来说，具有“内在稳定器”的功能。政府可以根据当前的经济形势，通过调整税收政策来平衡社会总供求的矛盾，调节资本投向进而影响产业结构、产品结构，实现国家的宏观产业政策，保持宏观经济发展的平衡和协调。

二、研究范围的界定

由于粮食产业作为一个多领域的大产业，涉及生产、收储、加工、流通、科研等环节，所以，支持现代粮食产业发展的财税政策体系研究就是对支持整个粮食产业链条中各个环节的财税政策体系研究。本书研究范围主要涉及：粮食产业链条中各个环节现状研究；国内外粮食产业在历史发展过程中的财税政策分析比较研究；粮食产业发展趋势研究；粮食市场宏观调控研究；支持粮食生产财税政策研究；支持粮食企业改革的财税政策研究；支持粮食储备的财税政策研究；支持粮食流通体制市场化的财税政策研究等。

第五节　研究方法

根据本书的研究内容、分析角度和问题性质，本书拟采用制度分析方法、历史分析与比较分析相结合、综合分析与逻辑归纳相结合、系统分析与均衡分析相结合的研究方法，并坚持做到理论与实践相结合，中外相结合，规范分析与实证分析相结合。

一、制度分析方法

政府行使职能、干预经济都需要合适的财政制度安排。制度安排既可以为财政支出的决策者提供博弈规则，又可以为资金使用者提供激励和约束机制，进而提高财政资源的配置和使用效率。财政农业支持是一种政府行为，财政农业支持运行机制的效率必然受到中国财政预算管理体制和财政农业支出管理制度等制度因素的影响，因此，在研究时必须运用制度分析方法。本书主要利用委托－代理理论、博弈论、公共支出的 X－效率理论、成本－效益分析理论以及垄断官僚经济理论对中国支持粮食产业的财税政策体系进行相关制度经济学分析。

二、历史分析与比较分析相结合

粮食产业财税政策体系是一个历史系统，这决定了对粮食产业财税政策的研究，必须建立在对历史分析的基础上，以期获得经验教训，而且各国或地区的粮食产业财税政策内容丰富、涉及面广，同时也处于不断演变的过程之中，通过比较研究有助于判断各国或地区粮食产业财税政策的异同，总结其实践经验和教训。

本书拟对各国或地区粮食产业财税政策的具体措施或工具进行比较，并且对粮食产业财税政策的整体特征加以比较；同时对特定历史时期的各种财税政策进行判断研究、纵向对比，还对不同历史时期具体财税政策及其演变展开序列研究、横向对比。

三、综合分析与逻辑归纳相结合

各国或地区在经济发展阶段、社会历史、自然禀赋等粮食产业财税政策环境方面的不同使得各国或地区粮食产业财税政策的目标和手段也存在差异。粮食产业财税政策国际实践的丰富性、多样性特点要求我们只有通过综合分析与逻辑归纳相结合，才有助于我们从粮食产业财税政策的选择和演变中探求其一般规律。

四、系统分析与均衡分析相结合

粮食产业发展的财税政策体系，是一个典型的经济运行与管理系统，采用系统分析方法是十分必要的。同时，构成经济系统的众多元素，又总是可以分为供给影响元素与需求影响元素，运用供求均衡分析法加以分析，有利于科学认识系统运行的内在机制。

五、规范分析与实证分析相结合

作为社会经济问题的研究，必然要回答“是什么”、“是多少”、“应怎样”、“应多少”等问题，对前两个问题的回答，属于实证分析的方法，对后两个问题的回答，属于规范分析的方法。关于现代粮食产业发展的财税政策体系研究需要坚持做到规范分析与实证分析相结合。

第六节　本书研究的难点及预期目标

一、本书研究的难点

1. 由于粮食产业作为一个多领域的大产业，涉及生产、收储、加工、流通、科研、贸易等诸多行业，是一个完整的产业链，贯穿于经济发展的第一、第二、第三产业之中，所以在进行研究时，对于相关资料、数据信息的收集整理难度大。

2. 对粮食产业的研究，近些年来因其所具有的重大现实意义逐渐成为中国经济领域研究的热点，但就目前来说，国内的研究尚不成系统，而且随着经济形势的变化，政策随之变动，尤其现在金融危机的发生，各国会对正常的政策做较大的调整，也必然影响本书对粮食产业政策的把握。

二、本书研究的预期目标

本书通过对经济发达国家、发展中国家或地区不同时期财政农业政策进行分析比较研究，揭示其演变发展规律，总结其实践经验和教训。同时，结合中国国情、中国粮食产业特点以及未来发展趋势，提出构建支持现代粮食产业发展的财税政策体系的设想，为实施中国现代粮食产业发展的财税政策改革提供借鉴。

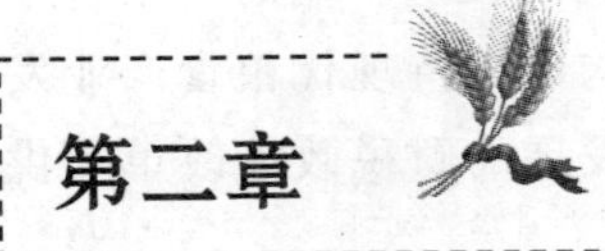

第二章 粮食产业发展的财税理论

农业是国民经济的基础，粮食是基础的基础。粮食在国民经济中的基础地位以及粮食产业自身的弱质性决定了发展粮食产业需要政府的大力支持。国家应该通过财政、税收手段充分发挥对粮食产业的调节作用，促进粮食产业健康、稳定和快速发展。

伴随着粮食产业的发展，世界各国形成了诸多关于粮食产业发展的财税理论。这些理论为各国政府制定及时有效的粮食支持政策，提供了重要的理论依据。其中，中国古代战国时期法家的集大成者管仲主张轻徭薄赋，重视粮食生产；法国重农学派代表人物魁奈提出的纯产品说，主张政府只应对农民征收单一土地税，减轻农民负担；现代宏观经济学派代表者凯恩斯通过财政乘数理论，强调了税收和财政支出在国家干预经济时对促进相关产业发展的重要作用。当代经济学家在前人的基础上提出了公共选择理论和公共财政理论，认为国家对具有公共特性的粮食产业的发展负有义不容辞的责任，主张采取最低收购价，加大对农业的直补力度，重视农业科技、教育投入等促进粮食产业发展的措施。

本章按早期、近现代和当代的时间顺序，从财政政策和税收政策两个角度，分别概括总结出国外经济学家和国内经济学家对粮食产业发展的财税理论。通过对这些理论的归纳、分析与评述，为政府制定支持粮食产业发展的财税政策提供理论依据。

第一节　早期经济学家关于粮食产业发展的财税理论

早期经济学家在充分肯定农业是国民经济的基础上，提出了各自发展粮食产业的财税观点。国外以配第、斯密、穆勒为首的西方古典学派和以魁奈、布阿吉尔贝尔为首的法国重农学派，在财政政策方面，主张加大财政资金对生产要素各方面的投入与支持；在税收政策方面，他们倡导明确税收原则，充分发挥税收的杠杆作用。国内以管仲、商鞅、李悝以及王安石为首的古代重农学派，通过研究当时粮食生产实际，探究影响粮食产量的诸因素，强调了官府在平抑粮价、兴修水利、减轻税负等方面的重要作用。本节分别从国外和国内两个方面对早期经济学家关于粮食产业发展的财政政策和税收政策理论进行提炼概括并加以简要评论。

一、国外早期经济学家关于粮食产业发展的财税理论

本书将“国外早期”界定为从17世纪中期到19世纪前期。其间主要经历了西方古典经济学派的演进和法国重农学派的发展。国外早期经济学家关于粮食产业发展的财税理论主要集中在财政政策理论和税收政策理论两大方面。财政政策方面，他们认为政府应注重对粮食生产的政策调节，增加对粮食生产的资金投入，加大对劳动者生产积极性的奖励；税收政策方面，经济学家们归纳了税收的来源以及原则，深入探讨对土地税的征收，提倡政府充分运用税收的杠杆作用，刺激粮食产业的发展。

（一）财政政策相关理论

国外早期经济学家关于粮食产业发展的财政政策理论主要包括以下三个方面内容，分别是：

1. 注重对粮食生产的政策调节。18世纪法国重农学派创始人弗朗斯瓦·魁奈认为，政府重视粮食生产的基础地位，基于自然秩序的原则，对粮食生产应加以引导。魁奈在《谷物论》中指出：“问题在于这一切利益的本源，实际

是农业。正是农业，供给着原材料，给君主和土地所有者以收入，给僧侣以十分之一税，给耕作者以利润。正是这种不断地在生产的本源的财富，维持着社会其他一切的阶级……因而维持社会繁荣。”① 由此可知农业是国民经济各部门一切利益的本源，政府应该高度重视粮食生产和农业发展。在充分尊重自然运行规律的同时，他指出：“君主及大臣通过对国家经济的管理，也能在总的方面间接地促进财富的增加”②，强调了政府在宏观经济方面对农业进行间接干预的必要性。

英国经济学家约翰·斯图亚特·穆勒主张纯经济自由理论与纯国家干预理论相结合的适度干预论。对于粮食生产，穆勒在强调政府在促进经济发展中的作用同时，反对国家对商品尤其是粮食产品的价格控制，应注重财税政策的调节力度。首先，穆勒极力维护经济自由主义的一般原则，主张“社会事务最好由私人自愿去做”③。他批判了国家过度干预粮食价格的做法。人为降低粮价，如果得不到合理的利润，农户将会失去生产积极性，导致他们只生产自己够用的粮食，这对本国农业发展极其不利，政府为了缓解这一情况，此时再向全国征税，以奖励或补贴粮食种植者进口者。最终结果是，“为了得到便宜的面包使所有的人都做出牺牲”④。由此可见，政府对粮食产业进行干预时应本着适度、谨慎的原则，政策的制定必须要有理论依据，只有充分尊重市场规律才能促进粮食产业良性发展⑤。其次，穆勒列举出大量自由放任原则的“例外”，并强调了政府职能的“多样性”。他提出“那些真正关系到全球利益的事情，只要私人不愿意做就应该而且必须由政府来做”⑥。粮食增产、农民增收关系重大，政府有必要对粮食生产进行扶持与引导。通过财政资金兴修水利，投入财力对农民进行补贴，必须发挥国家调节的力量，以求“最大限度地增进国民的幸福”，促进粮食产业的发展。所以，穆勒提出的既尊重自然秩序，又倡导必要政府干预的适度国家干预，运用于粮食产业发展就是要注重政府各项财税政策的运用与调节的力度，讲求方式、方法，争取使更多的人受益。

2. 增加对粮食生产的资金投入。英国古典政治经济学创始人威廉·配第主张政府应削减在军队、行政管理以及宗教等非生产方面的支出，增加生产性的

① 弗朗斯瓦·魁奈，吴斐丹、张草纫选译：《魁奈经济著作选集》，商务印书馆1979年版，第50页。
② 同①，第98页。
③ 约翰·穆勒：《政治经济学原理》下卷，商务印书馆1991年版，第371～372页。
④ 同③，第570页。
⑤ 颜鹏飞、张青：《论约翰·穆勒的国家适度干预学说》，《经济评论》1996年第6期。
⑥ 张琳：《论约翰·穆勒的政府干预思想》，《枣庄学院学报》2007年第8期。

和社会救济方面的财政支出比例[①]。政府通过财政支出促进经济发展，从根本上巩固资本主义制度。这点突出了财政支出对促进相关产业发展的重要作用。同理，粮食产业关乎国民经济命脉，需要引起政府的高度重视以及财政资金的大力支持。

魁奈认为，国家应发展“大农经营”，实行土地集约化，经营规模化。“用于种植谷物的土地，应当尽可能地集中在由富裕的租地农场主经营的大农场”[②]。因大农业企业与小农业企业相比，建筑物的维修费较低，生产费用也相应地少得多，而纯产品则多得多。小租地农场主过多，对人民不利[③]。因此，农业需要有充足的资本。他一再强调“耕作者的预付要充足”[④]。由于对土地、粮食生产的多种的投入需要拥有充足的巨额资本作保障，政府在这方面应充分发挥其资金投入力度，给予必要的政策支持。“一切意欲使农业人口增加的经济管理机构，应当以增加粮食产品作为自己的任务，但必须对人和这些工作所需的财富关怀和爱护，在农业上作适当的资金支付”[⑤]，“推动社会各种机关建立一般秩序的政府，必须发现适当的方案，使这些资金自然地流入农业部门，以使它对个人更有利，对国家更有益”[⑥]。政府资金应直接投资于农业，尤其是粮食产业，同时应制定相应的政策使得资金能自然地流入农业[⑦]。此外，魁奈提倡政府兴办农业学校，从教育方面高度重视粮食产业的长久发展。这些政策对于法国从小农经营向资本主义的大农业的转变至关重要。

英国资产阶级政治经济学主要代表亚当·斯密认为，政府应加大财政资金对农业的投入，促进土地的改良。他在《国富论》第三篇的“都市商业对农村改良的贡献”中阐述了增加投资对农业发展的重要作用。他认为应将从工商业获得的利润投资于尚未开垦的土地，将极大地促进粮食产业的发展。这里的投资不仅包括肥料、农药和优良品种的物质投入，还包括对农业的技术投入。“通过比较可靠的农业改良而产生的富源就比较持久得多”[⑧]，他不仅认识到农业发展对国民经济的基础作用，还倡导政府通过加大对粮食产业的投入、减轻

---

① 席克正：《从威廉·配第到大卫·李嘉图的古典学派财政学说》，《财经研究》1986 年第 9 期。

② 张晶：《重农主义经济思想述评》，《现代商贸工业》2008 年第 8 期。

③ 弗朗斯瓦·魁奈，吴斐丹、张草纫选译：《魁奈经济著作选集》，商务印书馆 1979 年版，第 185 页。

④ 同③，第 190 页。

⑤ 同③，第 93 页。

⑥ 同③，第 32 页。

⑦ 郭怀亮：《论魁奈的“政府之手”》，《渭南师范学院学报》2004 年第 11 期。

⑧ 亚当·斯密，郭大力、王亚南译：《国富论》，商务印书馆 1979 年版，第 293 页。

对农民的税负、恢复谷物的自由贸易等财税手段来促进农民增收与土地改良以及粮食产业向大农场方向发展与转变。

3. 加大对劳动者生产积极性的奖励。亚当·斯密在《国民财富的性质和原因的研究》第三篇“论不同国家中财富的不同发展”中，从欧洲经济史出发，论述了农业在整个国民经济中极其重要的地位，主张政府应积极采取一系列措施奖励农业发展，提高农民生产积极性。如“除歉收年度外，谷物输出，不仅自由，且有奖金。在收获一般的年度，外谷输入，又有等于禁止输入的关税”①，这样政府一方面通过关税保护本国农民利益；另一方面，通过奖励出口，恢复谷物正常贸易，大大地提高了农民的收入。

（二）税收政策相关理论

国外早期经济学家关于粮食产业发展的税收政策理论主要包括以下三个方面内容，分别是：

1. 税收的基本原则。威廉·配第在《赋税论》和《政治算术》两本著作中，对财政收支、税收原则及课税方法进行了全面具体的阐述。他提出税收应遵循平等、便利、节省的原则，这为亚当·斯密后来提出税收四原则提供了良好的理论借鉴。税收应遵行“平等”、“便利”、“节省”的原则②。这是配第在《政治算术》中提出的征收租税的标准。他还在《赋税论》第三章“导致国民不甘心承担赋税的原因如何才能减少”中说：“不管赋税多么重，如果政府能一视同仁，按照合理的比例对每个人征税，那么相对任何人来说都不会负担了赋税而使自己的财富减少，人们的财富关系不变，每个人都保持了原有的地位、尊严和身份”③，这正是强调了税收要公平。“每个人都应该根据他们所得到的和实际享受的多少来缴纳税款”④，这点强调了税收的受益性。此外，纳税手续要尽量简便。当政府对土地进行征税时，需要兼顾平等、便利和节省的原则。

2. 土地税的相关论述。配第认为，“土地是财富之母，劳动是财富之父”⑤。在课税对象上，一切赋税的最终源泉是来源于土地与劳动。此外，因为

---

① 亚当·斯密，郭大力、王亚南译：《国富论》，商务印书馆 1979 年版，第 291 页。

② 威廉·配第：《政治算术》，商务印书馆 1978 年版，第 72 页。

③ 威廉·配第：《赋税论》，商务印书馆 1978 年版，第 30 ~ 35 页。

④ 同③，第 30 ~ 35 页。

⑤ 威廉·配第：《赋税论》，商务印书馆 1963 年版，第 71 页。

劳动是主动的，而土地是被动的，所以，劳动相对于土地而言更加重要。劳动者一旦与土地分离以后，就不应承担任何税收负担，课税对象只能是地租以及地租所派生的收入。劳动和土地在承受税收负担上是并不相同，地租是赋税的最终来源。所以，政府有必要对土地进行征税，且鼓励增加劳动力的供给量，这样可以从源头上增加社会财富。

基于纯产品理论，魁奈主张对土地征收单一税，减轻农民和农场主负担。纯产品学说是重农学派的核心理论，所谓纯产品是指每年收获农产品中，除去种子、肥料、人力等各项支出之后的余额。魁奈在《农业国经济统治的一般准则》中提到："主权者和人民绝不能忘记土地是财富的唯一源泉，只有农业能够增加财富。"① 又在《谷物论》中提到："在工业制品的生产中，并没有财富的增加，因为在工业制品中价值的增加，不过是劳动者所消费掉的生活资料价格的增加。商人的大财产也只能从这个观点来加以考察。"② 这些都说明财富就是物质产品，物质产品来源于生产而非流通。所以，物质的创造和其数量增加的过程就是财富增加的过程。在国民经济各个部门中，农业部门既生产物质产品又能在投入和产出中得使用价值，表现为物质财富的量的增加，所以农业是唯一的生产部门，也是唯一能增加社会物质财富和创造出纯产品的部门。因而，魁奈主张政府只征收土地单一税，即只对土地的收入收税。在他看来这是最适当的税收制度。在《赋税论》中提到："把赋税的分配重新调整，采取负担较小的征税形式，绝对不向农业本身征税，而只是向农业提供的收入以及靠农民收入维持的各种工作征税，这是非常重要的。"③，又在《农业国经济统治的一般准则》中进一步说到："租税应该对土地的纯产品证课，……同时也不应对租地农场主的财富征收，因为一个国家在农业上的预付，应当看作是不可动用的基金。"④ 由此可见，魁奈主张占有全部纯产品的地主阶级应该负担所有的税赋。这样就免除了租地农场主和农民的一切负担，同时也有利于简化赋税机构，节省征税费用，将广大的农民从税负中解放出来，极大地促进了法国粮食产业的恢复与发展。

3. 税收的调节作用。法国古典政治经济学创始人皮埃尔·布阿吉尔贝尔认为，政府应对农业减轻赋税，实行税制改革。基于税收与农业的生产关系，布

① 弗朗斯瓦·魁奈，吴斐丹、张草纫选译：《魁奈经济著作选集》，商务印书馆1979年版，第183页。

② 同①，第60页。

③ 同①，第126页。

④ 同①，第184页。

阿吉尔贝尔认为，重税会破坏农业生产，加重农民负担。“如果以前看到一块耕种得很好的土地，而现在却荒废了，这就是因为土地的产品不足以支付某些新的税赋，只得放弃耕种”①。农业生产之所以停滞不前，人民生活极端贫困就是因为过重的赋税，主张减轻赋税。当时法国按人口和产业向平民征收人头税，即依达税。“依达税变化不定，完全任意配征而无固定的税则，只有一点固定不变，即愈贫者纳税愈重，于是人民就愈要去开发属于无保障者的土地”②，可见依达税、关税、通过税等对农业生产产生诸多不利影响。所以，布阿吉尔贝尔针对当时不合理不公平的赋税制度，他主张改革税制③。首先，应固定、公平地配征依达税，做到富者多缴，贫者少缴。其次，税改应避免对农民课税过重，保护农民利益。再次，简化税种，以直接税代替间接税；废除柯尔培尔政策对国内商业及关税的限制，使国内道路自由畅通，促进行业分工，促进粮食产业市场化，避免对农民课税过重。

斯密主张减轻不合理负担，使农民休养生息。当时欧洲各国农民税负沉重，其“不规则和横暴程度也和劳役义务不相上下”④，严重阻碍了当时农业尤其是粮食产业的发展。如“教会什一税，不过抽取生产物的十分之一，已是土地改良的极大障碍。入股抽取生产物的半数，一定会切实阻止土地的改良”⑤，还有“贡税是加于假定的农民的利润的一种税，他是根据农民投入在土地上的资本固定的。所以，农民为自身利益计，尽可能装穷，结果，他耕作所用的资本必减至尽可能少的程度。……贡税事实上几乎等于禁止农民把积蓄投资于土地。……所以，施行这种赋税的结果，不仅使从土地方面蓄积起来的资本不用来改良土地，而且使一切资本都不用来改良土地”⑥。由此可见，不合理的课税制度，不仅大大减少农民收入，挫伤其粮食生产、改良土地的积极性，而且还限制了粮食产业规模化经营的发展要求。

总之，国外早期经济学家关于粮食产业发展的财税理论研究，虽然侧重点、具体建议不尽相同，但仍在政府调控粮食产业的宏观层面达成了共识。首先，充分肯定了农业生产、粮食生产对于增加国民财富的基础作用；其次，强

---

① 皮埃尔·布阿吉尔贝尔：《谷物论、论财富、货币和赋税的性质》，商务印书馆 1979 年版，第 20～21 页。

② 皮埃尔·布阿吉尔贝尔：《法国详情及补篇》，商务印书馆 1981 年版，第 12 页。

③ 杨黛：《论布阿吉尔贝尔的经济思想及其现实意义》，《广东教育学院学报》2003 年第 8 期。

④ 亚当·斯密，郭大力、王亚南译：《国富论》，商务印书馆 1979 年版，第 274 页。

⑤ 同④，第 272 页。

⑥ 同④，第 274 页。

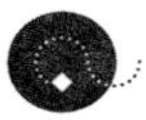

调了财政支出在粮食等生产性领域的促进作用；最后，主张赋税的征收不仅要尽量不妨碍财富的增加，并且还要有利于财富的增加。他们在财税政策上形成的共识，为后人研究粮食产业发展提供了有益的借鉴。

二、中国早期经济学家关于粮食产业发展的财税理论

中国自古就是崇尚农业的国家，也是千年粮食大国。农业始终是我们的国本，粮食更是关系到历朝历代经济、社会的安危。关于农业和粮食发展的理论，中国的研究远远早于西方。魁奈的重农学说也是深受中国古代传统农学思想的影响与启迪。早在夏商时期，就有关于重农思想的论述。从先秦时期管仲的“农战”思维、商鞅的重农、惠农政策和李悝主张推行的“平籴法”，再到唐代刘晏的常平仓、抑粮价；从北宋王安石通过政府向农民提供信贷的“青苗法”，再到明末徐光启主张的“开垦荒地，兴修水利”。古代农学家不仅看到了粮食对固国本、养民生的重要作用，各自都还提出了国家在粮食生产、流通、储备以及荒年情况下当采取的措施。下面着重对先秦、唐宋、明清这几个时期农学家的观点从财政政策和税收政策两个方面进行概括总结。

（一）财政政策相关理论

中国早期经济学家关于粮食产业发展的财政政策理论主要包括以下四个方面内容，分别是：

1. 奖励耕织政策。战国法家管仲主张，国家应划拨财政资金奖励百姓专于农事。在全国形成一种积极生产的效应，促进粮食产业的发展。在《管子·山权数》中，管仲提到“民之能明于农事者，置之黄金一斤，直食八石”①，以及在《管子·揆度》中“君终岁行邑里，其人力同而宫室美者，良萌也，力作者也，脯二束，酒一石，以赐之”②，这些都是对那些勤于种植的务农百姓的奖励。此外，在《管子·轻重》还提到“故杀下正商贾之利而益农夫之事，则请重粟之价，釜三百。若是则田野大辟而农夫劝其事矣”③，由此可见，奖励耕种，提高农民种粮积极性的做法体现了国家对粮食生产的高度重视和对粮食产业发展的大力支持。

---

① 马非百：《管子轻重篇新诠——〈管子·山权数〉》，中华书局 1979 年版，第 325 页。

② 马非百：《管子轻重篇新诠——〈管子·揆度〉》，中华书局 1979 年版，第 469 页。

③ 马非百：《管子轻重篇新诠——〈管子·轻重〉》，中华书局 1979 年版，第 611 页。

2. 农业贷款政策。管仲认为，政府应向农民提供贷款，保证正常的粮食生产。古代农民一向靠天吃饭，一旦遭遇自然灾害，或是价格波动，完全没有抵御的能力。针对这一状况，管子提倡建立国家贷款制度，储备粮食放贷资金。这样做的目的是“使吾萌春有以傳耜，夏有以决芸而给上事”①，保证农民正常、顺利进行粮食生产。在《管子·揆度》中，他提到“无食者予之陈，无种者贷之新”，“民之无本者贷之容强”②，即国家应设立粮食预购资金“环乘之币”、借贷救济金“公币”，当遇青黄不接或是农业大忙季节时，对困难的农民施以贷放。保证农民在春天可以耕田，在夏天可以锄耘。这些措施对于解决农民经济问题起到积极作用。

北宋政治家王安石提倡，实行青苗法保证生产。所谓青苗法，就是规定农户在每年夏秋两收前，可到当地官府借贷现钱或粮谷，以补助耕作农民，防止在青黄不接的时候耽误生产或是被兼并③。西方来华传教士威廉姆森（Williamson）则把青苗法译成农贷法，这种方法实质上是国家动用财政资金对农民的一种放贷和救济。政府在百姓青黄不接的时候，向农民发放贷款，以供其生产、生活；等到农作物收获之后，农民根据当时的收成，自愿决定归还贷款和约定的利息，或是归还粮食。这样做可以“广蓄积，平物价，使农人有以赴事趋势，而兼并不得乘其急”④。威廉姆森牧师指出：“通过青苗法，不但把农民从沉重的乘人之危的高利贷负担中解放出来，而且他们能够在偶遇资金短缺时，不必中断农作”⑤。可见青苗法对保证粮食生产，保障农民生活的重要作用。

3. 平抑粮价政策。战国初期魏国著名政治家李悝，主张实行以财政性收支政策来调整粮食供求、粮食价格的“平籴法”⑥。认为粮食价格的制定必须兼顾生产者和消费者两方面⑦，做到“民不伤而农益勤”⑧。李悝首先认识到粮价

---

① 马非百：《管子轻重篇新诠——〈管子·轻重〉》，中华书局1979年版，第528页。

② 马非百：《管子轻重篇新诠——〈管子·揆度〉》，中华书局1979年版，第469~476页。

③ 李超民：《王安石变法与美国20世纪30年代的新政》，《西安交通大学学报》2001年第6期。

④ 李超民：《王安石变法与美国20世纪30年代的新政》，《西安交通大学学报》2001年第6期。

⑤ 李超民：《王安石变法与美国20世纪30年代的新政》，《西安交通大学学报》2001年第6期。

⑥ 李维林、赵梦涵：《范蠡平粜法与李悝平籴法比较的经济学分析》，《东岳论坛》2008年第5期。

⑦ 徐叔华、陈丕横：《简论李悝经济思想的现代意义》，《中国经济与管理科学》2009年第1期。

⑧ 吴宾：《中国古代粮食安全问题研究》，西北农林科技大学（农业经济管理专业）博士学位论文，2007年，第20页。

波动对百姓的伤害："籴甚贵伤民，甚贱伤农"[①]，"民伤则离散，农伤则国贫。故甚贵与甚贱，其伤一也。善为国者，使民毋伤而农益劝"[②]。"平籴法"既有籴，也有粜。前者是指国家买进粮食，以籴储备；后者是指国家卖出粮食，以粜救灾。国家通过对各年农业生产状况的了解将丰收年景分为上熟、中熟、下熟三等，又把荒年分为大饥、中饥、小饥三种。针对年成丰歉和灾情大小的不同情况，对粮食进行敛散[③]。"大孰则上籴三而舍一，中孰则籴二，下孰则籴一，使民适足，价平则止"[④]，即国家在不同收成年份购买不同量的粮食，"小饥则发小孰之所敛，中饥则发中孰之所敛，大饥则发大孰之所敛而粜之"[⑤]，相应地言，在大饥、中饥、小饥灾情的年份分别卖出在上熟、中熟、下熟购买的粮食[⑥]。"平籴法"的实行，不仅能稳定粮食价格，还能保证农民正常生产、生活，使得"虽遇饥馑水旱，籴不贵而民不散，取有余而补不足"。总之，李悝主张的这种按照估计每年的粮食产量，从而确定相应的财政资金放缩的"平籴法"，有利于限制粮食暴跌，限制商人对粮食的投机活动，提高农民种粮积极性，从而极大地促进了经济的繁荣，使魏国国势迅速强盛起来。

唐代经济改革家和理财家刘晏主张，国家应推行常平制度，稳定粮价。常平制度始于李悝的平籴思想。该法通过国家购买或出售粮食从而稳定物价，保障农民和市民的利益。刘晏主张"常岁平敛之，荒年蠲救之，大率岁增十之一"，"丰则贵籴，歉则贱粜"[⑦]，即国家根据所掌握的生产信息，在丰收年间或是粮食增产地区以高出市价的价格籴进粮食，在歉收年间或歉收地区用较低的价格将粮食粜出[⑧]。常平制度，重在发挥国家对宏观经济的调控作用，同时又按照市场规律办事，调动各方面的力量，促进粮食产业持久、长远地发展。他还提倡把这项制度推广到全国各地，特别是江淮地区，使各地因此受益[⑨]。

---

① 班固撰，颜师古注：《汉书·食货志上》，中华书局2000年版。

② 班固撰，颜师古注：《汉书·食货志上》，中华书局2000年版。

③ 刘甲朋、韩淑红：《〈管子·轻重〉篇价格管理思想的历史渊源》，《财经理论与实践》2003年第3期。

④ 班固撰，颜师古注：《汉书·食货志上》，中华书局2000年版。

⑤ 班固撰，颜师古注：《汉书·食货志上》，中华书局2000年版。

⑥ 吴宾：《中国古代粮食安全问题研究》，西北农林科技大学（农业经济管理专业）博士学位论文，2007年，第20页。

⑦ 武秀成：《旧唐书·刘晏传》，上海古籍出版社2003年版。

⑧ 吴宾：《中国古代粮食安全问题研究》，西北农林科技大学（农业经济管理专业）博士学位论文，2007年，第25页。

⑨ 周道生：《论刘晏的经济改革及其历史意义》，《湖南税务高等专科学校学报》2003年第16卷第4期。

明末农学家徐光启提出“丰年收籴，凶岁代发”[①] 的平抑粮价政策。针对当时南北粮食生产不均衡、粮食易受自然环境影响、粮价波动严重挫伤农民积极性，徐光启认为，“诚于常盈仓每存二三岁之积，或更措置金钱，或岁益以免运官军办料所人，充为籴本，使丰年收籴，凶岁代发，一依宋制。如此印江湖二省，江南七郡，彼此之间，酌量赢缩，岁有羡也。丰年饥岁出入之间，酌量赢缩，岁有羡也。展转数年，则余一年之蓄，更数十年之通，而足食、足兵、足民，举积此矣”[②]，即国家筹集一定的资本，在丰年或是米价较低的江南湖广地区收购粮食，储存于各地之内的常盈仓内，当荒年江南七郡百姓无力纳粮时，用所储备的粮食输出。通过不同地区间、丰收歉收年间粮食的相互调配，解决米价波动的问题，从而实现富国强民的目标。

4. 兴建基础设施政策。在基础设施建设方面，管仲提出政府当致力于兴修水利，消除灾害。《管子·度地》中，管仲提到妨碍农业发展的灾害共有五种。“故善为国者，必先除其五害。……水，一害也。旱，一害也。风雾雹霜，一害也。厉，一害也。虫，一害也。此谓五害。五害之属，水最为大。五害已除，人乃可治”，“除五害，以水为始，请为置水官”[③]，国家应出资兴修水利，设置水官，既要保证农田得到及时灌溉，又要预防洪水泛滥。由此可见，在消除五害，促进粮食生产上，国家财政发挥着不可取代的作用。

刘晏主张，政府应出资设立驿站，传递粮情。如“常以厚直募善走者，置递相望，觇报四方物价，虽远方，不数日皆可达使司，食贷轻重之权，悉制在掌握，国家获剁而天下吾甚贵甚贱之忧”[④]，即国家出重金招募精明廉洁的“知院官”，其职责是搜集所辖各州县雨雪等气象信息以及粮食丰歉及价格情况，然后迅速上报朝廷。然后，国家根据所掌握的粮食生产信息，相应作出对策。信息情报站的设立，有利于国家在第一时间及时、准确地制定粮食政策，避免了“不待其困弊流为饿殍然后赈之”[⑤] 的情况，降低了政策制定时滞，促进粮食产业发展[⑥]。此外，刘晏主张国家大力对漕运进行改革，兴修水利，保证南粮北运的畅通[⑦]。

---

① 石声汉：《农政全书校注：农本·诸家杂论》下，上海古籍出版社 1979 年版。

② 石声汉：《农政全书校注：农本·诸家杂论》下，上海古籍出版社 1979 年版。

③ 马非百：《管子轻重篇新诠——〈管子·度地〉》，中华书局 1979 年版。

④ 司马光：《资治通鉴》卷二二六，中华书局 1956 年版。

⑤ 武秀成：《旧唐书·刘晏传》，上海古籍出版社 2003 年版。

⑥ 骆永寿：《唐朝后期的理财能臣刘晏》，《四川教育学院学报》2001 年第 5 期。

⑦ 王涛：《刘晏的财政改革与唐后期商品经济发展》，《忻州师范学院学报》2002 年第 4 期

王安石认为，官府当大力投资，兴修水利。王安石变法中另外一条与粮食生产有关的措施就是农田水利法，又名《农田利害条约》[①]。在这条法令中，他主张国家应该加大对修建水利工程的资金投入力度。如国家奖励出财出力兴办水利的个人或是降低他们的赋税或是优以官禄。这个办法的颁布，使得当时形成了“四方争言农田水利”[②] 的热潮，农田得以及时灌溉，粮食产量得以增加。

徐光启倡导政府兴修水利，利国利民。徐光启十分注重水利对粮食生产的制约作用[③]。在《农政全书》中提到，“其不能多生谷者，土力不尽也；土力不尽者，水利不修也。能用水，不独救旱，亦可弭旱。……凡水皆谷也”[④]。他主张，国家应该加大对兴修水利的投入力度，并且要善于发挥所用资金的效益，大型工程由政府来负担，中小型工程由地方分级承担，同时鼓励民间自发地兴修水利活动[⑤]。这样做不仅有利于粮食增产，而且还有利于治理水患，最大程度上减少自然灾害对农业的破坏力[⑥]。

（二）税收政策相关理论

中国早期经济学家关于粮食产业发展的税收政策理论主要包括以下两个方面内容，分别是：

1. 减免税负，促进生产。管仲主张减免税负，鼓励生产。在《管子·权修》中，他说到“地之生财有时，民之用力有倦”[⑦]，即务农有时，民力有限，政府不应对农民征收过重的税赋，从而超过其极限，不利于民生。“故取于民有度，用之有止，国虽小必安；取于民无度，用之不止，国虽大必危”[⑧]，他主张征税应有度，不可以繁重的赋税影响了粮食生产。同时，管仲在齐国变法时提出了“相地而衰征，则民不移”[⑨]，这就是著名的“案田而税”，即按照土质的好坏，产量的高低等级来征收不同的田税[⑩]，这样做可以按照公平的原则合理向农民征税，直接减轻了农民的税负，大大促进了粮食生产和当地经济的

① 李超民：《王安石变法与美国20世纪30年代的新政》，《西安交通大学学报》2001年第6期。

② 蔡东藩著，江离翻译/整理：《宋史·王安石传》，九州出版社2008年版。

③ 张守军：《徐光启的经济思想》，《财经问题研究》1997年第8期。

④ 石声汉：《农政全书校注：农本·诸家杂论》下，上海古籍出版社1979年版。

⑤ 刘明：《论徐光启的重农思想及其实践》，《苏州大学学报》2005年第1期。

⑥ 刘吴、胡尊让：《农政全书的水利建设思》，《西北农业大学学报》1998年第8期。

⑦ 马非百：《管子轻重篇新诠——〈管子·权修〉》，中华书局1979年版。

⑧ 马非百：《管子轻重篇新诠——〈管子·权修〉》，中华书局1979年版。

⑨ 左丘明：《国语·齐语》，上海古籍出版社1988年版。

⑩ 周永刚、向德富：《论先秦时期的“惠农”政策》，《福建论坛》2007年第8期。

发展。

战国时期改革家商鞅提倡，免税免役，奖励耕种。他提出多种减轻农民税赋，使其安心务农的措施。如“力本业，耕织致粟多者复其身”①，即鼓励农民致力于粮食生产，生产粮食和布帛多的百姓，可以免除本人的劳役和赋税。又主张“秦国四方国境之内的山坡、丘陵、低洼之地，十年内免除税赋”，鼓励开垦荒地，从事粮食生产。在《商君书·垦令》中，他提出“訾粟而税，则上壹而民平”②，主张按照粮食的产量计算田赋，只有国家田赋制度统一，百姓承担的赋税才会公平③。对农民的这些优待政策不仅减免了农民大量的税负，还大大地提高了农民生产粮食的积极性，使当时秦国的粮食生产无论是从规模上，还是从产量上都有了质的飞跃。

2. 重税于商，扶持农业。商鞅从“农战”的角度，提出“国之所以兴也，农战也”的论断④。他主张重农抑商，奖励耕织，开垦荒地，高度重视粮食的生产。商鞅及商鞅学派的重农思想集中见于《商君书》⑤。他主张运用国家税收手段打击商业。为了保护粮食产业的基础地位，护封建专制王权，商鞅提出了一系列抑商政策。如“贵酒肉之价，重其租，令十倍其朴，然则商贾少……商贾少，则上不费粟。民不能喜酣奭，则农不慢……上不费粟，民不慢农，则草必垦矣”⑥；“重关市之赋，则农恶商，商有疑惰之心。农恶商，商疑惰，则草必垦矣”⑦。这些都主张对商人征收高额的商品税，抑制其发展，迫使其“归心于农”，重新从事农业生产。再有“之口数使商，令之厮、舆、徒、重者必当名，则农逸而商劳。农逸，则良田不荒”⑧，主张让商人负担多种徭役，从而解放农民，让其安心生产。由此可见，财税政策运用于可能会阻碍粮食产业发展的方面，这样更加强化了先前提出的重农政策。

在粮食生产领域，刘晏主张养民为先，减轻税负，保证农民稳定的粮食生产能力。据《旧唐书·刘晏传》记载：“晏又以为户口滋多，则赋税自广，故

---

① 司马迁：《史记·商君列传》，中华书局2008年版。

② 商鞅：《商君书·垦令》，人民出版社2008年版。

③ 周永刚、向德富：《论先秦时期的“惠农”政策》，《福建论坛》2007年第8期。

④ 汪蕾：《商君书的重农思想及其对三农问题的启示》，《重庆工学院学报》2008年第11期。

⑤ 吴宾：《中国古代粮食安全问题研究》，西北农林科技大学（农业经济管理专业）博士学位论文，2007年，第19页。

⑥ 商鞅：《商君书·垦令》，人民出版社2008年版。

⑦ 同⑥。

⑧ 同⑥。

其理财，以爱民为先”①。在其对地税、户税改革的过程中，处处为着农民的利益考虑。从纳税频率、纳税数额上都大大削减了农民的繁重的税负，提高其种粮生产积极性，还有利于整个国家经济的恢复与发展。

纵观中国古代关于粮食产业发展的众多财税理论，重农主义始终贯穿其中。随着生产力的不断进步，古人关于官府在粮食生产中调节作用的认识也日渐成熟。尽管所处历史阶段、面临具体的问题不尽相同，但中国早期经济学家关于粮食产业发展的财税理论有以下几点相同之处，即：第一，奖励耕织，积极鼓励粮食生产；第二，平抑粮价，保证农民根本利益；第三，轻徭薄赋，发挥税收对宏观经济的调节作用。中国古代经济学家的这些理论，不仅为当时统治者制定政策提供了依据，也为后人进行相关研究提供了参考。

综上所述，早期经济学家对粮食产业发展的研究主要围绕在财政资金如何作用于所投入的生产资料，税收政策如何调节粮食生产这两方面。他们的研究为现今研究粮食产业的财税政策提供两方面借鉴，分别是：第一，粮食产业发展必须有充足的资金作保证，政府必须加大对生产资料各要素的资金投入；第二，只有明确税收的基本原则，充分运用国家税收手段切实减轻农民负担，才能从根本上提高农民种粮积极性，促进粮食产业良性发展。

第二节 近现代经济学家关于粮食产业发展的财税理论

在上一节中，我们着重探讨了早期经济学家关于粮食产业发展的财税理论。按照时间顺序，本节对近现代经济学家的财税理论进行研究。近现代时期，全球经济历经了两次世界大战及世界范围内经济大萧条的重创，粮食产业的发展步履维艰。这个时期关于粮食产业发展的财税理论侧重研究政府在国民经济的恢复与重建中应扮演怎样的角色。国外以凯恩斯、华莱士、庇古为首的西方各经济学派及以马克思、列宁为首的马克思主义政治经济学派，在财政政策方面，不仅科学地论证了国家对粮食产业进行干预的必要性，而且主张国家应通过抵押信贷、农作物保险等政策保护农民利益，发展粮食产业；在税收政

① 武秀成：《旧唐书·刘晏传》，上海古籍出版社2003年版。

策方面，他们提出的税收乘数、粮食税等原理，为各国制定政策提供有力的理论支撑。国内以孙中山为代表的民国政府，在财政政策方面，主张政府应该运用财政资金兴办农民银行，加大对农业的投入，促进农业现代化经营；在税收政策方面，提倡对民减租减税，鼓励生产。本节分别从国外和国内两方面对近现代经济学家关于粮食产业发展的财政政策和税收政策理论进行提炼概括并加以简要评论。

一、国外近现代经济学家关于粮食产业发展的财税理论

本书将“国外近现代”定义为从19世纪末到20世纪中期这段时间，其间包括两次世界大战与经济大萧条时期。国外近现代经济学家关于粮食产业发展的财税理论主要集中在财政政策理论和税收政策理论两大方面。财政政策方面，他们主张加大对粮食生产的资金投入改良土地、运用信贷及保险等金融手段保护农户根本利益；税收政策方面，经济学家们归纳了税收乘数原理，主张减轻农民纳税负担，实现税收对粮食产业发展的倍增效应。

（一）财政政策相关理论

国外近现代经济学家关于粮食产业发展的财政政策理论主要包括以下四个方面内容，分别是：

1. 政策调控的必要性。约翰·梅纳德·凯恩斯认为，国家应该对粮食生产进行宏观调控。发生在20世纪的“大萧条”，让经济学家看到，市场这只“无形的手”并非在每个领域都适用。政府有必要通过财政支付、税收等手段在市场失灵的领域进行调节与干预。正如凯恩斯在《就业、利息和货币通论》（以下简称《通论》）中提到，“故政府机能不能不扩大，这从19世纪政论家看来，或从当代美国理财家看来，恐怕要认为是对于个人主义之极大侵犯。然而我为之辩护，认为这是唯一切实办法，可以避免现行经济形态之全部毁灭；又是必要条件，可以让私人策动力有适当运用”①。随后，凯恩斯便通过一系列理论论述了财政政策对经济的巨大推动作用，“而且在一般人心目中，财政政策之可能变动范围，至少要比利率大。如果政府故意用财政政策，作为平均所得分配

---

① 凯恩斯：《就业、利息和货币通论》，商务印书馆1983年版，第163页。

之工具，则财政政策对消费倾向之影响自然更大”①。从粮食生产中供求价格的波动性以及粮食生产的弱质性，我们可以看到，市场在调节粮食产业发展方面的局限性。所以，政府必须通过财政和税收手段，积极地对粮食生产、供销和储备各个环节进行调控，从而促进整个粮食产业的持续发展。

英国著名经济学家阿瑟·塞西尔·庇古从福利经济学基本命题以及社会资源的优化配置两个角度认为，运用财税政策促进粮食产业发展势在必行。一方面，庇古在《福利经济学》第一篇“福利与国民收入”中提出福利经济学的两大基本命题，即：第一大命题，国民收入越大，社会福利就越大。要使社会福利达到最大，就必须使社会国民收入达到最大。第二大命题，国民收入分配越均等，社会福利就越大。因此，国家应采用收入转移的方式，把高收入者的部分收入直接或间接地转移给低收入者，直到他们的边际效用相等为止②。正如庇古所说，“以下情况中的任何一种情况。即：或者国民收入增加，而不减少穷人在其中占有的绝对份额，或者使穷人占有绝对份额增加，而不减少国民收入，都一定会增加经济福利”③。为了使国民经济不断增长，粮食产业持续繁荣，需要在经济起步阶段加大财政支付力度。同时，政府用恰当的财政工具，增加农民收入，促进全社会福利的最大化。另一方面，从社会资源最优化配置角度看，粮食产业的财税政策必须加强。在《福利经济学》的第二篇“国民收入的大小与资源在不同的用途之间的分配”中，庇古首次提出了“边际社会净产品”和“边际私人净产品”的概念，从两者的大小比较中分析了社会资源配置的效率④。庇古认为“要使社会经济福利达到最大，就必须使任何一个经济行为的边际收益，等于其边际社会成本”⑤，即只有当“边际社会净产品”和“边际私人净产品”对应的净产值相等的时候，社会资源达到最优配置。进而庇古在第九章“边际社会净产量与边际私人净产量之间的差异”中论述产生这种差异的原因，其中一点就是“公共产品的外部性”。他认为，这类差异“不可能通过修改双方的契约关系就可以减轻”⑥，必须通过政府“额外奖励”或“额外限制”来消除。所以，对于边际社会收益大于边际私人收益的部门，政

---

① 凯恩斯：《就业、利息和货币通论》，商务印书馆1983年版，第39页。

② 张彦英、夏海英：《农业财政补贴的经济学理论依据分析》，《中国集体经济》2007年第2期。

③ 庇古，朱泱、张胜纪、吴良健译：《福利经济学》，商务印书馆2006年版，第94~109页。

④ 纳哈德·埃斯兰贝格，何玉长、汪晨编译：《庇古的福利经济学及其学术影响》，《上海财经大学学报》2008年第5期。

⑤ 庇古，朱泱、张胜纪、吴良健译：《福利经济学》，商务印书馆2006年版，第94~109页。

⑥ 同⑤。

府应该通过补贴政策加以鼓励。粮食产业正是这样一种具有外部经济性的部门，需要政府加大补贴，加大投入，这样可使既定的生产资源得到最优配置，促进粮食产业的发展，最终实现全社会的福利最大化。

2. 加大对农业的投入。根据财政政策乘数原理，凯恩斯认为国家应注重政府转移支付对粮食产业的作用。乘数是指某一经济变量增加引起的国民收入增加的倍数。凯恩斯学派运用简单的线性关系精辟地指出投资、政府购买、政府转移支付、出口、税收等宏观经济变量影响国民收入倍加的变动[①]。政府购买乘数是指国民收入的变动对引起这种变动的政府购买支出变动的比率[②]。凯恩斯在《通论》中，主要研究了投资乘数的形成以及对国民经济的影响。“我们称 k 为投资乘数（investment multiplier）。这个乘数告诉我们，当总投资量增加时，所得之增量将 k 倍于投资增量。”[③] 正是由于政府投资、政府转移支付的实施对国民收入的影响是成倍的，所以应该高度关注这些财政政策对粮食产业发展的影响。由此可见，国家采取的对农民的直补、对良种的补贴、农机具购置补贴、小麦和谷物的最低收购价政策、价外补贴政策等，不论是哪一类，从财政收支的角度来看都属于财政支付下的政府转移支付。这些措施可以充分发挥政府转移支付和政府投资等经济变量对国民收入的乘数作用，显著地促进粮食的生产和农民的增收。

美国罗斯福时期的农业部长亨利·A. 华莱士主张，加大对农业的投入，实现科技兴农。政府应该出资建立农业实验室，开发农产品的新用途。由于开发农产品的新用途可以从根本上弥补供需缺口、缓解常平仓的压力，所以华莱士主张建立农业实验室，运用科技手段实施农产品研究，从而开发出更多的用途。同理，发展粮食产业，也可以从粮食本身的用途着手，创造更多的需求，从而促进整个粮食产业的发展[④]。

现代科学社会主义的创始人卡尔·马克思在论及从传统小农转化为现代农业或是合作社发展模式时[⑤]，强调了科学技术对农业发展的巨大推动作用。他

---

① 金赛美：《谈税收乘数对国民收入的影响》，全国贸易经济类核心期刊，2007 年第 26 卷。

② 陈刚：《预算乘数的模型分析》，《南通职业大学学报》2005 年第 12 期。

③ 凯恩斯：《就业、利息和货币通论》，商务印书馆 1983 年版，第 48 页。

④ 李超民：《1938 年农业调整法与常平仓：美国当代农业繁荣的保障》，《财经研究》2002 年第 12 期。

⑤ 施敏锋、蒋乐琪：《马克思主义经典作家农业合作社思想探要》，《长江大学学报》2009 年第 2 期。

认为，政府必须加大对农业的资金、科技投入①。不论是发展资本主义的现代大农业还是发展像俄国那样的社会主义合作社模式，其中一点是必须要注重的，就是政府应加大对农业的资金、科技投入。“劳动生产力是随着科学和技术的不断进步而不断发展的”②，政府筹资向农业提供生产技术、资金，有利于促进农业，尤其是粮食产业的长远发展。马克思认为：“随着大工业的发展，现实财富的创造较少地取决于劳动时间和已消耗的劳动量，较多地取决于在劳动时间内所运用的动因力量，而这种动因本身——它们的巨大效率——又和生活它们所花费的直接劳动时间不成比例。相反地却取决于一般的科学水平和技术进步，或者说取决于科学在生产上的运用。”③ 所以，“农业上的各种改良一方面要求更大的投资和更多的物质生产条件的价格，另一方面要求较大的投资和更多的物质生产条件”④，由此可见，只有依靠政府力量对农业投入充足的资金，向农村普及现代生产技术，引进现代化机械运用于粮食生产，才能促进粮食产量的增加，推动整个产业的发展，从而夯实农业在国民经济中的基础作用，实现整个经济的持续繁荣。此外，基于马克思对工农业产品价格之间“剪刀差”的认识可知⑤，现今市场经济条件下仍然存在的隐形“剪刀差”对粮食产业发展极其不利。所以，只有依靠政府对农业投入高科技发展机械化生产，实现生产效率的提高，才能从根本上摆脱粮食在国际市场上的劣势地位，从根本上增强中国粮食产业的竞争力。

3. 农产品抵押贷款政策。华莱士主张国家通过向农场主发放农产品抵押贷款，建立常平仓制度。1938 年，罗斯福签署了新《农业调整法》⑥ （后称《1938 农业调整法》），由华莱士提出的常平仓制度作为第一项重要措施列入法律。为了限制其种植面积，他主张政府应该根据市场对农产品的需求以及农场主自身的生产能力制定一个生产配额，同时用“政府向其提供无追索的农产品抵押贷款”⑦ 作为补偿。具体做法是：当市场上农产品生产严重过剩，农产品

① 许经勇：《马克思农业科学技术进步理论初探》，《当代经济研究》2007 年第 12 期。

② 《马克思恩格斯选集》第 23 卷，人民出版社 1974 年版，第 664 页。

③ 马克思：《资本论》第 1 卷，人民出版社 2004 年版，第 53 页。

④ 马克思：《资本论》第 3 卷，人民出版社 2004 年版，第 912 页。

⑤ 肖国安：《中国粮食安全研究》，中国经济出版社 2005 年版，第 65 页。

⑥ 李超民：《思想、制度与启示：中国古代常平仓思想的当代意义》，《石油大学学报》2001 年第 6 期。

⑦ 李超民：《1938 年农业调整法与常平仓：美国当代农业繁荣的保障》，《财经研究》2000 年第 12 期。

价格急剧下跌时，政府给予农场主一定水平的财政支持政策和最低价格保证。通常是由政府注资设立的联邦商品剩余救济公司向农场主提供商业贷款。同时向农场主提供仓库，储存多余的粮食。政府通过储备一定量的粮食，可以从容应对自然灾害，做到丰年储备以应付灾年急需的目的。这种做法不仅可以使得农场主按照政府下达的生产配额进行耕种、抑制生产过剩，而且可以根据农产品价格的变动，决定是向商品信贷公司归还贷款或是放弃对粮食的所有权，使自身利益达到最大化。正如华莱士所说："从国家、消费者和农业利益的观点看，建立常平仓以提高供应和稳定价格是基础"①。常平仓制度的本质就是通过国家干预的形式，最大限度减少粮食生产的大幅波动，稳定粮食生产、供销等环节，从而促进整个农业良性发展。

4. 农作物保险计划。华莱士倡导政府实行农作物保险计划。这项计划可以看做是与常平仓制度相配合的政策。最先的保险制度是针对小麦的作物保险计划。政府对有意愿参加农产品保险的农场主提供一部分资金支持，帮助其支付保险费用。这种补贴是以农场主承诺参加常平仓计划为条件的。这样，不仅可以促进常平仓制度的推行，而且还能分散农产品生产风险，促进农业稳定发展。

（二）税收政策相关理论

国外近现代经济学家关于粮食产业发展的税收政策理论主要包括以下两方面内容，分别是：

1. 税收乘数原理。凯恩斯主张，国家应该注重税收对粮食产业的作用。乘数原理作为凯恩斯宏观经济学国民收入决定理论中的两大支柱之一。凯恩斯在《通论》中讲："在一特定情况之下，我们可以在所得与投资之间，确立一个一定比例，称之为乘数"②，可见，乘数是指某一经济变量增加引起的国民收入增加的倍数。税收乘数是指国民收入的变动对引起这种变动的税收变动的比率。国家可以通过向农民减免一定数量的税赋，从而充分发挥税收对国民经济的调节作用，提高农民种粮积极性，促进粮食产业的发展。

2. 粮食税的相关理论。列宁倡导实行"新经济政策"，主张从粮食税、自由贸易方面恢复工农业生产，促进俄国经济的恢复与发展。他认为，粮食税"是从极度贫困、经济破坏和战争迫使我们所实行的特殊的'战时共产主义'

---

① 李超民：《1938年农业调整法与常平仓：美国当代农业繁荣的保障》，《财经研究》2000年第12期。

② 凯恩斯：《就业、利息和货币通论》，商务印书馆1983年版，第48页。

向正常的社会主义的产品交换过渡的一种形式"[①]。《论粮食税》的主要内容是：为恢复战时重创后的俄国，为了恢复和发展国民经济，就要改变粮食政策，"自由出卖剩下的（纳税以后的）余粮"[②]，即用粮食税来代替余粮收集制，不再征集农民的全部余粮，而是以征税的方式，向农民收缴事先规定限额的粮食和其他农副产品，完税后的余粮和其他农副产品农民可以自己支配、自由买卖，国家则用工业品去交换[③]。粮食税的提出，不仅减轻了农民的纳税负担，提高粮食生产积极性，而且还有利于粮食的流通与自由贸易。正如列宁所说，"既然我们还不能实现从小生产到社会主义的直接过渡……所以我们应该利用资本主义，作为小生产和社会主义之间的中间环节，作为提高生产力的手段、途径、方法和方式"[④]。历史证明，粮食税的提出，顺应了当时生产力的发展，最大限度地调动了农民生产积极性，巩固了俄罗斯的经济基础[⑤]。

总之，不论是凯恩斯的宏观经济论，还是华莱士的常平仓制度；不论是西方资本主义对福利经济学的探索，还是社会主义阵营对粮食生产的研究，国外近现代经济学家都将粮食产业发展置于战略高度，主张采取积极的政策进行干预调节。具体而言，他们关于粮食产业发展的财税理论有如下共同点，分别是：首先，强调政府在粮食产业发展各个环节的重要角色；其次，应该加大对农业的投入，从资金上、技术上、政策上向农业充分倾斜；最后，灵活运用国家信贷、保险等手段，保护农民，促进生产，发展农业。

二、中国近代经济学家关于粮食产业发展的财税理论

中国近代关于粮食产业发展的最具代表性的财税理论是孙中山在民国政府期间的农业政策。首先，他认为，"农桑之大政，为生民命脉之所关"[⑥]。其次，他认为政府不仅应给予农民土地，而且还应向农民提供诸如先进农机用具、优良种子及化学肥料等生产资料，实现粮食生产现代化。下面就将孙中山的主张

① 《列宁选集》第4卷，人民出版社1972年版，第517页。

② 蒋锐：《列宁关于引导农民走社会主义道路的探索》，《当代世界社会主义问题》2002年第1期。

③ 宛金泉：《再谈学习列宁〈论粮食税〉的现实意义》，《北京宣武红旗业余大学学报》2003年第3期。

④ 《列宁选集》第4卷，人民出版社1972年版，第525页。

⑤ 王晓云、高斌：《试论列宁对发展社会主义商品经济的探索》，《江汉大学学报》1998年第2期。

⑥ 《孙中山全集》第1卷，中华书局1986年版，第18页。

从财政政策和税收政策两方面加以概括。

（一）财政政策相关理论

中国近现代经济学家关于粮食产业发展的财政政策理论主要包括以下两方面内容，分别是：

1. 加大对农业投入，实现生产机械化。孙中山主张加大政府对农业生产要素的资金投入，实现机械化生产。他认为："所谓地能尽其利者，在农政有官，农务有学，耕耨有器也。"[①] 其中的"耕耨有器"，是指应该广泛采用先进的农业工具，努力实现农业的机械化[②]。在这个过程中，政府应该保证对农业生产各种物质要素的合理投入。财政资金的划拨，不仅要满足农民最基本的对耕地农具的需要，还应大力配备其他的物质技术要素如种子、肥料、淡水、农药等一次性消耗的生产资料，从而从各个方面保证农业生产都有充足的要素投入[③]。

2. 兴建农民银行。孙中山认为，政府应筹资兴建农民银行。近代中国的农民时常面临土地、农具、资金等生产要素的匮乏，通过兴建农民银行，能够充分利用国内外资金扶助农业发展，尤其是粮食产业的发展。孙中山在《批财政部呈送兴农等银行则例文》中指出："中国地称膏腴，尤广幅员，而东南之收获不见其丰，西北之荒芜一如其故，此无他，无特别金融机关以为之融通资本故耳。创设（兴农）、农业、殖边等银行，实属方今扼要之图。"[④] 农民银行的建立，有效地解决了农民在资金方面的匮乏，帮助农民度过青黄不接的困难时期，保证农业生产活动正常进行[⑤]。

（二）税收政策相关理论

中国近现代经济学家关于粮食产业发展的税收政策理论主要体现在孙中山的相关论述中。为了促进农业发展，孙中山认为民国政府应该减税减租，大力鼓励农民生产。他在《第一次全国代表大会宣言》中主张，严定田赋、地税的法定数额，禁止一切额外征收[⑥]；同时，在《关于农民运动决议案》中规定，

---

① 《孙中山全集》第1卷，中华书局1982年版，第8～15页。

② 黎环、肖伟：《孙中山与中国农业现代化》，《农业考古》2006年第6期。

③ 关静杰：《略论孙中山的农业经济思想》，《牡丹江师范学院学报》2006年第4期。

④ 《孙中山全集》第2卷，中华书局1982年版，第275页。

⑤ 陈菁、高峻：《试述孙中山对农业、农村、农民问题的思考》，《广州社会主义学院学报》2006年第4期。

⑥ 《孙中山全集》第11卷，中华书局1986年版，第639～640页。

严禁对于农民的高利贷；限定最高租额及最低谷价；在《关于本党最近政纲决议案》中又规定，减轻佃农田租百分之二十五；遇有饥荒免付田租，禁止先期收租①。这一系列减税减租措施，从根本上保护了农民的利益，对于提高农民种粮的积极性、对粮食产业的发展起到巨大的促进作用②。

总之，以孙中山为代表的近代学者关于粮食产业发展的财税政策可以概括为以下两个方面：加大对农民土地、资金、生产工具等生产要素的投入；减租减税提高农民生产积极性。由此可见，政府应高度重视对农业生产的调控与保护，充分发挥财政税收政策在促进粮食生产中的重要作用。

综上所述，近现代经济学家对粮食产业发展的研究，主要集中在政策调节、资金投入和保护农户这三个方面。其理论为现今粮食产业财税政策的制定提供了几点借鉴，分别是：第一，应将有效需求理论、政府干预思想以及乘数原理等运用到实际政策的制定中，发挥其对粮食产业的调节作用；第二，注重科研、教育对农业发展的促进作用，加大对农业投入与补贴；第三，充分动用信贷、保险等金融手段，减税、减租等税收手段，从根本上让利于民，促进生产。

第三节 当代经济学家关于粮食产业发展的财税理论

上一节重点介绍了近现代经济学家的财税观点，本节将分别从国外和国内两方面对当代经济学家关于粮食产业发展的财政政策和税收政策理论进行论述。在经济全球化的今天，尤其是20世纪90年代以来，世界粮食产业蓬勃发展。与此同时，粮食产业也面临诸多问题。例如，粮食生产受落后生产方式制约、各国为保护本国农业采取的关税壁垒、粮食供需不平衡导致的粮食危机等。当代经济学家关于粮食产业发展的财税理论研究，主要集中在如何改造传统农业、如何对待粮食产业的公共性与弱质性、怎样建立粮食安全预警系统等。国外以布坎南、戈登·图洛克、萨缪尔森、马斯格雷夫、科斯、西奥多·

① 荣孟源主编：《中国国民党历次代表大会及中央全会资料》上册，光明日报出版社1985年版。

② 虞和平：《孙中山民生主义的发展过程及其行政影响》，广东人民出版社2006年版。

舒尔茨为首的经济学家，分别从公共选择理论、制度经济学理论、改造传统农业理论等方面回答政府应如何促进粮食产业发展。国内以蔡昉、林毅夫和钟甫宁为代表的经济学家，主张政府应从粮食生产、流通、储备三大环节，运用财税政策有针对性地调节粮食产业。

一、国外当代经济学家关于粮食产业发展的财税理论

20 世纪中期到如今，国外经济从战后重建到飞跃式发展，有关粮食产业发展的财税理论也得到相应的完善。在这一时期，国外经济学家们的研究集中于以下几个方面，分别是：对农业追加科技、教育方面的投资，改造传统农业；对粮食生产与激励做一种合理的制度安排协调各方利益群体；加大政府对公共失灵领域的作用力，调控粮食产业发展。下面从财政政策和税收政策两方面加以概括。

（一）财政政策相关理论

国外当代经济学家关于粮食产业发展的财政政策理论主要包括以下四个方面内容，分别是：

1. 公共选择理论。美国著名的经济学家詹姆斯·麦基尔·布坎南（1965）开创了公共选择理论，并提出了俱乐部物品这一概念，认为“它们的消费包含着某些‘公共性’，在这里，适度的分享团体多于一个人或一家人，但小于一个无限的数目。‘公共’的范围是有限的”①。所以，政府应该作用于市场失灵领域和公共产品领域。政府对粮食产业的保护与支持实质上是一种从农民手中购买公共物品的行为，这样就充分发挥了政府职能在市场失灵领域的作用。考虑到农业及粮食产品都具有公共物品的特性。一方面，农业本身具有公共物品的特性，因为农业作为一个产业在完全市场条件下是不能独立存在。另一方面，粮食产品具有一定的公共物品特征，因为粮食产业的发展，需要政府介入并且按照公共物品的属性调节粮食的供需均衡维持粮食价格的稳定。

另一名学者戈登·图洛克（1965）主张将经济学理想分析法引入政治决策过程中，政府在公共产品和公共物品的提供上有义不容辞的责任。判断政府是否有必要对一个产业进行公共管理，应该注意两个方面，即：一方面，这个产

① Buchanan, J. M. “An economic theory of clubs.” Economica, 32 (February) (1965) . pp. 1 ~ 14.

业是否能在完全市场条件下独立存在；另一方面，粮食产业所提供的产品是否具有公共产品的属性①。首先，粮食生产在市场经济竞争环节处于弱势地位，如果完全依靠市场配置资源，粮食生产将受到极大的制约。其次，粮食产业属于最弱质产业，不仅要承受比其他产业大得多的市场风险，而且还要承受其他产业无可比拟的自然风险。所以，粮食产业作为一种弱质产业，政府必须针对其本身特性进行政策保护②。

美国经济学家保罗·萨缪尔森（1954）在《公共开支的纯理论》中最先给出了“公共产品”的严格定义：所谓纯粹的公共产品是指每个人消费这种物品或劳务不会导致别人对该种产品或劳务的减少。与此同时，在《经济学》中，萨缪尔森将物品分为公共消费品和私人消费品。他认为公共物品“是这样一些产品，无论每个人是否愿意购买它们，它们带来的好处不可分开地散布到整个社区里……私人物品是这样一些产品，它们能分割开并可分别地提供给不同的个人，也不带来他人外部的收益或成本”③。由此可知，有效率地供给公共物品通常需要政府行为，而私人物品则可以通过市场有效率地加以分配。正如萨缪尔森所说，“包括政府活动在内的很多经济活动的确是处于私人物品和公共物品之间的中间状态，但是对这些中间状态的‘混合物’的理论研究也应该从极端情况的讨论开始”④。论及粮食的属性，我们应该考虑两个方面。一方面，从市场上出售的粮食而言，我们可以看到粮食的私人物品的属性。它不仅可以分割开来供不同的人使用，而且还具有排他性，即某部分的粮食被消费时就排除了其他人对这部分粮食的消费。这些仅是粮食的表面特征，因为得出这一结论的前提是粮食确保安全且粮食可以通过市场机制达到最优配置。另一方面，粮食又是一种特殊商品，是市场失灵的领域。“市场不能保障居民在重大自然灾害时期、重大的战争时期也能得到足够的粮食，如果政府不承担粮食安全的责任，必然会发生粮食安全的‘公共悲剧’。国家或政府必须对所有居民的粮食供给给以保障，这种保障超越了市场行为，是政府重要的职能之一。”⑤ 总之，以萨缪尔森的公共物品理论为基础，结合粮食产业的自身特点，我们知道粮食的属性具有双重性，既有商品属性，又有公共物品的属性。但从本质上来看，

① 张彦英、夏海英：《农业财政补贴的经济学理论依据分析》，《中国集体经济》2007年第2期。

② 肖国安：《中国粮食安全研究》，中国经济出版社2005年版，第58～59、169页。

③ 保罗·萨缪尔森、威廉·诺德豪斯，萧琛译：《经济学》，中国邮电出版社2008年版，第32页。

④ Samuelson, P. A. “Diagrammatic exposition of a theory of public expenditure”, Review of Economics and Statistics, (1955), Vol. 37, pp. 350～356.

⑤ 同②，第168页。

粮食具有公共物品的属性。在市场经济条件下，粮食的生产和流通应由政府进行调节，价格由政府管理[①]。

2. 对农补贴是一种制度安排。新制度经济学的鼻祖罗纳德·哈里·科斯（1937）在《企业的性质》中首次提出交易费用的思想。他认为，交易成本是获得准确市场信息所需要的费用，以及谈判和经常性契约的费用。通过建立一种无限期的、半永久性的层级性关系，可以减少在市场中转包某些投入的成本。依靠体制组织、契约以及其上的政策等制度，采纳和利用标准化的度量衡，能降低交易成本的水平[②]。由此可见，对粮食生产进行财税政策的支持，是一种降低生产成本、提高生产收益的重要手段。粮食产业在发展过程中，由于受技术、资金等要素禀赋的限制，其比较优势必然会呈下降趋势。这会使各种资源由农业转向非农产业。但是，由于粮食是一种战略物资，必须保证一定数量的公民滞留在土地上。在这个问题上农民是利益受害者，国家必须作出一种制度安排，保障粮食产业经营能获得社会平均利润率，缩小城乡差距[③]。具体应注意以下几点，即：第一，政府应该注重粮食安全，对粮食生产所需的要素进行补贴，或是允许要素在市场上自由流动；第二，由于粮食产业本身的弱质性，政府应该通过农业保险、农业信贷等措施帮助农民分散风险；第三，所有的制度安排，应尊重自愿选择、自愿交换、自愿合作的原则。诸如对农民的直接补贴应该是一种互利的交换，在补贴的过程中，不应是国家单项主导的，而应与农民充分沟通与商定。总之，政府应给农民进行粮食生产以必要的制度倾斜，给予农民更多的参与市场交换的平等的地位和权利，规范政府对农业和粮食生产的补贴，从根本上促进粮食产业的发展。

3. 政府转移支付的必要性。公共财政学理论的创始人理查德·马斯格雷夫（1959）将政府的经济活动分为三部分，分别是：资源配置、商品和服务的分配及宏观经济的稳定[④]。为了实现这三大目标，马斯格雷夫又针对每一种情况提出了具体政策建议。第一，财政实现稳定经济的机制和手段之一就是通过投资、补贴和税收等多方面安排，加快农业、公共基础设施等发展。粮食产业发展需要政府采取补贴、支付等手段来进行管理与安排。农村公共基础设施因为规模小、投资分散、地方政府难以直接操作等特点，中央政府应该下拨资金专

---

① 肖国安：《中国粮食安全研究》，中国经济出版社 2005 年版，第 34、36 页。

② 柯武刚、史漫飞，韩朝华译：《社会秩序与公共政策》，商务印书馆 2001 年版，第 239 页。

③ 张彦英、夏海英：《农业财政补贴的经济学理论依据分析》，《中国集体经济》2007 年第 2 期。

④ R. A. Musgrave. The Theory of Public Finance, (1959), New York: McGraw Hill.

款专用，为粮食生产打造良好的物质基础。所以，应该将更多的财政资金用来支持与粮食生产有关的各项基础设施的建设。第二，财政实现收入分配职能的机制和手段之一就是通过转移性支付，如社会保障支出、救济支出、补贴等，使每个社会成员得以维持起码的生活水平和福利水平。为了促进粮食产业的发展，必须调动农民种粮积极性，政府应充分发挥收入再分配职能，实施一系列惠农强农政策，在维持农民收入稳定的基础上实现增收。

4. 对农业追加投资。美国著名农业经济学家西奥多·舒尔茨（1964）认为，要想实现粮食产业的现代化，不仅要让市场成为农业发展的主要运行模式，而且必须由政府对粮食产业进行追加投资。这里的投资不仅包括对粮食产业发展所必需的物质生产资料进行投资，还需对农民进行“人力资本”的教育投资[①]。

一方面，通过分析资本主义初期通过殖民掠夺获取资本积累的事实，舒尔茨认为正是因为发展中国家不可能像资本主义国家那样再走殖民掠夺的道路，所以它们靠压榨农业来发展本国工业。这使得投入在农业上的资本少而又少，致使这些地区的农业一直都相对落后。所以，“为了生产丰富的农产品，要求农民获得并具有使用有关土壤、植物、动物和机械的科学知识的技能和知识……需要采用向农民提供刺激和奖励的办法。使得这种改造成为可能的只是一种资本的形式，这种资本需要投资——不仅对体现了部分知识的物质投入品投资，而且重要的是向农民投资”[②]。传统的生产要素对于农业，尤其是粮食产业的发展是必需的，同时不能忽视技术这一要素。由于技术隐藏于劳动力之内，所以政府不仅需要加大对传统生产要素的投入力度，同时要对农业投入技术和知识，对农民进行培训和教育[③]。

另一方面，为促进粮食产业发展，还应加大财政资金对农村教育的投资力度。正如舒尔茨在《改造传统农业》中所说，“农民学会如何最好地使用现代要素，这既需要新知识又要新技能。这种知识和技能在本质上是向农民的一种投资”[④]。“把教育作为一种向人力资本的投资，……从长远的观点来看，这类对贫穷社会的农业经济增长是如此重要”[⑤]。舒尔茨概括出一条重要的规律，

① 杨海：《对西奥多·舒尔茨的回顾及其理论启示》，《高等函授学报》2006年第3期。

② 西奥多·W. 舒尔茨，梁小民译：《改造传统农业》，商务印书馆1987年版，第132页。

③ 杨海：《对西奥多·舒尔茨的回顾及其理论启示》，《高等函授学报》2006年第3期。

④ 西奥多·W. 舒尔茨，梁小民译：《改造传统农业》，商务印书馆1987年版，第146页。

⑤ 同④，第159页。

即："农民的技能和知识水平与其耕作的生产率之间存在着有力的正相关关系。"① 为此他还提出了几点向农民教育投资的建议。这包括农闲期间的短期训练班、不定期对农民进行教育的会议、出版物、报纸、无线电对技术和知识的普及，还有向农民提供影响农民寿命、力量和精力、活动的保健设施和服务等。这些措施的提出，有利于提高农民劳动的技术水平，从根本上提高新的生产要素对粮食产业发展的贡献度，从而促进整个粮食产业的现代化经营。

（二）税收政策相关理论

国外当代经济学家关于粮食产业发展的税收政策理论主要集中在税收的必要性以及税收原则上。下面着重对美国财政学家马斯格雷夫的税收观点进行概述。

马斯格雷夫（1973）认为，分配职能在现代公共政策的决定中特别重要，尤其是在税收政策的决定中。国家可通过多种手段实现再分配政策目标，最直接的手段有三种，分别是：第一，"对高收入者征收累进所得税与给低收入者补助相结合"②；第二，用税收收入给低收入者提供一些有益的服务如公共住宅等；第三，对高收入消费者购买的货物课税与给予低收入消费者购买的货物补贴相结合，即税收和补贴相结合。总之，国家通过税收手段可以调节公共领域③。

纵观国外当代经济学关于粮食产业发展的财税理论，我们从公共财政理论认识到粮食产业作为弱质产业需要政府调控；从制度经济学原理看到提高农民种粮积极性需要对农户做出补贴安排；从现代农业所具备的特点看到需要追加在教育、科技等方面对农业的投资；从公共财政理论看到税收制度对促进农业发展的重要性。政府只有综合运用财政政策和税收政策才能实现粮食产业又好又快发展。

二、中国当代经济学家关于粮食产业发展的财税理论

当代中国，粮食产业的发展道路并非一帆风顺，有前进也有倒退。从新中

---

① 西奥多·W. 舒尔茨，梁小民译：《改造传统农业》，商务印书馆1987年版，第136页。

② 里查德·A. 马斯格雷夫等：《财政理论与实践》，中国财政经济出版社2003年版，第320～335页。

③ 葛夕良、沈腊梅：《马斯格雷夫的现代市场财政观——〈财政理论与实践〉译介》，《经济资料译丛》2002年第1期。

国成立后经历的人民公社大力发展粮食生产，到 1959 ~ 1961 年的三年自然灾害，粮食产业受到致命打击；从 1978 年成功推行家庭联产承包责任制度到 1984 年之后的粮食生产问题等；从 2001 年中国加入世界贸易组织（以下简称"WTO"）到 2006 年开始取消农业税，中国粮食产业发展面临着前所未有的机遇和挑战。现今的世界粮食危机，又让我们认识到政府在加强粮食储备以及确保粮食安全方面的重要作用。中国当代经济学家对粮食产业发展的政策研究，侧重在财政政策与税收政策两方面。在财政政策方面，他们分别对粮食直补、价格支持、基础设施建设、贸易流通等进行研究，不仅从理论上论证了采用这些政策的必要性，还从实证角度提出相关建议。在税收政策方面，考虑到中国加入 WTO 以及免除农业税的大背景，国内学者着重研究关税对中国粮食产业发展的调节作用，城乡统一税制的建立以及后农业税时代减轻农民隐性税负等内容。下面着重对国内当代学者关于粮食产业发展的财税观点进行概述。

（一）财政政策相关理论

中国当代学者关于粮食产业发展的财政政策理论主要包括农业补贴政策、基础设施建设政策、价格支持政策、农产品市场政策以及农业保险政策五个方面内容，下面逐一对这些理论进行概述。

1. 价格支持政策。对农业的价格支持，是指政府向农民无偿支付一定的补贴金，使农产品价格维持一定水平的措施，其实质是对生产者经济利益损失所作的补偿。国内学者重在研究支持政策的必要性以及价格支持的力度。

程国强（2010）认为价格支持政策仍然是现阶段的财政支农的基础性措施[①]。政府应该按照减少市场扭曲、操作简便易行、财政负担合理、符合 WTO 规则的原则，完善操作方式，逐步将直接收购方式调整为价差补贴办法。价差补贴，即只有当实际市场价格低于目标农产品价格时，政府给予农民补贴；市场价格高于目标价格，则不启动该政策。这样可以保证农民始终按市场价格随行就市销售农产品。

郑冰（2007）通过分析支持价、免除农业税、粮食直补三项政策对粮食均衡市场的供求影响，认为支持价下免除农业税以及给予粮食直接补贴，可以明显地提高粮食产量[②]。所以，政府应该遵循粮食供求规律，延续这三项政策的

① 程国强：《发达国家农业补贴政策的启示》，《北京农业》2010 年第 1 期。

② 郑冰：《支持价下免除农业税及直接补贴对农民粮食生产的影响分析》，《科学管理》2007 年第 6 期。

效应，适时适度调整粮食补贴和粮食保护价。

马文杰、冯中朝（2007）根据西方发达国家的农业补贴经验，认为中国应该继续执行粮食价格支持政策①。虽然价格支持效率比较低，但粮食价格仍是决定中国农户种粮收入的主要影响因素，生产资料价格变动对农户种粮收入影响也很明显，粮食直补不能代替粮食价格支持。政府必须通过财政手段，稳定粮食价格和生产资料价格，从根本上健全粮食流通市场，提高农民收入。

周俊（2008）从整体效应、政府、涉粮企业、农民各个利益主体方面充分研究，认为最低价政策不仅可以提高政府调控效率，维护国家粮食安全还能从根本上保证农民生产积极性。政府应该坚持对这一政策的实施和完善②。

钟甫宁（2005）主张，政府应该运用财税政策应对粮价波动，确保国家粮食安全，他多次强调稳定粮食价格的重要性。首先，由于价格信号的准确传递是保障长期供应的基础，政府应该通过补贴刺激生产，运用当前的高水平价格向生产者传递需求扩大的信号，引导其扩大生产。其次，运用价格信号的同时必须随之增加对农业科研、推广和基础设施的投资③，从而激发农民生产积极性，确保中国长期的粮食供应保障。只有这样才能促进中国粮食产业发展和农民增收。

蔡昉（2003）认为，在农业开放的条件下，政府保护农业的政策不应扭曲粮食价格，而是要根据比较优势发展粮食产业。首先，在 WTO 框架下，蔡昉反对推行扭曲价格的农业保护政策。他认为粮食等农产品的价格扭曲后会损害市场机制调节粮食生产的能力，最终抑制农业自身生产能力。这里所说的农业保护政策，一般是指政府为了把一国农产品价格维持在一个高于国际市场价格的水平，而采取的一系列外贸壁垒和价格、收入支持等干预手段。大多数国家在实行工业反哺农业的时候，都会采取农业保护政策，这些政策会造成农产品和生产要素价格的严重扭曲。但在蔡昉看来，扭曲农产品价格的保护措施并不可取。农产品价格是农业作为市场经济的一个组成部分，对农产品价格的补贴最重要的就是利用市场规律的变动来激励农民生产积极性，“我们提倡的反哺农业，是通过资金和其他资源向农业和农村的倾斜，提高农业科学技术水平、改善农业生产和农村生活条件、提升农村道德风尚”④，即财政资金对农产品的

---

① 马文杰、冯中朝：《国外粮食直接补贴政策及启示》，《经济纵横》2007 年第 11 期。

② 周俊：《建议粮食最低收购价政策执行效应分析》，《财政监督》2008 年第 7 期。

③ 钟甫宁：《全球化与小农：中国面临的现实》，《南京农业大学学报》2005 年第 2 期。

④ 蔡昉：《推进社会主义新农村建设的着力点》，《湘潭大学学报》2007 年第 5 期。

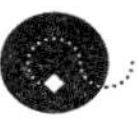

补贴不应是暂时性的“给政策”，而应是建立一种良性的价格传导机制，“让农民获得价格上涨的好处，又能形成一个有效的屏障机制，过滤掉非理性的农产品价格涨落”①，从根本上保证中国农民利益，促进粮食产业的良性发展。其次，应充分发挥不同的粮食产区以及粮食品种的比较优势，积极参加自由贸易。蔡昉认为中国加入 WTO 后，东部和中西部粮食主产区面临的冲击程度和获益程度不同。东部地区受冲击程度小，获益程度大；相反，中西部农产品主产区受冲击程度大，获益程度较小。“为了减缓加入世贸组织对特定农民收入的影响，国家可以利用 WTO 规则中与生产脱钩的国内收入补贴政策”②，对中西部粮食主产区的农民进行扶持与补助，从而促进全国粮食产业的发展，应对国际农产品市场的挑战。

2. 粮食直补政策。作为农业补贴政策中的综合性收入补贴政策之一，粮食直补政策是指为进一步促进粮食生产、保护粮食综合生产能力、调动农民种粮积极性和增加农民收入，国家财政按一定的补贴标准和粮食实际种植面积，对农户直接给予的补贴。国内当代学者着重研究粮食直补的必要性以及直补政策的改进。

（1）粮食直补政策必要性研究。孙艺、胡艳芳（2009）认为，价格支持属于 WTO 所限制的“黄箱”补贴③措施，直接补贴（脱钩支付）是 WTO 所支持的“绿箱”补贴④措施。我们应该履行对 WTO 的承诺，逐步减少容易对粮食生产和贸易产生扭曲作用的价格支持措施。直接补贴（脱钩支付）将是中国粮食生产补贴政策的发展方向⑤。

吴雄周、曾福生（2008）通过实证研究发现，中国粮食政策经历了一个从间接补贴到直接补贴的制度变迁过程。粮食间接补贴到直接补贴的变迁经历了一个由制度均衡到制度非均衡再到制度重新均衡的过程。由此认为粮食直补政

---

① 蔡昉：《有效推进农村改革化解金融危机影响》，《农村经营管理》2009 年第 5 期。

② 蔡昉：《宏观经济政策调整与农民增收》，《中国农村观察》2003 年第 4 期。

③ “黄箱”政策，是指那些对生产和贸易产生扭曲作用的政策。具体包括：价格补贴，营销贷款，面积补贴，牲畜数量补贴，种子、肥料、灌溉等投入补贴，以及部分有补贴的贷款项目。根据 WTO《农业协定》，成员方必须对黄箱政策进行削减。

④ “绿箱”政策，具体包括农业计划的费用由纳税人负担而不是从消费者转移而来，没有或仅有最微小的贸易扭曲作用，对生产的影响很小的支持措施，以及不具有给生产者提供价格支持作用的补贴措施。根据 WTO《农业协定》，成员国可免除对绿箱政策的削减义务。

⑤ 孙艺、胡艳芳：《中国粮食补贴政策体系的构建与完善》，《石家庄经济学院学报》2009 年第 12 期。

策对农业发展至关重要[①]。

(2) 按照WTO规则，改进直补政策。李喜童（2009）通过对中国现阶段粮食直补政策所存在的问题分析，提出进行农村系统性改革[②]。一方面，应加大“绿箱”配套政策力度。中央政府要通过调整财政和国债投入结构，使农村能获得较多的财政资金，加速改善农业生产条件和农村生活环境。另一方面，尽快扩大“黄箱”补贴范围。当前中国的“黄箱”政策在基期农业总产值中只占3.3%，这与“黄箱”政策的上限允许标准8.5%的微量允许标准量相比还有比较大的利用空间[③]。

张领先（2006）认为，中国应该按照WTO规则，逐步全方位实行“绿箱”政策补贴，改善农业生产和经营的基础条件。同时，调整农业补贴方式。在一般服务方面，政府应侧重对农业基础设施建设的支持；在生产者直接支付方面，应侧重对农业生产结构调整的支持，并进行生产者收入支付、自然灾害救助等方面的支持[④]。

侯石安（2004）主张，优化财政对农业投入的结构，提高政府对农业的支持效率。首先，增加对农业基础设施和生态环境的投入，以提高农业的综合市场能力和综合效益。其次，注重对农业科技的研究、引进和推广的投入。再次，按照公共财政的要求和WTO农产品国内支持政策原则，逐步扩大对农业事业性投入的比重，压缩对农业生产性投入的比重，注重对农产品质量标准与农业病虫疫情防治体系、农产品信息服务体系和农业技术推广体系建设的投入[⑤]。

钟甫宁（2003）主张，加大政府对粮食直补力度，明确补贴的领域与方式，提升粮食整体竞争力。他在《进攻还是防御？略论农业支持政策重点的战略选择》一文中谈到自从中国加入WTO以后，粮食等大宗农产品进口的大幅增长，威胁着本国的粮食生产，对农民增收不利。首先，从农产品的竞争力影响因素的分析中得出“除了资源禀赋以外，政府的支持政策是建立、保持和提

---

① 吴雄周、曾福生：《中国粮食政策补贴转变的制度经济学分析》，《湖南农业大学学报》2008年第8期。

② 李喜童：《新形势下中国粮食直补政策实施中的问题与解决思路》，《经济时代》2009年第19期。

③ WTO ANALYTICAL INDEX：AGREEMENT ON AGRICULTURE http：//www. wto. org/english/res_e/booksp_e/analytic_index_e/agriculture_01_e. htm 2010. 7. 21.

④ 张领先：《国外农业支持政策对中国的启示》，《科技管理研究》2006年第2期。

⑤ 侯石安：《中国财政农业投入的目标选择与政策优化》，《农业经济问题》2004年第3期。

高农产品比较优势的重要原因”[①] 的结论。进而又比较了美国、欧盟与中国分别对本土农业的绝对和相对支持量，发现中国对农业特别是对粮油等大宗农产品生产的补贴与支持力度远不如发达国家。同时，钟甫宁还考察了中国财政资金对农业支持的方向，发现很大一部分对农业的财政支持运用于部门的人头费上，并没能直接支持农业的生产，“因而对提高农产品竞争力作用不明显”[②]。由此，钟甫宁提出了未来政府财政资金对粮食产业支持的几点注意事项，即：一方面，“长期有效的支持决不是简单的‘给政策’，而是对农业和相关服务的实际财物支持，包括直接、间接拨款和转移支付”[③]。即政府不仅要支持粮食产业的生产，还需支持相应的科研、开发、教育、推广、加工、运输、贮藏等一般性服务和基础设施建设。另一方面，应该注重财政资金的投入效率。由于受资源禀赋的制约，中国农产品在规模和单产上比较优势都很低，尤其是粮油等土地密集型大宗农产品的比较优势就更低了，它们在国际上的竞争力远不如发达国家。这里就有一个财政资金的投向和效率问题。我们应该将有效的资源投在比较优势较强的区域或是品种上来。从全国粮食生产的比较优势中我们可以看到，在粮食品种、粮食地域上，粮食生产的比较优势是明显的，所以按照钟甫宁的观点，政府的财政资金应该重点支持具有明显比较优势的产品和地区上，以便提高政府财政支持粮食产业的效率，“使非常有限的支持在提高农业综合竞争力方面取得最大限度的效果”[④]。

（3）符合 WTO 规则下，按照内外环境改进直补政策。程国强（2010）认为政府应该建立完善直接补贴制度。在继续稳定现行粮食直接补贴政策、适当提高补贴标准的基础上，政府应进一步扩大与农产品种植面积、牲畜数量、农业投入品等挂钩的直接补贴的范围和规模。如加大良种补贴、农机补贴、农资补贴、农业保险补贴和养殖业补贴等支持力度，加快建立适合中国国情的直接补贴制度框架与政策基础[⑤]。

段云飞（2009）认为，首先，粮食直补的目的是为了实现中国粮食长期供求平衡，而不是农民增收的重要来源，也不是为了鼓励和促进生产结构的调整。其次，粮食直补不是普惠政策，而应是有条件、有限度的补贴。直补应重

---

① 钟甫宁：《进攻还是防御？略论农业支持政策重点的战略选择》，《农业经济问题》2003 年第 1 期。

② 同①。

③ 同①。

④ 同①。

⑤ 程国强：《发达国家农业补贴政策的启示》，《北京农业》2010 年第 2 期。

点向粮食主产区倾斜；补贴对象应重点是提供商品粮的农民；补贴的粮食品种应是重点粮食产区的水稻、小麦和玉米。再次，他建议出台《粮食补贴条列》，使直补政策制度化、法制化，确保政策稳定性。最后，他主张提高直补标准，改变补贴依据。补贴水平应达到农业资源在粮食产业和非粮食生产竞争性用途上的受益领先水平；补贴应从以种粮面积为依据变成以售粮数量为依据①。

李亮（2009）认为，由于定位不准且制度设计有缺陷，中国直补制度应从目标、资金来源和补贴依据等方面进行转型，最终建成法制化的粮农收入直补制度②。首先，确立“保障粮农的最低收入”的单一目标。其次，在预算中增列粮农收入直补科目，而不应再从粮食风险基金中支出。再次，统一补贴依据，可根据近五年间农户的历史种植面积加以确定，并与当年生产脱钩。

孙艺、胡艳芳（2009）主张完善现行粮食直补政策。其中包括提高补贴标准、规范补贴方式、降低补贴成本、加强资金管理等内容。他们还主张增加粮食生产生态补贴，保护粮食生产的可持续发展能力③。

李晓敏、毕广杰（2009）通过分析现阶段中国粮食直补政策，发现直补面临以下几个方面问题，分别是：实施粮食直补的社会效益不尽明显；以实际种植面积核定补贴额的核算方法需改进；直补资金发放方式需完善。针对以上问题提出相应措施，即：放宽粮食补贴范围；以税改后的农业税的计税面积确定补贴；对补贴资金进行封闭运行，建立粮食补贴的绿色通道④。

吴敏先、孙成军（2009）主张，政府应该着眼于推动农村规模经营，改进农民补贴方式，由普惠农民转向补贴规模经营和农村合作经济。将过去的以粮食种植面积为核算单位补贴农民，变为以确定农村规模经营和合作经济发展的速度和质量为标准补贴农民。将直接补贴给农民的资金集中用于补贴农村规模经济和合作经济发展及农村基础设施建设，体现政策的鼓励和导向性质，使农民在参与和发展规模经济、合作经济及基础设施建设等过程中增加收益⑤。

房民、孙国贵、汤成国、胡士华（2008）认为，粮食直补政策的目标设计要综合考虑粮食总产、单产、商品率、农民收益以及经营方式等因素，将直补

---

① 段云飞：《应对链式直补绩效问题建立制度创新制度研究》，《财政研究》2009年第2期。

② 李亮：《论中国粮食直补制度的转型》，《中洲学刊》2009年第11期。

③ 孙艺、胡艳芳：《中国粮食补贴政策体系的构建与完善》，《石家庄经济学院学报》2009年第12期。

④ 李晓敏、毕广杰：《关于粮直补政策的几点思考》，《农村财政与财务》2009年第4期。

⑤ 吴敏先、孙成军：《粮食直补和取消农业税成效的思考》，《新长征》2009年第1期。

政策纳入发展现代农业全局[①]。坚持直补资金存量稳定、增量倾斜，将普惠制与特惠制相结合，在保持政策基本稳定的前提下，增强政策的激励作用。以提高土地产出率为目标：努力提高单产，稳定总产。

马文杰、冯中朝（2007）主张，政府应该继续对粮农生产环节进行补贴，如目前所实行的种子补贴和农机补贴。制定粮食生产补贴作为一项临时性补贴，补贴幅度应依据农资价格指数和粮食价格指数做出判断。同时，在粮农因粮食受灾减产或歉收时，政府还应对其进行赈灾补贴及种粮补贴[②]。

2. 基础设施建设政策。蔡昉（2003）提出，政府应该按照“多予少取”原则，增加对农业公共设施建设的投入，促进粮食产业化经营。他认为，国家通过加大对农业科研的投入、改进农业生产环境、保护水和耕地等粮食生产所必需的自然资源等，能够大大提高粮食的综合生产能力。蔡昉还在《宏观经济政策调整与农民增收》一文中，分析了当前国家财政资金在农业投入方面相对不足以及当前严重的农业资金外流现象，提出了“在农民个人固定资产投资不足和积累速度放慢的情况下，加大国家对农业基础设施建设和更新改造投资，在一定程度上能够解决农业投入不足问题，从而确保农业持续稳定健康发展”的观点。由于粮食生产的社会平均利润很低，劳动力以外的其他生产要素，诸如资本、技术等难以流向农业。所以国家必须积极采取财政政策、信贷政策和税收政策，通过直接收入转移、间接收入转移以及信贷资金转移的方式来改变农村资金流向的变化，从而在一定程度上提高农村的投资收益，促进农业物质资本积累，更好更快建设现代化粮食产业[③]。

林毅夫（2003）认为，应该加大政府对粮食种植业的科研投入力度。在《中央财政支持农村的五种可行方式》[④] 中，林毅夫的加大对农业科研支持力度的主张对现今粮食产业发展仍有很强的指导意义。技术进步是提高粮食等重要农产品单产的根本方法，林毅夫教授认为，在一定制度和政策环境下，最符合中国资源禀赋的一种技术选择就是育种科研。与此同时林毅夫还通过“农业科研的优先序”的研究[⑤]，总结出中国粮食作物育种研究投入的优先顺序，并且认为，“如果政府给予农业科研足够力度的支持的话，中国的粮食还有很大的

---

① 房民、孙国贵、汤成国、胡士华：《粮食直接补贴政策的效应及其完善》，《现代经济探讨》2008 年第 10 期。

② 马文杰、冯中朝：《国外粮食直接补贴政策及启示》，《经济纵横》2007 年第 11 期。

③ 蔡昉：《宏观经济政策调整与农民增收》，《中国农村观察》2003 年第 4 期。

④ 林毅夫：《中央财政支持农村的五种可行方式》，《经济参考报》2003 年 3 月 26 日。

⑤ 林毅夫、沈明高：《中国农业科研优先序》，中国农业出版社 1996 年版。

提高单产的空间，中国的粮食生产自给自足是没有问题的”①。此外，林毅夫又从技术变迁的角度，讨论了技术进步的两种方式，即：自行研究开发与向别国模仿购买哪种更适合中国。通过对比分析，基于模仿和购买技术所需的成本较低这点，林毅夫主张粮食产业要发展，必须靠政府对农业加大科研投资，购买国外先进的技术、发明来提高本土的种植水平。充分发挥科技这一关键因素对粮食产业发展的推动作用，将从根本上有利于中国粮食产业的长远发展。

温桂荣（2008）主张加大财政资金对农业基础设施建设的投入，建立农民增收长效机制。首先，制定农村经济发展与农民收入增加的长远计划，严格执行财政支农发展资金国家预算；其次，建立稳步增加财政支农资金的投入机制，保证国家财政每年对农业投入的增长幅度高于国家财政经常性收入的增长幅度，保证农业投入的长期稳定增长性；最后，不断调整和优化财政支农资金结构，增加支援农业生产、农村科技三项费、农村救济费的比重，直接授益于农民②。

3. 农产品市场理论。林毅夫（2005）主张，政府应出资建立全国统一的农产品市场。之所以要建立全国统一的农产品市场，尤其是全国统一的粮食市场有以下几方面原因，即：首先，这是各地区充分发挥比较优势，促进不同地区间分工合作的必然要求。“随着东部经济的发展，农产品生产成本提高，失去比较优势，东部就会让出部分农产品市场。如果有一个全国统一的农产品市场，中西部就能够从东部让出的市场中获益，形成东部拉动中西部农村发展的良性循环。”③ 这样，各地区的粮食产品在统一的市场上凭借着各自比较优势进行交易，从而达到资源的最优配置。其次，建立全国性的统一粮食市场是促进粮食产业可持续发展的有力保障。粮食产业的发展，需要充分发挥市场的资源优化配置作用。这样可以避免诸多行政干预、人为破坏经济运行规律以及扭曲市场价格的情况，从而使粮食产业能够按照一般经济规律，调动其自身调节生产能力，实现可持续发展。同时，林毅夫还提出，筹建统一的农产品市场，不仅需要“硬件条件”，如道路、通讯、运输、仓储等基础设施④；而且还需要市场中介、信用、法律等“软件条件”⑤。这些条件都需要政府资金积极地、主动

---

① 林毅夫：《有关当前当前农村政策的几点意见》，《红旗文摘》2003 年第 8 期。

② 温桂荣：《后农业税时期确保农民增收的财政政策探讨》，《湖南商学院学报》2008 年第 15 期。

③ 林毅夫：《有关当前农村政策的几点意见》，《红旗文摘》2003 年第 8 期。

④ 林毅夫：《改革动力源于农村经济社会发展》，《人民论坛》2005 年第 8 期。

⑤ 林毅夫：《有关当前农村政策的几点意见》，《红旗文摘》2003 年第 8 期。

地进行大力支持。

4. 农业保险理论。钟甫宁（2008）认为，国家应建立政策性农业保险制度，对粮食保险给予必要的资金援助。农业保险作为一种有效分散农业风险以及损失的机制，会带来农产品产量的增加，从而使整个社会福利增加。在钟甫宁与孙香玉合著的《对农业保险补贴的福利经济学分析》一文中，从保险这一特定商品本身出发，探讨政策性补贴如何改变保险市场本身的供求变化，从而提高整个社会的福利。按照常规福利经济学分析框架，分析了当保险市场的实际投保率低于最低投保率时，存在潜在福利。如果不实行政策性农业保险，不对保费进行补贴，这部分的潜在福利无法转化为实际福利①。综上所述，政府应该给予农民保费补贴，特别是应针对粮食等比较优势低的作物开展农业保险，可以“将粮食生产先天具有的产业缺陷转移、分散，进而稳定粮食主产区的生产规模……最终加强中国长期持续的粮食安全也有相当重要的意义”②。

（二）税收政策相关理论

国内当代学者关于粮食产业发展的税收政策的研究集中在三个方面。第一，探究关税对粮食生产、流通的调节作用；第二，借鉴发达国家经验，统一城乡税制；第三，研究农业税制改革之后，如何切实减轻农民负担。下面分别对这两方面的理论进行概述。

1. 关税调节理论。梅方权（2002）主张，中国应对特定粮食品种采取关税配额制度③。当进口额低于配给水平时，则征收低额税，通常为1%～3%；当进口额高于配给水平时，则征收高额税。合理利用关税配额制度，充分利用国外优势资源和价格低廉的营养丰富的粮食和饲料，抓住有利时机，以支持国内粮食和农业以及农村结构调整④。

张莉（2009）认为，在粮食危机背景下，粮食取消暂定关税可以鼓励粮食出口，充分利用国内和国际粮食市场调剂粮食余缺，疏通粮食流通渠道，保证国内粮食市场稳定运行⑤。

卢东伟、孙东升（2008）认为，一个合理的关税结构应是：对于具有比较

---

① 孙香玉、钟甫宁：《对农业保险补贴的福利经济学分析》，《农业经济问题》2008年第2期。

② 邢鹏、钟甫宁：《粮食单产波动与政策性农业保险制度》，《新疆大学学报》2004年第3期。

③ 梅方权：《加入世界贸易组织与中国食物安全战略的调整》，《中国食物与营养》2002年第1期。

④ 唐福坤：《权威专家看加入WTO对中国粮食的影响》，《中国牧业通讯》2000年第2期。

⑤ 张莉：《粮食取消出口暂定关税》，《北京农业》2009年第8期。

优势的或不需要特别保护的产品，应根据比较优势原则，设置较低的关税税率；对于具有比较劣势且需重点保护产品则应设置较高的关税①。

林毅夫（2003）认为，中国粮食面对国际市场处于劣势，政府应通过关税调节等手段，充分发挥比较优势，调整农产品进出口战略。自从中国加入WTO，农产品在国际市场上既面临着机遇也面临着挑战。虽然中国在技术上生产足够的粮食养活自己是可行的，但是从经济合理性角度出发，最佳的粮食产量并非是达到百分之百的自给自足。如果能够改善品种和质量，达到国际市场需求，那将对中国劳动密集型农产品的发展是一个不错的机遇。"中国粮食科研、特别是水稻科研在全世界具有领先地位，然而在劳动密集型的农产品，如蔬菜、水果等方面的科研，和国际以及中国台湾省水平相比还有很大差距"②。同时，因为粮食是耕地密集型产品，加之中国耕地资源紧缺，所以，政府应该通过关税优惠等调整手段，充分发挥比较优势将劳动力更多地用于生产劳动密集型的农作物，通过国际贸易换取耕地密集型的粮食产品，改善我们的资源配置并且提高资源利用效率。这样不仅可以合理优化中国农产品的进出口结构，而且还能从根本上促进粮食产业的发展，确保国家粮食安全。此外，林毅夫还研究了杂交水稻技术创新对农户收入分配的影响，结论是：当一种水稻新技术可供使用时，在采用这种新技术上存在比较优势的农户将采用这种新技术，并重新配置自己掌握的资源，以提高水稻产量。所以，"政府应该加大对这些农产品的科研支持，同时可以与其他国家或地区包括中国台湾省进行合作，以提高中国的农业科研能力，提供优良的农产品品种，帮助农民更好利用加入WTO给农村经济发展带来的机遇"③。

2. 统一税制。纵观世界各国税收制度，绝大多数国家都是将农业税纳入统一的税制中。采用的一般模式是流转税、所得税和土地税相结合。按照农产品销售收入征收流转税；按照农民收入征收所得税；按照土地征收土地税。国内学者通过借鉴发达国家对于农业的税收优惠政策，基本一致地提出统一税制的建议。

王伟、李秉文（2009）认为，中国目前的税制改革总体目标应是在城乡统一税制基础上的重构：一是改革与调整现有税制；二是在统一税制的基础上实现对农村的税式倾斜；三是在原个人所得税的基础上构建负所得税制，将个人

① 卢东伟、孙东升：《中国农产品关税保护效应分析》，《世界农业》2008年第10期。

② 林毅夫：《有关当前当前农村政策的几点意见》，《红旗文摘》2003年第8期。

③ 林毅夫：《有关当前当前农村政策的几点意见》，《红旗文摘》2003年第8期。

所得税、最低社会保障制度、社会救助制度三者有机统一起来①。

朱润喜（2009）认为基于农业的弱质性、基础性，国家应加快推进城乡税制统一②。他提出先外后内、先破后立、协同推进三种途径实现税制统一。政府还必须通过提高粮食综合生产能力、粮食商品率以及经营规模化程度，支持城乡税制统一进程。

吴敏先、孙成军（2009）主张建立城乡统一的税收政策。政府应在税收和二次分配政策方面，既要向农村倾斜，又要考虑城乡统筹的战略取向。重点应制定城乡统一的个人所得税标准，对城乡居民普遍征税，调整城乡居民收入核算办法，提高税收起征点以保护中小收入者；应加大资源税征管力度，限制新农村建设过程中对资源的过度开发，以保护城乡环境和促进可持续发展③。

程黎（2008）从税收的公平性原则出发，认为建立统一的城乡税制将是中国农村税制建设的出路④。通过借鉴美国、日本等发达国家的涉农税收政策，他提出了在统一城乡税制下涉农税种的设置建议，即把农民纳入增值税、所得税、房产税等税种的征税范围，但同时应简化征收且通过特别税率使农民减轻税收负担。

彭礼寿、胡小菊（2003）主张统一城乡税制⑤。借鉴国际先进经验，发达国家基本不单独设立农业税独立税种，只设立个人所得税、企业所得税、商品税、财产税、社会保障税等基本税种。中国应统一全国税制，使农民的税负与其他社会成员一样，按其经济活动属性分别在相应的税种下缴纳税赋。

3. “后农业税时代”农民减负问题。2006 年起，中国全面取消农业税，中国农村进入“后农业税时代”。农业税制改革之后，农民仍然面临着多重社会负担。国内学者以“后农业税时代”为背景，探索如何切实减轻农民负担。

李铜山、陈允仓在（2009）认为，在“后农业税时代”，传统意义上的显性负担和强制性隐性负担已基本消失，但农民负担演变成“特隐性负担”。农资大幅涨价、高额的医疗费用、子女教育费用、婚丧支出、农村经济发展滞后、农产品价格降低等成为农民隐性负担较重的重要因素。政府应该严格控制农资价格恶性上涨，大力推进农村综合配套改革，保护农民根本利益，全面提

① 王伟、李秉文：《关于中国城乡统一税制重构问题的探讨》，《商业时代》2009 年第 36 期。

② 朱润喜：《统一城乡税制的路径选择》，《中国财政》2009 年第 8 期。

③ 吴敏先、孙成军：《粮食直补和取消农业税成效的思考》，《新长征》2009 年第 1 期。

④ 程黎：《发达国家涉农税收及其对中国统一城乡税制的借鉴》，《中南财经政法大学学报》2008 年第 2 期。

⑤ 彭礼寿、胡小菊：《国外农业税收优惠对中国的启示》，《税务》（福州）2003 年第 2 期。

高农村综合生产能力[①]。

陈永成、龚影（2007）根据公共经济学原理，分析了免征农业税后农民的税负构成，认为农业免税只免除了农民一小部分直接税收负担，税收的间接负担（如流转税负担、教育负担和医疗负担）和体制而致的隐性税负（如工农业产品价格“剪刀差”和土地资源不公平征用损失）依然对农民构成巨大压力。政府必须加强农村制度建设，完善集成财政制度和配套的金融体制，切实减轻农民负担[②]。

李新、席艳乐和董怡（2007）主张，政府应该在为地方公共服务筹集资金与减轻农民负担之间保持均衡。一方面，中央财政和省级财政要明确各级政府责任，大幅度增加对农村的转移支付，切实减轻农村公共产品供给给农民所造成的各种税费负担；另一方面，还应构建与事权相匹配的分级财税体制，降低行政体系的运行成本，加快推进以乡镇机构、农村义务教育和县乡财政体制为主要内容的农村综合改革[③]。

总之，从中国当代学者关于粮食产业发展的财税观点中我们可以总结概括如下几点：首先，继续坚持完善粮食直补政策，实现全国粮食总量上的供需均衡；其次，加强粮食基础设施建设，提高农业资源利用效率，有效降低粮食生产成本；再次，在 WTO 规则限定的范围内，灵活运用价格补贴政策从根本上维护广大农民群众的利益；最后，通过关税调节，充分利用国内国际两个市场，促进国内粮食流通；通过建立统一的城乡税收制度，减轻农民负担。

综上所述，从当代经济学家对粮食产业发展的研究结论看，政府应该高度重视以下几点，分别是：第一，粮食产业具有公共物品特性，政府应该运用财政、税收手段加大对粮食产业的调控；第二，政府应从价格支持、粮食直补以及基础设施建设等方面促进国家对粮食产业的调控；第三，国家应通过建立统一的农产品市场以及健全粮食安全预警系统，从生产、流通、储备各个环节对粮食产业提供政策支持；第四，在后农业税时代继续落实各项政策，消除征收变相税费现象，统一城乡税制，从根本上减轻农民负担。由此可见，只有充分发挥政府支出、政府转移支付、税收减免等政策对粮食产业发展的调节作用，才能从根本上促进粮食产业发展。

---

① 李铜山、陈允仓：《后农业税时代农民负担问题的调查与分析》，《中州学刊》2009 年第 1 期。

② 陈永成、龚影：《“后农业税时代”的农民税负问题研究》，《科技创业》2007 年第 7 期。

③ 李新、席艳乐、董怡：《“后农业税时代”中国农业税制改革方向研究》，《农业经济问题》2007 年第 9 期。

纵观第二章内容，我们从早期、近现代和当代经济学家关于粮食产业发展的财税理论中可以发现，不同时期财税理论既存在着共性也存在着差异。但是每个时代的经济学家都提倡政府高度重视粮食产业的发展，财税政策的运用也集中于维持价格的平稳、税收力度的调整以及为农民进行生产要素投入等方面。但是，针对不同的时代特点，粮食产业发展中的财税政策也各有侧重。早期的财税政策突出重农抑商的必要性同时注重运用国家税收手段对农业进行保护和调整；近现代的粮食财税理论侧重于政府在危机中应对农民、粮食生产发展扮演怎样的角色，并且针对不同情况应该采取怎样有效可行的财税支持政策来发展粮食产业；当代财税理论，将制度经济学、公共经济学等新兴理论引入对农业，尤其是对粮食产业发展的研究。运用有效测度粮食产业支持政策效果的定量分析模型，从公共财政、改造传统农业等角度论述了政府在粮食生产中的责任与作用。

由此可见，随着经济社会的进步，粮食产业发展中的财税理论得到了不断的发展和完善。这些理论不仅帮助各国政府在特定的时期制定政策缓解当时的国民经济困难，同时还为现今研究粮食产业发展提供了宝贵的经验和借鉴。

目前，粮食财税政策的相关研究已成为各国政府和经济学家关注的热点、重点问题，不论是国内还是国外，都逐步形成了较为完善而又复杂的支持和保护粮食产业的政策体系。我们应该充分利用不同阶段的经济学家提出的有关粮食产业发展的财税理论，从中学习如何更合理更有效地运用财税手段促进粮食产业的发展。

第三章

国外粮食产业发展现状及未来的发展趋势研究

第一节 粮食产业概述

粮食是一个国家的根基所在，同样也是一个国家最重要的战略物资，其重要性甚至居于军事、能源之上。粮食不仅是最基础的民众消费品，也是最特殊的商品。在当今全球化的背景下，各国以前自给自足的粮食产业已经不能独立存在，各国间联系更加紧密，世界性的市场使得国家间相互依赖程度大大加深，粮食产业受到了众多国际粮食产业环境的影响。在政治、经济、社会、技术等多重因素综合作用下，粮食产业同其他产业的发展相同步在过去的20年间发生了根本性的变化。因此，在研究国外粮食产业的同时，更需要关注全球粮食产业环境的变化及发展趋势。

一、粮食产业现状

（一）粮食产业的全球化现象

第二次世界大战（以下简称“二战”）结束后，经过将近20年的休养生息，西方世界的粮食加工产业开始了快速发展的时期，国际大粮商纷纷抓住机

遇进行粮食产业的首轮多元化扩张，使得粮食产业的规模迅速得以扩大。由于当时的国际粮食贸易主要依托于政治经济环境，使得这首轮的全球化进程止于20世纪80年代。由于技术进步，单位产量的高速增长和耕地面积的不断扩大，导致全球范围内粮食产能迅速供大于求，世界粮食贸易进入长达20年的低迷期。变革在随后的20世纪90年代开始出现，冷战结束后，粮食产业的全球化开始再次出现，粮食贸易和经营活动的模式发生改变。一方面，粮食采购权从政府向民间转移，粮食贸易和经营活动的市场化程度不断加大，国际粮商在全球粮食贸易中的份额大幅上升；另一方面，国际粮商不仅将粮食销往全球，而且在全球范围内配置作物的生产、加工和销售。全球化和市场化推动了粮食产业的整合，包括区域的整合和价值链的整合，粮食产业的竞争开始加剧。

直至20世纪90年代，全球粮食贸易处于长期的低迷状态，而此时，粮食贸易出现了一波兼并浪潮，缺乏相应加工业支持的粮食贸易商以及未进行全球布局的农业合作社渐渐丧失了在国际市场上的比较优势，迅速被国际大型粮商所兼并，众多贸易商迅速消失。这一变化明显地提高了行业密集度。与行业整合同时进行的，是国际粮商进行的战略调整，剥离非核心或非相关资产，回归农粮核心业务。与此同时，粮食产业全球化出现了新的发展契机，中国和印度经济进入了快速发展时期。中国和印度两国人口基数大，随着人均收入的提高，对蛋白质的需求展现出巨大的增长空间。随着两国市场的不断开放，全球化、市场化、中国和印度因素三者互相强化，从根本上改变着全球粮食产业的经营环境。

20世纪90年代后，世界粮食产业随即进入了一个令人兴奋的蓬勃发展时期，转基因产品以及生物能源的出现很好地结合了当代人类对健康饮食的旺盛需求；全球化成为主导，粮食产业随即迎来了一个充满革新的年代。图3－1展现了二战后粮食产业的发展轨迹以及未来的趋势走向，对我们有较好的参考价值。

由图3－1中显示的曲线可以充分看出过去20年全球粮食产业的演变，由冷战开始的粮食产业增长从20世纪60年代一直延续到21世纪。

（二）粮食价格具有波动特性

由于粮食的供给与需求都具有相对刚性的特征，粮食从来都是价格波动剧烈的商品之一，从2009年初开始，依托于需求增加和大宗资源价格上升的力量，国际市场粮价一路上涨，这之前的半年，粮价刚刚经历了一场持续半年的

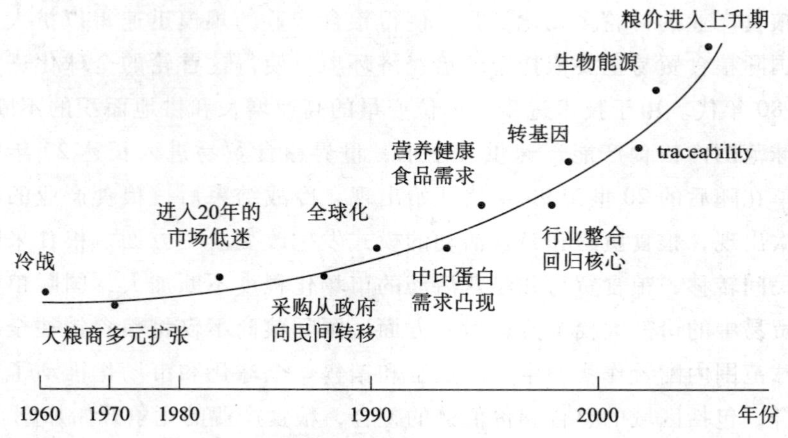

图 3－1　过去 20 年全球粮食产业演变

资料来源：李金鑫：《全球粮食产业经营环境分析》，《中国粮食经济》2007 年第 10 期。

价格下跌。回顾一下粮价的走势可知，粮食价格的持续波动一直都是粮食产业的一大特性。

2003 年以来，国际粮食价格逐步走高。2003～2007 年[①]小麦、大米、玉米和大豆价格分别上涨 61.8%、59.3%、58.1% 和 66.1%。2006～2007 年粮价上涨速度加快，小麦、玉米和大豆价格年均上涨 29.5%、29% 和 21.7%。2008 年农产品价格上涨进一步加速，芝加哥期货市场小麦、玉米、大豆一季度平均价格同比分别上涨 120.9%、29.0% 和 80.8%，小麦和玉米的价格达到近 10 年来的最高价位。作为世界粮价基准的泰国，2008 年 4 月份的大米价格突破 1000 美元大关，达到年初价格的 2.8 倍。粮价上涨造成世界通货膨胀率由 2002 年的 3.3% 上升到 2007 年的 3.9%，其中，美国、欧盟均创十几年来新高，日本由多年来的通货紧缩变为通货膨胀，新型经济体和发展中国家达到 5.9%，中东、独联体和非洲分别达到 10.8%、8.9% 和 6.6%（见图 3－2）。

虽然粮食价格一直处于波动状态，但粮食依然在理论上呈现为稀缺资源。联合国粮食及农业组织（FAO）（以下简称“粮农组织”）最新调查显示，目前全球约有 9.63 亿人处于饥饿线。自 2007 年开始，在贫困的加勒比海沿岸国家、非洲与东南亚、南亚等地人民，为赖以生存的粮食抗争。至 2008 年，这种抗争愈演愈烈上升为流血冲突。2008 年 2 月，西非的喀麦隆有 24 名民众在冲突中身亡；3 月，海地有 5 人死亡；5 月，在非洲索马里有 2 人死亡。海地因

① 联合国粮食及农业组织：《2009 年粮食展望——全球市场分析》。

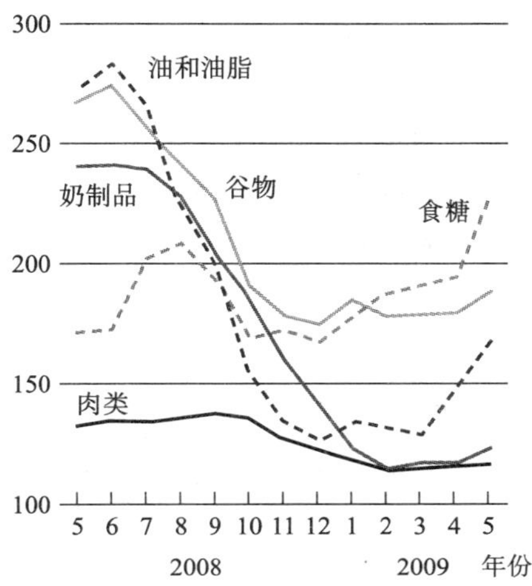

图 3-2　联合国粮农组织食品价格指数

资料来源：同图 3-1。

食品价格上涨而引发的暴力抗议持续了近一周。海地 80% 的国民只能靠吃一种特殊的泥巴维持生命。在埃及，民众为了购买政府救济的面包或者大饼而排队。据联合国粮农组织统计，若粮荒不即刻舒缓，则全世界至少有 1 亿贫国民众将立即陷于生存危机。2008 年上半年全球有 36 个国家面临粮食危机，主要集中在非洲、南亚和中美洲，有 20 多个国家因食品涨价发生了骚乱，超过 1 亿人因高粮价陷入赤贫而基本生存面临威胁。

二、粮食产业的独有特性

任何一个产业都具备独有的产业特性，粮食产业也不例外。了解粮食产业的独有特性有助于更加深入地了解粮食产业，从而在全球化的粮食产业背景下根据其特点制定相应的粮食产业政策，使得粮食产业可以和谐、健康和稳定地发展。

（一）粮食产业与生态环境的高关联性

粮食生产与气候生态保持着高度的因果联系，特别是在目前生态环境遭遇一定程度的伤害、极端天气反复发作的条件下，气候的变异已经成为直接影响粮食安全的关键因素。近年来，由于受地球自身规律、工业发展与污染、人类活动等综合作用，全球气候变化异常，“厄尔尼诺”、“拉尼娜”现象导致自然灾害频发。对此，联合国粮农组织研究报告指出，今后 20～50 年间[①]的农业生产将受到气候变化的严重冲击，并进而严重影响全球长期的粮食安全。气候变化主要通过温度、水资源、极端天气事件、土壤、病虫害等因素影响农业生产，洪涝灾害加重。干旱或降水的发生直接影响或终止农业生产进程，使一些作物受灾减产或绝收。同时，气候变化将导致土壤微生物活性提高，加速土壤中有机质和氮的流失，从而加速土壤退化、侵蚀、盐渍化的发展。此外，气候变化所带来的环境变化会加剧病虫害的流行和杂草蔓延。

许多传统的粮食产区出现了粮食减产歉收的现象，作为世界粮食主要出口国的澳大利亚连续数年遭受干旱气候，小麦出口锐减，仅 2007 年的出口量就减少了 400 万吨。同年，乌克兰的小麦出口也减少了 300 万吨。此外，孟加拉国因洪水和台风导致粮食减产近 300 万吨。

自然环境退化的表现形式均会对粮食增产不利。由于土壤受侵蚀，使得三分之一的可耕地的肥力不断下降。对森林的乱砍滥伐使得水灾频繁。加之空气中的污染物和酸雨等等因素使粮食减产。生态环境的恶劣变化给粮食产业造成了巨大的影响。

在影响粮食生产的气候条件中，全球气候变暖是最重要的影响因素。全球温室效应加剧给予农业生产以灾难性冲击。受温室效应冲击，世界粮食生产出现下降趋势。根据研究显示，自 19 世纪初叶以来，地球平均气温已上升 0.7 摄氏度。温度的持续升高，将减少热带和亚热带主要粮食产区的产量。据联合国政府间气候变化专门委员会发布的全球气候变化报告指出，低纬度地区，气温仅升高 1～2 摄氏度，农作物产量就可能减少。在中高纬度地区，如果气温升高不超过 3 摄氏度，且具备足够的水源，农作物产量可能有所增加；但是升温超 3 摄氏度，农业可能减产 30%。日益严重的缺水与干旱是气候变暖的直接原因，其对农业产生的抑制力已经超出了一般人的想像。有分析认为，由于全球气温的升高，地表水分加速向空中蒸发，即使降雨量有所增加，多数地区也会形成干旱。由于旱灾粮食损失占气象灾害损失总量的 60% 左右，干旱对全球粮食生产的影响不可小视。值得注意的是，进入 2009 年以来，全球干旱灾害异常凸显，而且干旱发生地多为主要产粮国家。阿根廷素有世界“粮仓肉库”美誉，但布宜诺斯艾利斯、圣达菲和科尔多瓦等几个主要农业省份降雨量创数十年来最低水平，大规模的干旱天气已使当地小麦、玉米、大豆、高粱和向日葵

---

① 张锐：《谁是全球粮食危机的推手》，《决策与信息》2009 年第 10 期。

等农作物都不同程度减产。澳大利亚东南部地区的降水之少为近30年来罕见，该国小麦大量减产已成定局。

令人担忧的是，气候变暖和干旱对未来农业与粮食生产的破坏还可能增加。联合国粮农组织研究报告指出，如果不对气候变暖采取任何措施，到21世纪后半期，全球主要农作物如小麦、水稻和玉米的产量最多可下降36%。而来自中国农业科学院的研究成果表明，按照目前的趋势，若平均温度升高2.5℃～3℃，气候变化将导致中国三大主要粮食作物（水稻、小麦和玉米）产量持续下降，即温度升高、农业用水减少会使中国2050年的粮食总生产水平下降14%～23%。

污染是全球气候变暖派生的又一大威胁粮食生产的阴影。联合国粮农组织研究报告指出，在北半球地区，不断增多的地表臭氧正在威胁农作物生产，可能给农民带来数十亿美元的损失。地表臭氧的形成和聚集与大量工业及汽车废气的排放有关，特别在大城市周边的农林地区，地表臭氧抑制农作物生长的危害性正在逐渐放大。鉴于温室效应难以根本缓解，低纬度发展中国家粮食产量下降趋势将持续较长时期。

（二）粮食供求受相关产业影响

由于发展所需能源紧张和石油价格不断上涨，越来越多的粮食被用来转化成新型生物能源。这种转化所需成本相对较高，以耗费大量粮食为代价。近两年来，国际原油价格大幅飙升，作为世界最大的能源消费国，美国2007年底通过的新能源法案鼓励大幅增加生物燃料的使用量，预计到2022年增至360亿加仑。据世界银行报告，目前美国有近三分之一的玉米用于生产生物能源，欧盟则有大约一半植物油用于生产生物能源，对生物燃料和生物能源的过度追捧使得发达国家生物能源的发展成为当前粮食危机最主要的驱动因素。但令人痛惜的是，迄今为止，众多国家已经制定了较为宏大的中长期生物燃料发展规划，欧盟、美国等纷纷鼓励使用生物能源，玉米、大豆等都可为生物燃料的原材料。美国计划到2012年使生物燃料乙醇的产量提高到3000万吨，2017年达到1.2亿吨；2006年，生物能源占欧盟交通能源使用量的2%。

据联合国粮农组织调查，生物燃料的生产自21世纪以来已经消耗掉了近1亿吨的谷物，成为谷物市场中最为重要的消费源之一。在这之中，用于生产燃料的玉米大约为9500万吨，占世界玉米消费总量的12%。

这样的消耗已经对粮食产业产生了深远的影响，据华盛顿国际粮食政策研究所2006年的研究结果表明：在维持现有粮食产量的前提下，如果世界上主要的生物燃料生产国家，如欧盟、巴西、美国和印度等国按规定目标生产生物燃料乙醇，到2015年，将导致世界农产品价格上升约30%。

（三）粮食产业受各国政府政策影响

毫无疑问，发达国家的农业及粮食产业政策正严重冲击着发展中国家的粮食生产。欧盟和美国等发达国家出于对自身安全和农民利益的考虑，对本国农业实行保护政策，包括生产和出口补贴、进口限制等①。无可厚非，价格支持是各国普遍采取的政策手段，由于价格支持政策具有操作性强的特点，一方面可以有效地对生产者进行保护；另一方面可以通过与量挂钩，稳定粮食生产能力。

在这里，首先介绍一下美国的农业保护政策。美国是最早实行农业保护政策的国家之一，其对农业的保护是较为典型的保护政策。包括价格支持以及差额补贴。其中，为农民提供一个最低保证价格以此来保障农民的利益称之为价格支持。差额补贴则是指由政府制定目标价格，政府将在市场价格低于目标价格时进行干预或实施补贴措施。

1995年至今，美国的各大农场在政府的巨额补贴下廉价出口了大量大豆，这一行为直接导致了国际市场大豆价格持续走低，毫无疑问，该后果令亚洲豆农苦不堪言。这种不公平竞争的结果是，亚洲大豆生产逐步萎缩，一些大豆出口国变成了进口国。全球大豆的生产中心也由亚洲地区转移到了以美国、巴西和阿根廷为主的美洲地区。从1996年起，美国新的农业法案实行，以农业补贴制度代替了粮食储备制度。不久以后，美国政府的农业补贴就一直稳定在每年200亿美元，但是这200亿美元的补贴表面上是进入了农民的口袋，但实际上，农民的农场收入在近些年不仅没有上升，反而有所下降。美国全国农场的净收入，由一度的540亿美元，下降到500亿美元。补贴实际上全部落入了控制农业生产上游投入品和下游加工、储运、销售各个环节的食品集团手里。

欧盟各国也纷纷仿效。欧盟于1962年开始实行共同农业政策，其手段有建立共同农业基金、统一农产品市场和价格、对农产品出口予以补贴等。日本也同样对粮食生产实行了补贴及限价政策，并且制定政策减少进口农产品，从而减轻对国内粮食生产的严重冲击。发达国家的高额农业补贴使自身农业发展

① 张永胜：《全球粮食问题产生的根源与实践》，《商业时代》2009年第4期。

收益良好，但对原本就落后的发展中国家的农业生产形成巨大冲击，恶化了它们的贸易条件，影响了广大农民的生产积极性，直接造成了部分发展中国家粮食产量下降。粮食领域贸易壁垒的长期存在，粮食危机后保护本国粮食生产所设的关税、非关税壁垒往往都阻碍了粮食贸易的正常进行，起到了反作用。

在本国政策的保护下，欧盟和美国等发达国家的农业畸形发展，从而直接导致了农产品的生产过剩，成为世界上最主要的粮食出口地区。富国的高额农业补贴对发展中国家的农业生产形成巨大冲击，而这些国家的积极出口政策又使得其产品能够在国际市场上低价倾销，间接导致了许多发展中国家的粮食产业崩溃，许多发展中国家成为粮食净进口国。以亚洲国家为例，曾经盛产大豆、花生、葵花籽等油料作物的国家，在不公平的农产品补贴政策下，贸易条件一步步恶化，直接导致贸易衰落，从而使得贫穷的农业国和发达国家形成越来越大的差距，毫无疑问，全球大豆的生产中心也由亚洲地区转移到了以美国、巴西和阿根廷为主的美洲地区。

第二节 国外粮食产业发展的现状

各国因农业政策及地域环境不同而存在发展差异。本节将着重阐述美国的粮食产业，并介绍欧盟、日本等经济发达国家或地区粮食产业发展现状，以及以印度为代表的发展中国家粮食产业发展现状。

一、发达国家粮食产业发展现状

发达国家的农业现代化日趋明显。随着生物技术、信息技术，特别是细胞工程、基因工程、发酵工程、酶工程、蛋白质工程技术的发展，世界农业领域正处在重大历史转折和高速发展时期。农业技术进步同样促进了粮食资源利用技术的发展，粮食资源的合理利用、深度开发以及创新的粮食产业政策已成为发达国家最主要的特征。

（一）美国的粮食产业发展现状

1. 美国粮食产业概况。概括来看，美国的粮食产业是集高度的商品化、专业化和国际化、知识化、信息化、协调化、持续化和无周期性经济危机于一身的综合体；同时，又具有较大的波动性和过剩问题。

美国幅员辽阔，美国国土面积936.3万平方公里，居世界第4位。自然条件较好，大部分地区土质肥沃、地势平坦、气候温和、雨量均匀，适宜农作物生长，为农业现代化提供了良好的条件。其耕地面积1.29亿公顷，约占国土总面积的20%，共有573.7万个农场。人均耕地0.84公顷。耕地面积是世界人均水平的3倍，每个农民生产的粮食可以满足87人的生活需要，充裕的耕地和较高的机械化水平使美国粮食产量和人均占有量均在世界上名列前茅。农业在国民经济中的比重很小，粮食生产者也仅占全国总人口的3%。近年来，美国粮食产量基本稳定在3.3亿~3.5亿吨，粮食库存约为1.9亿吨，约占世界库存总量的30%①，美国出产的主要粮食为小麦、玉米、大豆和稻谷，粮食出口量占世界出口量的一半。其中，玉米、大豆、奶类的总产量连续几十年遥遥领先居世界第一位。与美国经常发生农产品过剩的20世纪前期相比，农产品总量有很大的增加。

2. 美国粮食产业的发展进程。19世纪30年代美国人口不断增加，农产品需求迅速扩大。在此带动下，美国农业实现了生产工具的改革和新品种的引进，农业劳动生产率不断提高，推动了农产品的商品化进程。随着农业市场化进程的加快和世界经济形势的变化，美国农产品的流通体制不断地调整和完善，粮食流通制度不断的变化调整促进了农业生产的发展。以美国政府对粮食市场的干预为标志，美国粮食经济体制已经发生了3次重要的变化。一是19世纪中叶到20世纪初期的自由市场流通阶段；二是20世纪初期到90年代初政府保护下的市场流通阶段；三是20世纪90年代中期开始的自由贸易流通阶段。这期间出现了农产品的现货和期货交易所，这是美国农产品市场发展一个重要标志。美国在内战结束之后，集中精力发展经济建设，工业化、城市化、交通运输和农产品加工得到充分发展，各种农产品的交易所大规模兴起，逐步形成了从批发到零售的农产品市场体系。逐渐使第一、第二、第三产业全面迅猛发展，特别是在第二次世界大战期间，总体实力显著增长，最终登上了世界经济强国的宝座。在农业经济的发展上，经过约100年的努力，到1960年②前后，便全面实现了农业现代化。进入20世纪后期，特别是90年代以后，伴随着知

① 杜京娜、王杜春：《发达国家粮食供应链管理及其对中国的启示》，《黑龙江粮食》2009年第1期。

② 刘志扬：《美国农业新经济的特征与影响》，《农业经济导刊》2004年第3期。

识经济的发展，美国的农业发展进入了更高的层次，形成了农业新经济。这种农业新经济不仅完全不同于美国的传统农业经济，而且也与一般的现代化农业有区别。20 世纪 40 年代，美国已经基本实现了农业机械化，70 年代又全面实现了农业现代化，从而使农业劳动生产率迅速提高。粮食生产在美国农业中占有重要的地位，粮田占全部耕地达到 3/4，粮食生产量和人均占有量均居世界首位，粮食出口量约占世界粮食出口量的 50%①。

当今美国政府，正在积极制定政策扩大农业发展，其中方法之一即在扩大粮食需求的同时限制生产并减少粮食供给，同时实行政府促进国内消费的食物援助计划，此外，还实行了扩大粮食出口的相关政策。美国的粮食出口和粮食国际贸易一般由私营企业经营，主要操纵在少数垄断企业手中，美国 5 大粮商（ADM、邦基、嘉吉、路易·达孚和安德森公司）是粮食供应链的实施主体，其粮食贸易量占全国的 80% 以上。例如，嘉吉公司每年承担的粮食出口量约为 3000 万吨。在全国 39 个重点粮食港口终端库的 530 万吨仓容中，嘉吉占 41%，ADM 和安德森公司各占 9%。大型港口终端库每年的粮食出口周转量都在 100 次以上。各大粮商在粮食供应链体系中，都承担着多个环节的组织运作，包括粮食收购、集并、仓储、运输、进出口以及加工，实现了供应链上下游、产销加的有效衔接。国家对粮食出口商采取鼓励和支持政策。在一些情况下，政府也直接组织粮食出口，鼓励出口政策主要是出口补贴、降低国内贷款利率、向友好国家提供长期优惠贷款、提供农产品出口的短期商业信贷等。美国政府还积极策划或者参与双边农产品贸易，美国政府通过对粮食生产和流通的全面干预，防止了农产品价格下跌，保护了农民的利益，促进了农业生产的发展。

3. 美国粮食产业的特点②。纵观美国的粮食产业，它的发展经历了由知识投入为主取代了劳动力和资本投入为主的产业模式。并且与政府的宏观调控、国际农产品市场密切结合发挥作用，从而既提高了农业生产效率和农产品总量，又避免了周期性的经济危机。

（1）农业周期性危机基本消除。传统的经济理论认为，在资本主义生产条件下，由于其薄弱的政府宏观调控能力，农业及其他产业的发展趋势是不可控的；周期性的经济危机是不可以避免的。美国曾在相当长的时期内多次遭受过周期性经济危机的残酷打击。美国农业受到了特别沉重的打击。但自 20 世纪

① 冯志强：《美国粮食经济简述》，《粮食科技与经济》2009 年第 3 期。

② 刘志扬：《美国农业新经济的特征与影响》，《农业经济导刊》2004 年第 3 期。

六七十年代以后，美国政府通过宏观调控等一系列措施，有效地避免了大的波动，实现了农业经济的稳定增长。60 年代美国的经济持续增长达到 106 个月，80 年代连续递增 91 个月；从 1991 年 3 月到 2000 年 11 月，持续增长时间达到 116 个月。“9·11”事件以后，虽然经济增长有所放缓，但农业经济却几乎没有受到影响。

（2）农业国际化程度继续上升。农业是美国的重要创汇产业，每年的农产品出口额约占全国出口总额的 13% 左右。美国作为世界农业经济体系的一员，同世界农业生产体系和交换体系的关系是相对稳定的。它的农产品出口一般都有相对稳定的品种和国外市场，而其进口一般也有较为固定的产品品种和国外产地，形成了美国农业同国际社会生产上的明确具体分工。

（3）粮食产业商业化。农业领域从产品到手段达到了全面商品化。美国是成熟的市场经济国家，美国农业是世界上市场化程度最高的农业，世界农产品市场的任何一点变化，都会牵动美国粮食产业。美国已形成以商品化为核心的粮食产业。在农业范围中进入交换领域的，除了各种农产品以外，还有各种中间产品、劳务和消费品以及其他农业生产要素，包括各种农业机械、化学肥料、农用化学品、良种以及兽医服务等。与此同时，农业中的社会分工已经深化到生产过程的主要工序。原来由农场完成的耕地、播种、收获、灌溉、运输、仓储、农产品初加工和农场建筑等，现在全部由专业公司来完成。同时，农民的生活消费也全部成为商品性消费。因此，在农业与第二、第三产业以及消费者之间形成了多层次的市场交换关系，直接从事农业生产的单位和人员越来越少，而从事农用物资等供应的产前部门以及从事农产品运销、加工等业务的产后部门与人员则越来越多，形成一种倒着的塔式结构。就是这样一个庞大的市场，构成了美国农业新经济赖以生存的基础。

（4）实现了农业发展与环境和质量的高度统一性。美国在推进农业发展的过程中，有相当长的时期是把农产品的安全建立在数量保证上，而忽视农产品的质量安全。由于大量使用化肥、农药和生长激素，因此使农产品的质量受到影响，同时也破坏了环境。在近三十年中，美国调整了农产品的安全观念和政策，高度重视农产品的质量和农业环境保护，采取了一系列法律、经济、行政和技术手段，使农业的增长与农产品的质量及农业环境保护保持了协调性和统一性，既保证了农业的发展，又提高了农产品的质量，并且进一步改善了环境状态。

（二）欧盟粮食产业发展现状

1. 粮食产销状况。欧洲联盟（以下简称“欧盟”）成立于1958年，初期仅6个国家（法、意、比、荷、卢、联邦德国），现已扩大到27个国家。欧盟凭借着各国的优势互补，经济上的互利互惠，成员国不仅科学技术有较大的发展，农业方面也有长足的进步。目前生产的粮食除自给自足外，还有相当数量流通到世界各地。这应归功于欧盟各国对农业给予高度重视。欧盟财政收入的49%用于农业补贴，其中主要补贴于粮食的生产和流通。欧盟成员国的粮食流通技术也比较先进①。

法国是欧盟最大的粮食生产国，年产量在6000万吨以上，其中一半以上供出口，粮食商品率达80%。

英国农业种植主要为谷物作物、园艺作物、块作物和饲料作物，主要农产品有小麦、大麦、油菜籽、马铃薯和甜菜，生产和出口以小麦、大麦为主，进口部分优质小麦和饲料粮。不同品种的粮食产品生产、消费及进出口情况不尽相同，有些品种粮食出口大于进口，而有些粮食主要依靠进口。

西班牙主产小麦、大麦、粗粮、玉米等，小麦年产量550万吨，消费量795万吨，出口40万吨，进口290万吨。粗粮年产量1516万吨，消费量1860万吨，出口62万吨，进口386万吨。玉米年产量450万吨，消费量750万吨，出口15万吨，进口330万吨。西班牙近年来获取的欧盟农业担保补贴和指导补贴仅次于法国，占农业总收入的25%。谷物业获取的补贴额最大，根据欧盟制定的2000～2006年农业发展计划，将得到480多亿欧元的补贴。

荷兰以生产土豆、小麦、玉米为主，年产小麦150万吨，土豆出口量居世界第一位。年产饲料1500万吨，在欧盟是继法国、德国之后的第三大饲料出产国，饲料粮每年进口约1600万吨。

意大利的粮食主要有小麦、玉米和稻谷。据美国农业部和国际粮食委员会估计，2000/2001年度，小麦产量727万吨，消费1132万吨，出口284万吨，进口695万吨，进口小麦中78%来自欧盟成员国。玉米年产1026万吨，消费1063万吨，进口30万吨。

德国是主要粮食出口国，2000年出口2500万～2600万吨，进口600万吨，27%粮食过剩。丹麦主要粮食是冬小麦和大麦，谷物年产约880万吨。瑞典农

① 唐为民：《欧盟成员国的粮食流通》，《四川粮油科技》2003年第4期。

产品有燕麦、小麦、大麦。芬兰以燕麦和大麦为主，其次是小麦和黑麦，年产粮食足够该国三年消费，自给有余。

奥地利、瑞士、挪威的主要粮食是小麦、黑麦和马铃薯。这三个国家是缺粮国，挪威粮食自给率仅为40%，所缺粮食主要从欧盟产粮国进口。

2. 欧盟各国粮食流通管理。法国：粮食购销、出口、粮价的制定均由农业部所属的粮食管理局（ONIC）负责。粮食经营者是农业合作社和粮商，凭ONIC颁发的经营证收购和经营粮食，ONIC根据欧盟的粮价确定本国粮价。欧盟每年确定一个最高限价，各国进口的小麦价格不得超过该价格。粮商从国际市场进口的小麦价格较低，则要加税，差价由欧盟给予补贴[①]。ONIC还调控全法国的粮食市场，经营者每月向ONIC报经营量及储存量。每到收获季节，该局向各地银行下达收粮贷款计划，持有经营证的粮商和合作社可向银行申请收粮贷款，待粮食卖出后还本付息。法国政府规定，经营粮食者必须有储存设施（如仓库、搬运、烘干、杀虫和通风设施）和安全检测设备，保证粮食质量。ONIC负责粮食质量监督，并向各地提供粮食标准样品，以便收购时确定粮食等级和价格。法国粮食管理局的主要职责是：审批粮食入市经营的资格，粮食统计调查和信息发布，对粮食品质进行监管，粮食出口许可证颁发，粮食市场供求监控和调节，选择“干预价格”收购及存粮点，以及组织欧盟粮食政策的实施。

德国：由德国农业市场管理局负责，主要任务是保障供应，储备和调拨粮食、饲料等，并为改善市场流通进行探讨以及试验新方法作系统管理。

英国：由相关的政府机构负责粮食政策的协调，制定和实施对粮食流通的行政管理，贯彻欧盟共同农业政策和负责农业补贴的落实。丹麦在粮食流通方面，农业理事会起主要作用，直接销售所收购粮食的80%，只有20%粮食委托中间商销售。

芬兰是以国家公司为主导，作为国家的代表Avena集团由芬兰政府100%控股，是芬兰最大的粮食转运和仓储公司。该公司每年粮食销售达513亿芬兰马克，交易量约60万吨。瑞典的粮食流通由负责粮食生产和经营服务的协会管理，协会主要成员是合作社，在11个地区中有9个区合作社，为粮食生产者提供产前、产中、产后的服务，提供农业生产资料、种植技术和市场信息服务，实行粮食统一销售，形成规模优势，降低粮食流通成本。

---

① 唐为民：《欧盟成员国的粮食流通》，《四川粮油科技》2003年第4期。

欧盟各国的粮食行政主管部门将日常事务交给中介组织办理。如法国的粮食行业联合会、粮食出口协会、小麦协会、英国的谷物协会、德国的粮食仓储协会，谷物、市场和营养研究会等。

3. 欧盟主要国家粮食流通政策。欧盟最初的建立与粮食直接相关，粮食生产和流通都有统一的政策。这些政策的良好实施，使欧盟成立10年左右就实现由粮食进口变为出口。为了适应新世纪的需要，1997年欧盟开始《2000年议程》的起草。经过4年反复讨论和修改，出台的该议程确定了15个成员国粮食改革新的中心点和优先点。

4. 粮食价格政策。为保护成员国农民的收入，并根据粮食生产、库存、需求差别以及国际粮食生产及价格等因素综合考虑，制定了粮食干预价格、目标价格和门槛价格。粮食“干预价格”，也称“支持价格”，它是按照粮食过剩区法国奥尔良地区的生产成本确定，确定权在欧盟农业部长理事会。粮食“干预价格”是当前欧盟调控粮食供求的主要手段之一。粮食收购由欧盟分设在各成员国的“干预中心”负责执行，该价格是逐年递减的。执行的范围是小麦、大麦、燕麦、玉米。目标价格，是决策者认为粮食消费区的理想价格水平，它以“干预价格”为基础，并考虑生产区到消费区运费和合理的市场营销价格。门槛价格，主要是针对进出口欧盟粮食进行价格干预而制定的，目的是为了避免低价粮食进入欧盟市场，损害农民利益和各成员国的利益。欧盟设立了不同进口税额，致使进口粮食价格水平只能在相当于“干预价格”155%的情况下才能入欧盟市场，对低于“门槛价格”的粮食进口征收差额关税。“门槛价格”的实施避免了欧盟受到进口粮食的冲击，同时在欧盟各国之间的粮食买卖得到优惠价格的保护，使成员国之间得到相同的国民待遇。“门槛价格”是“目标价格”减去进口港到消费区所有费用，包括适当的营销利润①。“门槛价格”的作用是计算进口粮食的“差价关税”。2000年欧盟提出免除其对世界最贫穷的48个国家的农产品进口关税，但条件是保留在香蕉、大米和蔗糖三种农产品大量进入欧盟时，采取限制进口的安全措施的权利。实施粮食补贴政策从20世纪70年代开始，欧盟逐渐出现粮食供大于求，到90年代，每年的绝大部分预算都用于对农业的补贴。为了减轻巨大的财政压力，欧盟谷物委员会首先对粮食生产实行最高保障量限制，对未超过部分实行保护价收购，超过部分非但不能取得保护价格，而且生产者还必须缴纳一定的共负税，亦即对于超量部分按比例缴

① 唐为民：《欧盟成员国的粮食流通》，《四川粮油科技》2003年第4期。

纳生产税。欧盟的补贴资金从各成员国筹集，按照各国的粮食种植面积分配，再由成员国补贴给农场主。补贴的确定要经过严格的申请和批准程序。

（三）日本粮食产业发展现状

1. 日本粮食基本概况。日本是一个资源短缺、自给率较低但已实现农业现代化的国家。日本采取出口工业制成品并进行大量资本输出的出口导向战略，来获取强有力的国际支付能力，通过国际农产品市场进口国内所需要的农产品，平衡国内的粮食供求关系。目前，日本已经成为世界上最大的农产品纯进口国。

为了与经济全球化、贸易自由化等经济背景相适应，日本粮食流通体系围绕着粮食供求关系进行调整，虽有局部反复，但总的趋势是逐步提高市场化程度。日本粮食流通体系的运行以粮食批发市场为主，并兼顾粮食期货市场的发展。其较好地实现了粮食供求衔接和粮食安全目标。日本政府坚持市场化改革基本方向，使粮食经营相关主体形成较为稳定的预期，立足于主要利用价格机制来调节粮食供求，得以保持粮食生产流通的良性循环。日本在提高粮食产业市场化程度的同时，更加强化了政府的宏观调控职能，在市场体系趋于完善的背景下，政府的宏观调控主要借助于市场手段来实施。日本政府确保农民是粮食市场的参与主体之一，对粮价具有较强的影响力和谈判能力。改变分散化生产的粮食产业环境，鼓励农户在土地使用权流转的基础上实现规模化经营。

2. 日本当前基本粮食政策。

（1）粮食补贴政策。日本的粮食收购价格由政府制定。从1960年开始，政府收购大米的价格就按农业生产者支出的生产费用和其可以保证得到的补偿来计算确定。农民劳动的补偿标准，按城市工人的平均工资确定。这不仅使得购价大幅度提高，鼓励刺激了农民生产；同时，也减轻消费者的负担，销价提高幅度很小，因此购价逐步高于销价。为了保证价格支持政策的实施，政府每年有一笔特别预算用于补贴，一是价格补贴，是政府补给粮食经营者的收购价和批发价之间的倒挂差价，它只限于大米中的政府管制米和国内收购的小麦；二是费用补贴，主要是管理经费。

（2）政府的农业科技、机械支持政策。日本政府高度重视农业教育和科技推广①。一般来说，农业教育和科技推广由于成本和投入大，其微观效益未必

① 王晟：《日本的粮食政策及其借鉴》，《调研世界》2003年第3期。

高，因而较难开展。但如今日本农民绝大多数都受过高中阶段的正规教育，农业科技推广与教育紧密结合，形成了高效实用的网络体系。这在很大程度上得益于日本政府的支持。日本政府早在1916年就制定了《稻麦品种改良奖励规则》，1952年又制定了《主要农作物种子法》。此外，政府还在改良化肥品种、施肥办法以及进行土壤改良等方面做了大量工作。日本工业还特别为粮食生产提供小型化农机具，以适应日本农业小规模生产的需要，从而克服了小规模生产难以实现机械化的障碍。

（3）政府的计划指导。日本农林水产大臣每年要制定并公布关于粮食供需及价格的基本计划，包括米谷供需及价格制定的基本方针、米谷的供需预测、米谷生产目标及生产调整等事项。各级政府根据基本计划进行生产调整，供给不足时力促增产，生产过剩时减少种植，以维持总量平衡。同时，日本政府坚持把主食大米作为自给的主攻方向，使得日本在关键时候不会受制于进口贸易。

（4）对新务农人员的支持制度。日本的农业就业人口一直呈减少趋势，这严重阻碍了农业生产的发展。因而日本各级政府采取了对新务农人员的支持制度与对策，旨在培养农业后备力量，从非农行业吸收农业劳动力，以解决农业劳动力不足的问题。该制度有利于解决从其他行业转入农业的人所面临的实际问题，使他们尽快且顺利地投入农业生产。目前日本国内已形成了一套从上到下相互衔接的组织体系，包括宣传启发、信息、技术、资金、经营指导、生活指导等在内的综合性支持。

3. 日本粮食产业结构调整。日本政府新的粮食结构调整的中心是改革偏重稻米的政策①。其一，是改变稻米生产的调整方式。从2001年开始，日本政府停止了自1971年以来实行了三十年的对农户半强制的分配稻田休耕面积的“一刀切”的做法，改为根据产地与品牌分配水稻的休耕面积。但此做法仍暴露出难以准确控制稻米产量的弊端。2001年，日本稻田休耕面积达到创纪录的101万公顷，但稻米产量仍超过所定的870万吨的指标。为稳定稻米价格，日本在全国发动对3.1万公顷即将成熟的水稻进行“割青”，通过减少收获面积控制产量。这种反常措施引起日本农民的很大反感与舆论的批评。为改变采用休耕面积调整稻米生产仍出现的过剩问题，日本政府鼓励优质稻米的生产并切实控制稻米的产量。总之，继续减少大米的价格支持水平，促进大米市场化、国际化改革的前提是始终确保本国大米的基本产量，其目的是既要守住大米自

① 朱明德：《日本的粮食安全与结构调整》，《粮食问题研究》2003年第3期。

给这一关系粮食自给率的“最后的防线”，又要防止稻米生产结构性过剩带来各种问题。

（四）加拿大粮食产业发展现状

加拿大位于北美洲北部，仅有67.8万平方公里的土地适宜农业生产，占总国土面积的7%。主要粮食品种为小麦和大麦。加拿大是世界重要的谷物生产与出口国之一，60%以上的粮食用于出口，谷物（主要是小麦）出口量仅次于美国和欧盟，列世界第三位。每年可以生产出5000万～5500万吨粮食，其中70%～80%出口，出口额高达80多亿加元，可产生大约30亿加元的贸易顺差。

1. 加拿大粮食基本情况。加拿大粮食生产量远远大于国内的消费量，其中用于国内消费量不足40%，据统计，全国近年平均每年食品消费290万吨，种子160万吨，饲料800万吨，啤酒等工业用粮780万吨[①]。农业是加拿大重要的创汇产业，每年农产品出口额高达几十亿美元。作为世界主要的粮食出口国，小麦出口量每年大约在2000万吨左右，仅次于美国、澳大利亚、欧盟，居世界第四位。用于制造麦芽和色调的大麦，每年的出口量大约在300万～600万吨。加拿大大麦国际市场占有率为6%，居第三位。加拿大拥有247000个农场，平均每个农场的面积为300平方公里。随着时间的推移，加拿大的农场数目已经在减少，农场规模在变大。

（1）加拿大的谷物经济。加拿大的谷物生产主要立足于国际市场的供求。这是因为该国人口稀少，国内消费有限，商品量巨大，谷物消费严重依赖国际市场所致。因此，国际谷物市场的供求和价格变动趋势，对加拿大的谷物生产、谷物结构调整和质量改进都会产生重要影响。加拿大的谷物经济是国民经济的主要支柱之一[②]，是主要创汇产业。加拿大的谷物生产以家庭农场经营为主，且规模较大（耕地面积一般在500公顷以上），种植高度集中在阿尔伯塔、萨斯喀彻温和马尼托巴草原三省，其他地区只产少量谷物，主要是用来满足当地饲料业的需要。加拿大农业科技含量高，拥有组织良好的农业科研和推广体系。

颇为重要且极具特点的是小麦，加拿大小麦种植面积广大，主要的小麦种

① 冯志强：《加拿大粮食经济模式研究》，《消费导刊》2008年第12期。

② 考察组成员：《加拿大、英国的粮食生产与流通》，《中国经济》2000年第1期。

植区在加拿大西部，大部分由西三省构成。包括马尼托巴湖、萨斯喀彻温省和阿尔伯塔地区在内，小麦主要种植在这些省份的中南部地区。北部地区常遭受早霜侵害，多为岩石地带，不适于种植粮食作物。

（2）劳动生产率高。加拿大是农业高度发达的国家，也是世界第七大粮食生产国。在农业生产总值中，种植业产值约占62%。1993年加拿大粮食产量为5224万吨（2000年为3544万吨）。若按人口平均，其粮食产量名列世界第二（2000年为1656千克）。1994年加拿大农业劳动力只有39.2万人，占全国劳动力总数的2.7%。20世纪90年代初期，每个农业劳动力的生产值高达43000美元。加拿大一个农业劳动力平均生产134吨粮食。

（3）农业与食品工业相结合。根据世界银行资料，在加拿大国民经济中，第一、第二、第三产业所占份额分别为4%、40%和56%。在第一产业中，农业又次于采矿业。但是，农业和食品工业在加拿大经济中的地位比农业本身要高得多，1993年销售额达到600亿加元[①]，占国内生产总值的9.8%。农业和食品工业在出口中的地位十分重要，1993年为国家贡献了26亿加元的贸易盈余，占总盈余额的三分之一。

（4）大型农场和高度发达的机械化相结合。目前，加拿大的农场总数约为24.7万个，绝大多数是家庭农场，一个家庭农场一般只生产经营一种农畜产品，并只负责生产环节，其他组织运输、供应、加工、零售则由其他部门负责。农场主与供应商、运输商、零售商之间的关系全部按市场规则进行规范，平均规模在300平方公里。100平方公里以下的小农场占农场总数的45%；500平方公里以上的大型农场占总数的10%，机械化程度高，其中大功率的农业机械占很大比重。各种大型和高功率的农机具互相配套，许多田间作业可以一次完成，以节省人力、降低成本。就全国平均来看，目前大致是每个农业劳动力配备有2台拖拉机，负担120平方公里耕地。

（5）农业生产高度区域化、专业化。主要农产品的产地高度集中。谷物生产主要在大草原三省，其中仅萨斯喀彻温一个省的小麦就几乎占了全国总产量的3/5，而阿尔伯塔的大麦又差不多占全国产量的一半。玉米的生产更加集中，安大略省的产量大致占全国总产的3/4；大豆生产集中在安大略省。中部地区包括安大略省及魁北克省，主要以种植饲料作物玉米为主，此外，还有大豆、燕麦及大麦，玉米、大豆生产占全国的3/4。其他重要的农作物还有甜菜、烟

① 信乃诠：《加拿大农业生产特点及其基本经验》，《AO农业展望》2008年第5期。

叶和葡萄。大西洋各省主要生产饲料作物、马铃薯、蔬菜。专业化是现代化的重要特征，区域专业化分工使得各省农业既突出了各省的优势，也避免了国内省际的竞争。

2. 加拿大粮食产业政策。加拿大农业支持政策的主要目标是促进农业生产和稳定生产者收入。

(1) 政府对生产者提供保护性资助。因为谷物的生产效益因国际市场的变化波动较大，当出口价格低于生产成本时，政府对农民给予保护性资助。这种资助是通过“纯收入稳定账户”的形式实现的。具体讲，政府为每个农户单立一个账户，农户每年必须存入个人收入的3%，政府也存入相同的款项。在正常年景即农户收益可以弥补成本的情况下，不能动用该款项；当某年的收入低于平均值（利润）或难以弥补成本的情况下，从中抽取一部分用于补偿生产成本。这就稳定了农民的收入，保障了他们的利益。此外，政府还通过补助生产的方式扶持谷物生产者。据了解，加拿大联邦政府每年对农业的财政支持大体在6亿加元左右。用综合账户来保证农民获得销售收入，实行初步定价和最终结算价及二次付款。初步定价由政府规定。具体结算方式：农民送小麦时，按初步定价一次取得收入；稻谷年度之后，再根据实际销售价（扣除各种费用），第二次得到最终收款。如果市场价格大幅上扬和大量谷物销售高于初步定价，小麦局将及时调整付款办法，给农民增加一次或几次期中付款。非小麦局经营的粮食，价格随行就市，由谷物公司自主确定。

(2) 给予价差补贴。当小麦局的小麦、大麦的最终结算价低于初步定价时，差额部分由联邦政府承担。联邦政府对小麦局给予生产者的首期付款给予担保。当小麦、大麦实际价格低于首期付款时，由政府承担首期付款与实际价格的差额。为了保证生产者收入的稳定性，政府为粮食生产者建立了收入稳定账户，生产者存多少，中央和省两级政府相应地存入多少。生产者收入好时可多存，不好时可少存或不存。当生产者收入低于规定的收入水平时，从账户中提款弥补损失。预付措施：预计生产者的粮食卖不出好价钱时，政府帮助提供一部分优惠贷款，所需补贴资金由联邦政府承担。补助措施：对主要产粮省份的农民，及一些缺少农业种植经验的年轻农民进行特殊补助。粮食作物保险：实行粮食作物保险的生产者，在遭受自然灾害时，政府给予一定的补贴。

(3) 专属责任机构。加拿大对农业的干预或扶持政策，都有明确的机构负责实施，联邦和省两级政府也有自己的职责范围：前者负责制定政策（涉及价格稳定、销售、向生产者提供信贷、保险和其他援助等）、农业科学研究、制定农产品质量标准和地区开发；省级政府主要负责实施有关政策、农业应用研究和推广、咨询等。如加拿大小麦局主管小麦的生产、运输、销售各个环节，预测市场情况，执行价格支持政策，向生产者预付谷物的货款，与外国进口商签订出口合同。

（4）粮食购销政策。加拿大政府不向农民下达或者变相下达任何生产计划、任务和指标，生产经营完全由农民自主安排。农民具体种植品种及其规模，主要依据小麦局通过卫星传送的世界谷物市场价格和市场展望、气候及风险分析和作物收益预算等进行决定。加拿大政府制定了垄断经营统购统销的粮食购销政策。《加拿大谷物法》规定：加拿大出口和用于国内食品消费的小麦及大麦，由加拿大小麦局垄断经营，实行统购统销，以满足国内外市场的需要，并给农民创造最高的收入。

二、发展中国家粮食产业发展现状

目前，全世界贫困和饥饿人口的命运十分令人担忧。根据联合国粮农组织（FAO）《2008 年粮食及农业状况》介绍，由于主要粮食价格的迅速上涨给全球粮食安全带来了严重的威胁，全世界都在关注全球性粮食危机。在日本举行的八国集团首脑会议上，来自世界上最发达国家的领导人们对“全球粮价的急剧上涨以及许多发展中国家粮食供应问题正在威胁全球粮食安全”深感担忧。了解发展中国家的粮食产业现状有助于我们更好地解决发展中国家的粮食产业问题。

（一）印度粮食产业现状

1. 印度粮食产业概况。印度是一个农业大国，农业（包括林业和渔业）产值占国内生产总值（GDP）的 28%；印度同时也是一个人口大国，人口已超过 10 亿人，其中 80% 的人口分布在农村。因此，印度政府对粮食非常重视，已建立了一套完善的粮食生产、储存、调拨和销售系统。

纵观印度农业的发展历程，特别是自 1990 ~ 1991 年度经济改革以来，在实现粮食安全方面取得了巨大的成就。其中最显著的变化就是粮食总产量大幅度增加，同时，粮食的进口依存度不断下降，并且自经济改革开始，印度已经成为一个粮食净出口国。这就意味着印度的粮食供给不仅满足了国内的需求，而且还有大量的剩余出口到国际市场。这样，一方面可以换取外汇收入；另一方面还可以进口国内生产不具备比较优势的产品，从而达到食物需求结构多样化的目的。

印度的谷物产量自 1950 ~ 1951 年度以来呈不断上升的趋势。从 1950 ~ 1951 年度的 4200 万吨增加到 2006 ~ 2007 年度的 2 亿吨，增幅将近 5 倍。同期，豆类的产量也有所增加，但增幅不如谷物。加上豆类，到 2006 ~ 2007 年度，印度的粮食总产量已经接近 212 亿吨，这是一个令所有国家都羡慕的成就。随着粮食总产量的不断增加，印度对国外的粮食需求（依存）在不断下降。并且从 1990 ~ 1991 年度开始，印度已经成为一个粮食净出口国。2005 ~ 2006 年度，粮食净出口量已经占到了国内总产量的 3.7%。

2. 印度粮食政策分析。

（1）生产者价格支持政策。生产者价格支持政策在促进印度发展农业生产、增加粮食产量等方面做出了重大的贡献，其核心就是对稻谷和小麦的生产执行最低支持价格，即政府通过保护性收购价格政策，来抬高农产品收购价格，使得农产品价格保持在市场均衡价格水平之上。生产者价格支持政策具有双重的目标：一是保护农民的收入，防止由于市场价格下降而造成农民收入下降；二是促进生产，因为较高的价格可以刺激农民的生产积极性。这种政策具体操作也比较简单。政府每年在农业生产之前，以事先估计的农业生产成本（主要包括土地租金、家庭劳动力成本以及要素投入等可变成本）为依据，制定合理的最低支持价格。等到收获季节，就由印度食品公司（一个半国营的机构，主要负责粮食的定购、储存、运输以及分配等任务）按照这个价格定购农民手中的小麦和稻谷。当然，最低支持价格一般都高于生产成本和市场价格，使农民有利可图。自经济改革以来，印度不断提高稻谷和小麦的最低支持价格。

总体来说，最低支持价格是为数不多的可以被印度政府用来干预粮食市场、维持物价稳定以及收入支持的政策工具，或者说印度的粮食生产和流通受政府干预的程度过重。但是，这并不是说最低支持价格政策非常完美有效，其本身也存在着诸如定购粮食的公平和质量问题。

（2）农业补贴政策。农业投入补贴是印度粮食安全政策的第二个主要部分。农业补贴有隐性和显性两种类型，前者主要是政府对农业科研、农村教育以及农村基础设施等方面的公共投资；后者是促进农业生产的直接补贴，包括对肥料、电力和灌溉三个主要部分的补贴。农业补贴政策的目标是为了改善农业生产条件，提高农业的竞争力，从而实现粮食安全。前者属于“绿箱”政策，无须进行削减，后者属于对生产和贸易具有扭曲作用的“黄箱”政策中非特定

产品支持政策，需要进行削减。但是，从政策层面来看，印度的农业投入补贴不违背 WTO 的原则。

从实际效果来看，农业的生产成本不断降低，生产要素的投入不断增加，农业产出也不断增加，农业补贴政策在保证粮食安全方面确实起到了重要的作用。但是，在实际操作中农业补贴也暴露出了一些问题，比如大量的补贴势必要挤出政府对农村基础设施建设的公共投资，从而造成长期农业生产能力不足的问题。

（3）粮食分配政策①。粮食分配政策主要是在家庭层面上满足居民粮食经济上的可获得性，该项政策体现更多的是粮食流通的问题。目标是通过储备、合理分配等流通环节的政策来解决粮食安全问题。印度的粮食分配政策主要通过公共分配系统来执行。

具体来说，中央政府（借助于印度食品公司）负责定购、储存以及把粮食从定购地点运送到中央仓库，并按照低于收购价格的补贴价格批发（叫做中央发行价格）给各邦政府，由其负责把粮食从中央仓库运出，并通过 40 多万个庞大的平价商店网络向消费者分配粮食。目前印度大概有 46.12 万个平价商店，其中 75% 分布在农村。由于这种粮食分配系统存在很多缺点，政府又转而实施了定向公共分配系统，即把所有家庭分为低于贫困线和高于贫困线两类，实行差别价格对待。低于贫困线的家庭可以通过定向公共分配系统，以较低价格购买粮食；而高于贫困线的家庭只能按照规定的价格购买粮食。从实际的执行效果来看，定向公共分配系统的实施使那些贫困发生率较高的邦受益，获得分配的粮食大量增加。所以，这项粮食政策的最大特点就是“补贴所有地区的贫困人口”，而不是“补贴贫困地区的所有人”，具有较强的针对性。

印度的粮食分配政策实际上包含了价格支持和补贴两种政策手段。首先，粮食的定购价一般都要高于市场价格，各邦政府从中央仓库购买的粮食价格又低于定购价格。对于印度食品公司来说，这个过程就是贵买贱卖，再加上粮食的储藏、运输和处理过程所发生的费用，都要由政府进行补贴。其次，各邦政府在本邦范围内分配粮食过程所产生的费用，也来自财政补贴。最后，针对不同家庭所采取的差别价格对待，尤其是低于贫困线家庭能够以较低价格购买粮食，就是明显的价格支持政策。

① 董运来：《印度粮食安全政策及其对中国的启示》，《南亚研究季刊》2009 年第 1 期。

第三节 国外粮食产业发展趋势

上文中我们分析了全球粮食产业的现状并介绍了多个有代表性国家的粮食产业发展状况，追其根本，要发现当今全球粮食产业的发展趋势以便更好地去应对未来的诸多机遇与挑战。本节中分析了全球粮食产业的发展趋势以及该种趋势形成的根本原因，并提出了面对当今粮食产业发展趋势的应对之道。

粮食产业发展同其他社会产业相同，均深受全球经济发展趋势的影响和带动。在过去的20年里，世界经济结构发生了根本性的剧变，冷战结束，经济趋向于自由化和专业化，科技技术突飞猛进，这种种社会变革对粮食产业经营环境都产生了深远的影响。可以说，粮食产业经营环境已经发生了根本性的变化，这种变化是与全球经济发展同步的，与其他产业的发展轨迹也是一致的，是政治、经济、社会、技术等多重因素综合作用的结果。

从上面的分析可以看出，全球粮食产业经营方式的变化主要是由粮食产业经营环境的变化引起，因此，本书通过分析与实践，发现全球粮食产业已经出现了以下几个发展趋势，包括：市场化、全球化、科技化。

一、市场化趋势

过去20年全球粮食产业发展的基调是市场化，它是诸多变化的根源。与市场化相关的变化是粮食采购权从政府移向民间，垂直整合成为主流的经营模式，行业集中度不断提高，下游的食品产业对整个粮食产业的影响越来越大，企业定位从产品导向转向客户导向。市场的主导权从政府转移到跨国粮商。市场波动加大，风险管理成为企业的核心能力。

市场化带来的必然是产业的整合和各个行业间的协同。粮食产业有其特殊性，整合的边界不断向外延伸。国际粮商对产业的整合上至化肥的生产和分销，下至食品制成品的生产，涵盖了农业产业链的多数环节，只有生物技术和品牌食品是例外。它的整合是由横向以及纵向两个方面并列前进的，随着粮食产业市场化程度的提高，粮食产业的垂直整合从横向和纵向两个方面同时进行。协同变得越来越重要。协同一方面体现在企业的业务架构、组织架构、决策机制、业务流程上；另一方面也体现在企业文化上。新的经营环境对粮食产业原来普遍存在的各自独立经营、分散决策、强调企业家精神的企业文化提出了挑战。

（一）粮食产业横向整合

粮食产业横向整合蕴含着国际经济的发展趋势，我们可以看到，当今世界，各个行业均进行着各自的整合，通过跨行业的参与加大盈利能力，国际粮商同样在进行着这样的努力，它们的业务已经横跨了服务、收获储备、物流、粮食加工、粮食深加工、饲料及原料、食用品原料、工业化原料、新生物能源、生物化工等多个环节和多种作物，建立了“田间到厨房”的经营链条。国际粮商整合的边界开始于上游的生物育种，结束于下游的品牌食品。建立完整的产业链已经成为各个大型粮食企业努力的目标，这种努力是出于对企业在安全与成本控制等多个方面的考虑而逐渐形成的发展趋势。

（二）粮食产业纵向整合

纵向整合即实现一个行业的产业链过程。当今大型企业都已意识到对上下游产业的控制对企业的盈利能力和抗风险能力所起到的重大作用，在社会分工和专业化生产的基础上，农业经营企业通过合同或协议的形式，按照生产资料供应、农业生产和农产品加工及销售的顺序紧密地连接在一起，实行农业产前、产中和产后经营的一体化。这极大地适应现代市场经济和现代生产方式。粮食产业的组织经营形式将发生转变，即各“产业链”（粮食产、供、销）之间不再是相互分割，而是通过多种形式相互连接成利益共同体，从而形成粮食产业化经营。这是符合市场经济体制需要的转变粮食产业增长方式的新组织经营形式，发展这种“一体化”的产业经营形式，需要突出支柱产业和特色产业，开创产业化经营的新模式；近年来，各国由原来的依托大户带动和产业支撑来经营，向资源特色型、内联外合型延伸发展，所有这些模式都有大致统一的特点，包括：以市场需求为导向，以拥有一定实力的加工、销售企业为“龙头”，以产权组合为纽带，以科技创新为动力，促进产业结构提升。许多农业和粮食产业化经营企业发展“订单生产”，按照市场需求与生产者预签订合同，包括粮食品种，数量、质量、价格和交割时间等。通过“订单”有利于粮食产销衔接，有利于完善粮食专业化生产，有利于粮食产业由粗放型转变为集约型增长，从而也更好地把握了市场。

二、全球化趋势

全球化是当今世界经济的主流趋势，它在各个层面上对经营模式提出了要求，而对于粮食产业，全球化要求其经营活动能够在全球范围内得到整合，这一要求对于农业来说，即意味着要将原料业、加工业以及最终消费三者在全球范围内实现匹配。因此，全球化进一步巩固和加强了国际粮商的垂直整合决心。实际上，粮食产业的经营方式经历着与其他产业同样的演变过程。全球化要求经营者有常年稳定的原料供应，有与之相匹配的物流支持，有基于全球化经营的风险管理能力，有在全球范围内构建低成本优势的能力。

就粮食经济领域而言，世界各国和各个地区自然资源禀赋各异，社会人文条件不同，因此，国家和地区市场与国际市场之间具有互补性。各国间互通有无、相互交易不仅是客观必需，而且是互惠互利，是充分利用比较优势的明智举措。粮食产业走向国际化的基本意义包括：在自力更生为主的方针下，从国际市场上进口各国国内需要的粮食以平衡供求；出口换汇率高的粮食品种，进口国内需求较高的粮食品种，既可创汇，又可调节品种；把各国独占鳌头的名、特、优粮食品种输出到国际市场，提高各国粮食在国际市场上的地位；引进优良品种和高新粮食科技，提高国内粮食产业的科技含量。另外，在各国也可采取“区域化调配”的政策措施，即审时度势调整国内不同地区进出口粮食比例、使国际市场充分为自身所用。

三、科技化趋势

进入21世纪以来，全球农业现代化日趋明显。随着信息技术、生物技术特别是细胞工程、基因工程、发酵工程、酶工程、蛋白质工程技术的发展，世界农业领域正处在重大历史转折和高速发展时期。农业技术的进步，同样促进了粮食资源利用技术的发展，粮食资源的合理利用和深度开发已成为当今全球粮食产业最主要的特征。

以美国为例，利用生物技术和信息技术这两大重要科技武器，当今的美国农业生产水平已远超十几年前。而农业，又恰恰是现代生物技术应用最广阔、最活跃、最具挑战性的领域。21世纪的前20年，以生物技术为核心的科学技术体系仍将会出现重大进步，并取得重大的产业化成果。特别是在新的物种塑造、新的快速繁育技术、新的农业工厂构建、新的人造食品和饲料、新的能源开发和新的空间领域拓展等方面，将有突破性发展。另外，信息技术的使用使农事操作更加标准化、精准化和高效化。世界许多国家将会像美国那样，利用卫星信息系统监视农作物的生产情况，利用传感器监视作物产量，借助于人造卫星监视系统探测土壤的温度和湿度并及时发现病虫害迹象，同时，实现对农作物产量的卫星监视，采用全球定位系统施肥器施肥。此外，一些国家的农民还将在经营管理、市场营销和产品质量控制等方面广泛使用信息技术，改变农业的传统特性，使农业的内涵和外延都发生深刻变化。

由此可见，毋庸置疑，科技化是当今全球粮食产业最为突出的发展趋势，科技是第一生产力，它对一个产业的影响力空前巨大。就粮食产业而言，科技进步大大节省了劳动力，也带来了一些全新的产业分支，如转基因产业、生物能源产业；人们对健康饮食的要求也进一步提高、改变了人们的生活习惯——人类膳食结构正在发生调整与变化。

（一）转基因产品

转基因是利用生物工程技术对农产品进行改良的一种尖端的生物科技，它的发展和应用已极大地影响了粮食产业的发展方向和发展可能性。

基因技术的出现对粮食产业的影响大致可归纳为三点。第一，通过加工企业和育种企业的合作得以实现增加农产品产量，降低相应的生产成本，因此，新世纪的粮食产业逐渐发展并形成了一类高科技的生物公司，并且推动上下游包括种植者、粮食贸易和深加工企业相继出现。第二，转基因作为最为尖端的科学技术，造就了粮食产业的主导者。使大型生物技术公司能够应用于实际生产，使它们迅速成为粮食产业的主导者。第三，非转基因作物和转基因作物的双重溢价。转基因技术的出现使抱有不同价值观的人群迅速分离成不同的购买群体，市场得以细分，而其对各自青睐的产品均给予了相同的溢价。

（二）对健康食品的需求

对食品“健康”属性的关注强化了整个粮食产业的内在联系以及对科技的依赖性。它要求经营者对食品行业的变化作出快速反应，促使粮食产业从产品定位向客户需求定位转变，从低成本战略向差异化战略转变，从低成本原料供应商向原料供应解决方案转变，从加工技能向高科技产品研发技能、营销技能转变。为了满足下游食品生产企业的个性化需求，需要高效物流体系的配合。

另外，零售行业的市场集中度在扩大，零售商自有品牌的市场份额在增加，对目前粮食产业的竞争格局也提出了新的挑战。

此外，人们越来越认识到生存环境和饮食起居对健康和生活质量的重要性，特别是西方发达国家，他们从长久以来的饮食习惯和膳食结构中造成现代病的经验教训中醒悟，又重新重视谷物在膳食结构中的地位和作用。以目前美国、日本等发达国家为例，其已十分强调食品回归自然的重要性，人民已不再强调面粉、大米或谷物食品的精细度，而是更多地去重视混合搭配。由此可见人们对健康食品的要求越来越强烈。

（三）粮食产业“绿色化”

当今世界，环境保护和可持续发展已经成为被高度重视的发展战略。绿色浪潮一浪高过一浪。“绿色”是所有人追求的热点。所谓粮食“绿色化”，是指无公害、无污染的产品。近年来，在经济发达国家兴起生态农业，即有机农业，多用有机肥和高效低毒农药，限用污染环境的化肥、农药和植保剂。现在，“绿色标志”已成为粮食等农产品“入市”的通行证。预计在不远的将来，“绿色粮食”的生产规模越来越大、市场需求数量越来越多，发展趋势越来越强。这一切，都离不开科技的强大支持。

（四）粮食产业“优质化”

随着广大居民群众消费结构和食物结构的改善，粮食和其他食物的消费趋向多样化、优质化和保健化，粮食加工业也需要更多的专用品种。所谓优质粮，是指既具备适宜理化指标，又适合市场需求的粮食产品。优质粮的标准是相对的，不同的使用目的所需要粮食的标准不同。比如烘焙面包与加工饼干所需小麦的品质就不同，前者需要小麦，后者则需要低筋小麦。一个粮食品种优质与否，最终要接受市场的选择和认可。一般而言，在21世纪的全球市场越来越多需求优质稻谷和优质小麦、专用小麦和玉米、优质小杂粮等。通过农业结构调整，实现粮食品种优良化、种植区域化、储运科学化、确保粮食品质优化。我们认为21世纪的粮食产业将是优质化、专用化粮食的世界。

（五）专业机构介入

以专业研究机构前瞻性和基础理论研究为引导，大型企业的技术开发能力不断增强。粮食科技持续的研究开发成为发达国家科技发展的基本特征。美国的 ADM 公司、嘉吉公司、杜邦公司和日本佐竹公司等在委托专业研究机构为企业发展作专项研究外，企业本身建立了有较强实力的研究机构，对企业发展所需的技术、产品等分专业不断深入研究，确保产品和技术始终处在领先地位。例如，从 20 世纪 80 年代以来，杜邦公司的分离蛋白产品已在开拓应用领域，并不断改善产品质量和应用适应性。

以上是我们对当今全球粮食产业发展趋势的一个总结和概括，可以发现，我们所处的粮食产业环境已经发生了翻天覆地的变化，新的经营环境对粮食产业的影响不仅体现在作物的供求和价格方面，它对参与者的战略定位、商业模式、核心能力、业务组合、区域布局、竞争方式、组织结构、企业文化等都提出了新的要求，需要参与者重新思考自身的战略定位和商业模式。

第四章

中国粮食产业发展现状及未来的发展趋势研究

农业是国民经济发展的基础，粮食是基础的基础，粮食是人类生存最基本也是最重要的生活消费品。一个国家的粮食产业是关系本国的国计民生和生存发展的头等大事和永恒主题。

中国是一个农业历史悠久的国家，农业在整个国民经济中占有重要的地位。对作为农业基础的粮食产业发展现状及未来趋势研究的重要性是不言而喻的。

第一节　中国粮食产业发展现状研究

粮食产业是一个涉及面广、链条关系复杂，对国计民生有重大影响的领域。随着经济的发展和科技的进步，粮食产业在不断地向现代化、产业化和科技化方向发展，人们对粮食产业的关注度在不断加强。为了更好地把握粮食产业的发展前景和方向，必须对粮食产业当前的发展状况有清晰的认识和准确的把握。

一、粮食产业概况

中国国土面积约为960万平方公里，排名世界第三，处于俄罗斯和加拿大

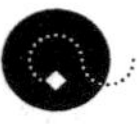

之后。中国地大物博、幅员辽阔，但是，由于人口众多，导致人均国土占有率很低。中国是一个农业大国，农业人口的比重虽然一直在下降，但2009年的乡村人口比重仍然占到了53.4%，2009年农作物的播种面积为15863.9万公顷，占总播种面积的68%。粮食作物种类多、分布广、地域差异大，各地生产力发展水平不均衡。中国是世界重要的产粮国之一，粮食总产量和人均产量自1978年以来都呈现出连续增加的态势，1978年的粮食总产量为30477万吨、人均产量为318.7公斤，2009年的粮食总产量达到了53082万吨、人均产量为398.7公斤。主要的粮食品种为稻谷、小麦和玉米①。

二、粮食供求平衡及区域分布

（一）粮食供求平衡现状

粮食供求平衡，即总供给和总需求的平衡，其实质是生产和消费关系在社会再生产过程中的反映。粮食的供给是由当年粮食的产量、企业和农户的库存以及进口粮食的数量共同决定的。粮食的需求由口粮需求、饲料需求、工业需求、种子需求、库存和出口的数量来决定。

自1978年改革开放以来，中国粮食生产取得了长足的发展，粮食产量不断提高，由1978年的30477万吨增长到了2009年的53082万吨，满足了各方面的粮食需求，但是，随着中国人口的增长和经济的快速发展，粮食需求中的口粮需求和工业需求也在快速上升，因此从供求角度来看，中国粮食供求现在来看还不是供大于求的宽松状态而是偏紧状态下的供求平衡。并且，由于中国幅员辽阔，各地地理条件存在巨大差异，尤其是东西部地区和南北地区的明显差异造成了中国粮食供求在总量平衡的情况下存在地区间的不平衡。

各地粮食供求状况：

东北地区：该地区主要包括黑龙江省、吉林省、辽宁省和内蒙古自治区的东部。东北地区是中国玉米和大豆的主产区，其中玉米产量约占全国总量的40%，大豆所占比例为35%～40%。各省粮食总量中玉米所占比重较大，随着人民生活水平的提高和饮食结构的改变，玉米的口粮需求在逐步减少，工业和饲料用途对玉米的需求在逐步增加。缺玉米的地区主要集中在南方，包括广

① 数据来源于1978～2009年《中国统计年鉴》（中国统计出版社各年版）。

东、福建、广西、上海、浙江、湖北、湖南、江西、四川、安徽等省（自治区），这些省份的玉米缺口相对较大，需要东北地区的玉米输入进而满足其需求。然而近年来，东北地区毁林开荒严重破坏了生态环境，使得玉米的产量有所下降，还有就是相当一部分的玉米质量不能满足要求。因此，必须对粮食生产结构加以合理调整从而更好地实现供求平衡。

华北地区：该地区包括北京市、天津市、山西省、河北省和山东省。其中，北京市和天津市是两个较大的消费城市，是重要的粮食调入区。山西省除歉收年份需要调入粮食外，其余年份基本能够自给自足。河北省和山东省为中国重要的玉米和小麦的主产区和调出区，玉米多为秋粮，平均年调出量为200万吨，目前这两省的小麦生产总量普遍过剩。然而，在小麦生产过剩的情况下，存在着结构性的供需矛盾。具体表现在：一方面普通小麦大量过剩；另一方面优质小麦和专用小麦却供不应求，需要通过进口来满足需求。随着经济的发展和人民生活水平的提高，对优质小麦的需求会进一步增加，这必然会导致小麦供求的结构性矛盾更加突出，因此，如何调整生产结构解决供求的结构性矛盾是当前实现供求平衡的重要环节。

东南沿海地区：该地区包括江苏省、上海市、浙江省、福建省、广东省及海南省。东南沿海地区是中国经济实力最强的地区，也是不断推动全球化和现代化的重要地区，该地区的迅速发展带来了大量外来人口的流入，是人口密度大的集聚区。

以上六个省市中，除江苏省以外，上海、浙江、福建、广东和海南均为传统的缺粮省市。这些省市由于人口密度大，居民对粮食及其转化产品（肉蛋奶）的消费能力较强。伴随着人口和收入的增长以及经济发展水平的不断提高，该地区对粮食的需求总量特别是优质粮和专用粮的需求量将有进一步的增长。而从粮食的供给能力层面来看，该区的耕地面积不可能有相当大幅度的增加，而且在比较利益的驱动下，大量的耕地将用于蔬菜和副食品的生产，因此，粮食的供给能力将会受到进一步的削弱，粮食供求的缺口将会进一步扩大。从以上分析来看，东南沿海地区是中国主要的粮食调入区。

华中地区：该地区包括湖北、湖南、江西和安徽四省，是中国稻谷的主要产区，玉米和大豆的产量也在全国占有一定的份额。1998 年，四省稻谷总产量接近 7000 万吨，占全国总产量的 35%。1995 年以前四省平均每年可调出稻谷大约在 500 万吨左右，目前的调出能力大约在 1200 万吨左右。稻谷调入地区主要有上海、广东、山东、贵州、云南、福建等省市。由于这些调入区粮食连年丰收，粮食缺口在不断减小，使得调入量不断减小。随着华中地区人口的增长，对粮食的需求也在不断地增加，但仍然消费不了如此大量的产出。从目前的状况来看，该地区粮食供求结构矛盾十分突出，表现为稻谷质量在总体上不能满足消费需求，原因在于普通早籼稻面积过大，应逐步予以调减。在调减的过程中要注意种植的合理性，继续发挥本地稻谷生产的优势，着力把本地打造成全国重要的稻谷生产基地。

西北和西南地区：该地区地处中国内陆，经济发展水平较低，自然条件复杂，生产方式比较粗放，过去这两个地区一直是缺粮区，这几年随着经济的不断发展，特别是国家西部开发战略的制定和逐步实行，西部地区的农业生产条件不断得到改善，粮食生产发展较快，自给能力有了很大提高。1995 年以前，该地区中广西壮族自治区、贵州省、四川省、云南省年均调入量分别为 100 万～120 万吨，甘肃省、青海省、陕西省和西藏自治区也有一定的缺口。1998 年，西北地区和西南地区人均粮食占有量分别达到了 386 公斤和 358 公斤，总体上接近自给水平。从长远看，这两个地区粮食生产潜力开发难度很大。开发西北、西南地区粮食生产能力的重要途径，是加强这一地区的生态环境保护建设。西北地区只有植被增加了，才能增加本地区土地的水分涵养能力，缓解水资源短缺的状况，从而阻止荒漠化的进一步发展。西南地区也只有增加植被，才能保持水土，提高土壤肥力，阻止土地沙漠化。伴随着这两个地区人口的不断增长，对粮食的需求也会不断增加，现在是而且将来也是中国主要的粮食消费区和调入区。

以上是中国各地区的粮食供求状况，从中可以看出目前中国粮食生产在各地区存在着较大差异，在供求方面总体上存在着结构性的矛盾。要想解决供求的矛盾，必须弄清楚是哪些因素影响着中国粮食供求的平衡。

（二）影响粮食供求平衡的因素

中国粮食的供求平衡受到多方面因素的影响，主要体现在以下几个方面：

1. 耕地面积减少，可利用的后备土地资源数量有限。随着城乡非农产业的发展和城市化水平的提高，在城市的郊区和经济发达地区，由于乡镇企业、交通设施、城镇建设、各类开发区、工业小区、城市建设用地以及居民住宅用地的不断增加，耕地的减少将不可避免。同时，受农业结构调整、生态退耕、自然灾害损毁、工业“三废”污染等因素的影响，耕地面积也在逐年减少。2007 年全国耕地面积为 18.26 亿亩，比 1996 年减少 1.25 亿亩，年均减少 1100 万亩。

目前，全国人均耕地面积1.38亩，约为世界平均水平的40%①。尽管中国拥有一定数量的后备土地资源，但由于资金和技术等方面的限制，可开发的后备土地资源日益缺乏，耕地面积扩大的空间相对有限。

2. 种粮比较效益下滑，机会成本居高不下。近年来，由于化肥、农药、种子等农业生产资料价格不断上涨和人工费用逐步上升，农民种粮的成本在大幅增加，农业比较效益不断下降。随着中国经济的发展，工业化、城镇化步伐的加快，农村外出务工人员逐渐增多，特别是粮食主产区相当数量的青壮年劳动力外出打工，农业劳动力供给紧缺，粮食生产的机会成本很高。与外出打工相比，种粮效益明显偏低，而且种粮的机会成本偏高，因此，农民种粮的积极性不高，粮食的稳定生产难以保证。

粮食生产机会成本居高不下，而比较效益难以提高，在这种情况下必然会导致非农产业的发展加快。这一结果既说明农民收入的提高越来越依赖于非农产业，又表明粮食收益在农民收入份额中的比例不断下降，并在客观上导致了非农用地的增加和农业生产结构调整中轻粮化倾向的加剧，扩大粮食生产困难重重。

3. 粮食需求增长较快。随着人口的增长和城乡居民收入水平的提高，中国粮食需求总量将呈现较大幅度的增长。据有关部门预测，到2010年中国居民人均粮食消费量为389公斤，粮食需求总量将达到52500亿公斤；到2020年人均粮食消费量为395公斤，需求总量57250万吨。随着居民生活水平的提高，粮食消费结构会逐步升级，对肉蛋奶的消费将不断增加，间接消费成为粮食消费增长的主要推动力。据预测，到2010年中国居民口粮消费总量25850万吨，占粮食消费需求总量的49%；到2020年口粮消费总量24750万吨，占粮食消费需求总量的43%。饲料用粮需求也在不断增加，据预测，到2010年饲料用粮需求总量为18700万吨，占粮食消费需求总量的36%；到2020年将达到23550万吨，占粮食消费需求总量的41%②。

4. 粮食生产经营体制缺乏必要的制度创新。自家庭联产承包责任制确立之后，中国农村经济改革基本上处于停滞状态。农业生产的组织化程度很低，个体农户不仅要面对农业生产中的自然风险，而且要独自面对存在的市场风险，这在很大程度上制约了粮食产量的大幅提升。中国农业的社会化服务体系建

---

① 杨晓智：《中国粮食供求与农业开放政策研究》，《国际贸易研究》2009年第11期。

② 杨晓智：《中国粮食供求与农业开放政策研究》，《国际贸易研究》2009年第11期。

设、农业的产业化、农业生产经营方式的转变等等都绕过了农业生产经营体制变革这一关系到粮食产业长期发展的核心问题，这对确保粮食产量的长期增长将必然形成体制性约束。

以上从四个方面阐述了影响中国粮食供求平衡的因素，在明确了这个问题之后，就如何实现粮食供求平衡有针对性地提出以下对策。

（三）实现粮食供求平衡的对策

实现粮食供求平衡，更好地满足各粮食需求主体的需要，是摆在我们面前的一个现实而又迫切需要解决的问题。从影响中国粮食供求的影响因素中可以发现，当前的供求不平衡更多的是由于供给方面的不足导致的，所以，解决粮食供求平衡的关键是通过各种途径和办法实现粮食产量的增加。

1. 严格控制非农用地，切实保护好耕地资源。建立更为严格的由农业部门和土地管理部门共同负责的非农用地审批和监管制度，把全年的用地指标控制在一定范围内，并以地方法规的形式明确下来。切实保护生态环境，防止由于生态破坏对耕地造成的损害。加大资金和技术的投入，加强对土地后备资源的开发力度。

2. 重点扶持商品粮基地建设，使之成为中国粮食生产的增长重心。对于商品粮基地，要采取计划安排与市场机制双重调节手段。在具体的政策上可以考虑适当提高价外补贴、优先拨付支农资金、重点安排农用物资、大力推广农业科技、扶持粮农产业化经营等。通过各种手段提高基地农民的种粮积极性和比较收益，降低种粮的机会成本，使农民切实感觉到种粮是有利可图的。

3. 加大科技投入力度，提高粮食生产能力。粮食生产能力是在最大限度地调动现有资源和技术条件下所能取得的、符合质量要求的最大产量。在粮食种植面积有限的情况下，增加科技投入，提高单位面积产量就显得尤为重要。因此，必须大力推进科技兴农战略，加大对农业科研的投入，对已有的农业科研成果要加大推广力度，使得高产、优质、省工、节本的粮食生产技术落到实处。通过对农民的相关培训，加大普及农业科技知识的力度，从而提高农业劳动者素质，实现劳动生产率、土地报酬率和投入产出率的同步增长。与此同时，要加强对耕作、播种、收割、脱粒、运输、加工、销售等环节相关农业机械设备的研究与推广，提高粮食生产的资金与技术的集约水平，更有效地减少粮食的损耗与浪费，从而在更高程度上提高粮食的产量。

4. 推进粮食市场体系建设，推动粮食产业规模化经营。要在总结经验的基础上大力推行粮食生产的规模经营，同时健全农业社会化服务体系，使其向专业化、产业化方向发展，以利于先进机械设备、农业科技的迅速推广，从而在“集约经营 + 现代化”的基础上真正实现粮食增长方式的转变，促进粮食产业增产增收。

通过对各地粮食供求现状的分析，可以得知中国粮食的供求处在结构性失衡和地区之间供求不平衡的状态。从供和求两方面出发对影响粮食供求的因素进行了全面的分析后，有针对性地提出了实现供求平衡的有效策略。

在以上的分析中我们可以看到，由于中国地域广阔，各地的地理条件和自然环境存在着较大的差异，有的地区自然地理条件优越，适合粮食作物的生长；而有的地区自然环境恶劣，使有些粮食作物无法获得正常生长的外界条件。加之各地自然地理的差异，粮食作物种类各地不同。在这样一种不均衡的约束下，如何实现各地余缺的调剂和有无的互通，就需要粮食流通系统在生产和消费之间建立高效的连接，从而实现搞活粮食流通、调节粮食供求和有效配置粮食资源的积极作用。

三、粮食流通体制改革

粮食流通是联系粮食生产和消费的桥梁和纽带，中国粮食流通体制改革是整个经济体制改革的重要组成部分。新中国成立以来，中国粮食流通体制不断改革和发展，尤其是党的十一届三中全会以来，中国粮食流通体制成功地实现了从计划经济向社会主义粮食市场经济的转变，初步形成了涵盖粮食购销多个环节、多元市场主体、多种交易方式和多层次市场结构的粮食市场，在搞活粮食流通、调节粮食供求、有效配置粮食资源等方面发挥了积极的作用并取得了优异的成绩。然而，在不断改革过程中仍然面临着诸多难题阻碍着发展的顺利进行，因此，必须从实际出发找到问题的症结所在从而更好地构筑中国现代粮食流通体系。

（一）中国粮食流通体制改革历史回顾

1. 新中国成立到改革开放期间。1949 ~ 1952 年实行自由购销体制。新中国成立之初，中央政府自上而下成立了国有粮食经营系统和管理组织体系，逐步收紧对粮食的集中统一管理。与此同时，私营粮食企业的合法经营仍然被认可，但已经对它们施行了“利用、限制、改造”的政策，主要措施是：调整公私经营范围，调整批零差价和地区差价。

1953 年以后到改革开放初期，中国粮食流通实行统购统销制度。

2. 改革开放以后。国家改革开放以后，伴随着经济社会的发展和粮食供求形势的变化，国家适时调整了粮食购销政策，推动粮食流通体制改革沿着正确方向稳步前进。

第一阶段：从 1979 年到 1984 年。1979 年以前，中国粮食流通实行统购统销。1978 年党的十一届三中全会后，开始改变高度集中的计划经济体制，在粮食问题上坚持立足国内、自力更生、发展生产、厉行节约的方针，坚持统购统销的粮食购销体制和“统一领导，分级管理”的粮食管理体制。从 1979 年开始，在逐步推行家庭联产承包责任制解决生产关系问题的同时，对粮食流通逐步放开搞活，大幅度提高粮食统购价格和超购加价幅度，调减粮食征购基数，开展粮食议购议销，恢复粮食集市贸易。从 1983 年开始对完成国家粮食征购、超购任务后的粮食实行多渠道经营，逐步实现搞活流通提高效益。

第二阶段：从 1985 年到 1992 年。这一阶段主要是取消粮食统购，实行合同定购，逐步缩小计划调节范围，扩大市场调节范围。1985 年，针对当时实行粮食统购统销，粮食产量增加，但质量、品种不适应市场需求，农民“卖粮难”，影响粮食生产发展和农民收益提高等诸多问题，党中央、国务院决定取消粮食统购，实行合同定购与市场收购相结合的“双轨制”，标志着中国粮食流通体制改革进入一个新阶段。然而，这项改革政策出台后的当年，全国粮食大幅度减产，而且连续四年徘徊，给粮食供求平衡带来很大的压力。在这种形势下，粮食流通政策又作了相应的调整。首先，强调合同定购，既是合同又是任务，是农民应尽的义务。其次，实行粮食合同定购同供应平价化肥、柴油及发放预购定金“三挂钩”政策，以增加农民收入，调动农民种粮积极性。最后，压缩除城镇居民口粮和军粮以外的平价粮供应，争取逐步实现按平价收购的粮食同平价供应的粮食保持平衡。同时，逐步建立粮食批发市场，开展有组织的余缺调剂，搞活粮食流通。

第三阶段：从 1993 年到 1995 年。这一阶段改革的目标主要是：放开粮食价格和经营，实行粮食商品化和经营市场化。1992 年邓小平同志南方谈话和党的十四大提出建立社会主义市场经济体制的总目标，党的十四届三中全会通过《中共中央关于建立社会主义市场经济体制若干问题的决定》，推动粮食流通体制改革加快步伐。1993 年，国务院决定在国家宏观调控下积极稳妥地放开粮食价格和经营。同时，建立粮食收购保护价格制度和粮食风险基金制度。1995 年，国务院又进一步强调坚持和完善省长、自治区主席、直辖市市长负责制，明确划分中央和地方粮食事权，搞好两级总量平衡。同时将粮食部门政策性业务和商业性经营分开，并建立精干、高效、责权统一的中央粮食调节管理系统，长达40年的粮食统购统销制度至此结束，粮食流通由计划经济向市场经济转变取得了突破性的进展。

第四阶段：从1996年到2001年。这一阶段的改革遵循“四分开一完善”（即实行政企分开、中央与地方责任分开、储备与经营分开、新老挂账分开，完善粮食价格机制）的原则，进一步深化粮食流通体制改革。1997年，为切实保证农民增产增收、保护农民生产积极性，国务院决定，在粮食丰收情况下，要按保护价敞开收购农民余粮，加强粮食市场管理，严格执行国家粮食销售价格政策。1998年，国务院办公厅发出进一步做好粮食购销和价格管理工作的补充通知，强调粮食流通体制改革工作重点是坚决贯彻敞开收购、顺价销售、收购资金封闭运行三项政策，加快国有粮食企业自身改革，提高市场竞争力。1999年，针对中国粮食生产和流通中存在的问题，国务院决定进一步完善粮食流通体制改革政策措施，在继续坚定不移地贯彻“三项政策、一项改革”的基础上，适当调整粮食保护价收购范围，降低粮食收购价格水平，完善粮食超储补贴办法，促进顺价销售。2000年，为促进农业和粮食生产结构调整，退出保护价收购的粮食品种范围进一步扩大，粮食收购渠道拓宽。

这一阶段实现了转换国有粮食企业经营机制，完善粮食宏观调控体系，理顺粮食价格机制，减轻国家财政负担，进一步搞活粮食流通，促进粮食生产的稳定和发展。

第五阶段：从2001年到2003年。针对中国社会主义市场经济体制初步建立、粮食生产和流通形势的变化以及2001年中国加入世界贸易组织给粮食产销带来的机遇与挑战，国务院于2001年7月下发了《关于进一步深化粮食流通体制改革的意见》，要求主销区加快粮食购销市场化改革，放开粮食收购，粮食价格由市场供求自发形成；完善国家储备粮垂直管理体系，适当扩大中央储备粮规模，增强国家宏观调控能力；中央财政将粮食风险基金补贴完全包干给地方，真正建立起粮食生产和流通的省长负责制；粮食主产区继续发展粮食生产，在继续实行“三项政策、一项改革”的前提下，赋予省级人民政府自主决策的权力，切实保护农民种粮积极性；加快国有粮食购销企业改革，切实做到自主经营、自负盈亏。同月底召开的全国粮食工作会议进一步确定了“放开销区、保护产区、省长负责、加强调控”的改革思路①。为加强对中央储备粮

---

① 颜波、陈玉中：《粮食流通体制改革30年》，《中国粮食经济》2009年第3期。

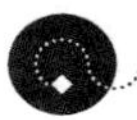

的管理，国务院于2003年8月颁布了《中央储备粮管理条例》。这一阶段的粮食流通体制改革，为在全国范围内全面放开粮食购销市场积累了经验、创造了条件。

第六阶段：2004年以后。全面放开粮食购销市场，实现粮食购销市场化。随着国民经济市场化程度的提高，粮食流通体制改革的深入和农村税费改革的全面实行，进一步推进粮食购销市场化改革的条件基本具备。2004年5月，根据国务院《关于进一步深化粮食流通体制改革的意见》，中国全面放开粮食购销市场，取消粮食定购任务，放开粮食市场、粮食收购和粮食价格，取消粮食运输凭证制度，允许多种成分的市场主体直接到农村随行就市收购粮食。至此，粮食流通全面进入市场经济运行体制，完成了由计划经济向社会主义市场经济转变的历史任务。

（二）粮食市场体系的现状

市场是粮食流通的载体，反映各种经济主体相互间的交易关系，为产需衔接提供方便的交易场所。粮食市场体系是粮食市场化必不可少的重要条件，建立和完善粮食市场体系是稳定主销区同主产区粮食购销关系的保证，是粮食流通市场化成败的关键所在。经过多年的发展，中国粮食市场体系已经初步形成，在搞活粮食流通、保证市场供应、调节粮食供求、保护农民利益等方面发挥了积极作用，为粮食市场体系的培育和发展奠定了良好的基础。然而，当前中国的粮食市场体系还不健全，存在着很多的问题和缺陷，具体表现在以下三个方面。

1. 市场机制发育不健全，价格调节功能滞后。在中国目前的粮食市场体系中，市场机制的发育还不健全，特别是作为市场经济机制核心的价格机制不灵活，调节功能滞后，甚至违背价值规律进行逆向调节，更不用说引导农民进行粮食生产了。中国农户的粮食生产和供给决策主要是根据市场价格自主决定的，而市场价格调节滞后，目前粮食市场对农户发出的信号都是农产品价格的过期信息和当期的市场价格，而不是市场的预期价格。国家制定粮食保护价时所依据的也是过期的或当期的粮食市场价格。这样就造成粮食价格对生产和供给的调节总是滞后。

2. 粮食批发市场建设滞后，多数市场有场无市。粮食批发市场是建立粮食市场体系的关键环节。从目前中国的情况来看，粮食批发市场建设滞后，缺乏统一的布局规划。市场建设存在的问题有：一是进场交易的客户少，跨区域的大宗粮食交易多在场外进行，到处都是市场，到处都有成交。有些市场虽有交易，但也是依靠行政手段强制形成的，没进场交易的粮食不办理出省运输手续，铁路部门也不给配车，一旦离开行政手段也同样是有场无市。产生这种现象的原因，既有来自批发市场自身建设方面和传统习惯方面的问题，也有以权谋私等问题。二是布局结构不合理，许多粮食批发市场不是适应粮食流通需要自发形成的，而是在20世纪90年代中期按照行政区划或省、市、县三级批发市场体系建设要求设立的，这种层层人为造市场的做法显然违背了客观经济规律，造成了粮食批发市场建设过多过乱，趋同运营，相互影响，阻碍发展。三是市场性质不清，产权不明。有的是事业单位，有的是企业单位，有的市场以管理为主，有的市场管理者直接参与交易，使市场的公平、公正原则受到损害。四是市场准入上存在着主体歧视，非国有企业进入市场障碍重重。

3. 粮食期货市场发育缓慢，市场高层次功能欠缺。目前中国的期货交易市场还存在一些需要克服的问题：一是粮食期货市场交易的活动空间太小，交易品种尤其是大宗交易品种少，这就在一定程度上限制了期货市场交易量，使其作用无法充分发挥。二是参与期货市场交易的主体缺乏多样性，尤其是缺少机构投资主体，限制了期货市场的动力与活力。三是宏观管制过分严格死板，不利于充分发挥交易所的积极性和创造性。四是缺乏作为农业生产者代言人的投资机构。这些缺陷的存在导致了中国粮食期货的交易规模还很小，期货市场应有的功能还远没有体现出来。

四、粮食储备

粮食储备是国家宏观调控粮食最主要的手段之一，是为保证非农业人口的粮食消费需求，调节省内粮食供求平衡、稳定粮食市场价格、应对重大自然灾害或其他突发事件而建立的一项物资储备制度。

粮食作为在使用价值上有着特殊重要性的商品，任何人为了生存与健康都必须消费一定量的粮食，由于其生产的季节性、不稳定性以及粮食消费的常年性和持续性的特点，决定了必须要有一定的粮食储备以确保常年的消费，发挥衔接产需、平衡供求的“蓄水池”功能。从中国的现实情况来看，中国地域辽阔、人口众多，年度之间、地区之间粮食产量很不平衡，若要大量依靠进口来调剂国内粮食市场的供求平衡是难以办到的，因此，要解决粮食供求平衡问题，必须坚持自力更生、立足国内的方针，建立具有中国特色并与市场经济体

制相适应的新型政府粮食储备体系。

目前，中国粮食储备分为两级储备，即中央储备和地方储备，发挥着调控粮食市场的重要作用，成为社会主义市场经济条件下国家宏观调控体系不可缺少的重要组成部分。

近些年来，中国粮食库存充裕，库存消费比大大高于国际上公认的安全线。联合国粮农组织指出，为了保证粮食安全，必须储备一定数量的粮食，使粮食库存不低于年消费量的17%～18%，以保证必需的粮食供应量。粮食库存低于17%，粮食形势即处于不安全状态；低于14%，粮食安全即处于紧急状态。目前中国国家储备粮库储备处于较高水平，高于世界平均水平。尽管2007年国家为满足市场粮食需求、稳定市场粮食价格，加大政策性粮食销售力度，适时在粮食批发市场投放国家储备粮，使得国家粮食库存略有下降，但仍处于历史较高水平，完全可以保证市场供应。

中国粮食储备的现状具体表现在以下三个方面：

1. 储备粮规模大、类型全、层次优。中国是一个人口众多的国家，十几亿人民的吃饭问题是悬在各级各届政府头上的一把剑。鉴于粮食消费和生产的不同步性，拥有一定量的粮食储备是必要和迫切的。多年来，政府都注意到了这个问题的严重性，建立了规模较大的粮食储备，在维护粮食市场稳定、维护农民利益和维护国家粮食安全方面起到了积极的作用。

目前中国政府储备粮主要由基本安全储备和后备储备构成，这种结构适应中国粮食市场化和经济发展的要求。储备粮由中央储备粮和地方储备粮两种层次组成，中央储备粮直属库点储粮数量多、效率高、效益好，是中央政府调控跨区粮食市场的手段和物资基础；省级储备粮库点储粮次之，是地方政府调控区域粮食市场的主要手段和物资基础，由地方政府负责管理，是确保区域粮食安全的重要保障。在现行的经济管理体制下，这种构成有利于调动中央政府和地方政府两个层次的积极性，落实国家粮食安全责任。

2. 储备粮的购销实行市场化运作。经过不断改革与发展，现阶段中国储备粮的购销实行市场化方式运作，各种储备的购销都在市场上完成，与市场经济体制相适应。

在储备粮的收购中，采取直接向农民收购或通过经纪人间接向农民收购原粮的方式，部分地方还开展了订单收购，为解决农民的卖粮难问题提供了稳定可靠的渠道，同时减少了流通环节且提高了流通效率。储备粮的销售通过三种渠道进行：一是通过批发市场按顺价原则公开拍卖销售；二是通过协议销售给有关大贸易商和加工企业；三是通过加工后直接销售给有关零售商或集团消费单位。第一种渠道是主渠道，第二种渠道在储备粮的轮换中经常使用，第三种渠道目前使用的范围还不是很广。

通过储备粮购销的市场化运作，为市场机制作用的发挥提供了广阔的空间，改变了农民和经营者因价格不合理造成的亏损，近几年来加工企业逐渐成为经营和使用社会储粮的重要主体，在这个过程中储备改革发挥了关键作用。

3. 储备粮管理水平高，储备调控功能发挥得好。国家投入大量的资金进行了储备粮库的建设，建设了现代化的粮食储备库，粮食仓储设施条件大为改善。近几年粮食库存检查结果表明，中央储备粮账实基本相符、质量状况达到了储备制度建立以来的最高水平，企业管理水平和员工素质有了大幅度的提高。

目前中央储备粮垂直管理机制不断完善，储备类型不断丰富，已经成为中国粮食储备调控体系的核心力量。各地按照粮食省长负责制的要求，基本都建立了地方粮食储备，品种结构比较合理，并增加了成品粮油储备，储备管理水平也进一步提高。中央和地方的有效配合使得粮食储备调控功能发挥得很好。

五、粮食安全

“国以农为本，民以食为天。”粮食是关系国计民生的重要战略物资，是人民群众最基本的生活资料。粮食问题一直以来都是悬在中国人头上的一把剑，如何解决好13亿人的吃饭问题，是关乎社会稳定、国家安全和人民幸福的大事。因此，粮食安全问题在中国这样一个人口大国显得尤为重要。从根本上说，保障粮食产量和粮食供给才能保证粮食安全。从2000年开始，中国粮食自给率基本保持在95%左右的水平，基本能够自给。中国粮食储备率近几年来达到了40%以上，而国际公认的粮食安全警戒线为17%～18%，中国粮食储备远远超出了国际警戒线。伴随着惠农政策的实施和粮食补贴政策的开展，从2003年开始中国粮食总产量逐年稳步增加。从以上这些数据来看，中国的粮食安全水平较高，但实际上，中国粮食安全问题目前来看存在着诸多的隐患，例如，粮食缺口问题、粮食质量问题、粮食生产结构问题等，造成这些隐患的原因主要来自以下几个方面：

（一）可耕地面积减少，种植面积难以保证

耕地面积是进行粮食生产的前提和基础，随着中国工业化和城市化进程的

加快，中国耕地面积正在以惊人的速度减少。1996 年中国拥有耕地总面积 19.51 亿亩，到 2008 年底，已降为 18.26 亿亩。目前，中国人均耕地面积仅为 1.38 亩，为全球人均耕地面积的 40%。为确保粮食生产，国家确定了 18 亿亩耕地保有量的政策“红线”和粮食种植面积 16 亿亩的警戒线，而随着经济开发所带来的非农建设用地的增加，使得中国耕地面积急剧减少，已跌破了警戒线。据预测，到 2020 年，中国耕地缺口将达到 1 亿亩以上，势必形成对粮食生产能力和粮食安全的巨大威胁。

（二）种植粮食比较收益低，农民种粮积极性不高

粮食是一种供给弹性大、需求弹性小的商品，一旦供过于求就会造成价格下跌、谷贱伤农的后果。国家虽按保护价收购粮食，但收购标准非常严格，农民卖出粮食的价格一般都低于保护价，加之国家粮库仓储能力有限，因而国家无法做到敞开收购粮食，非国有粮食收购者则会抓住这个机会趁势压低粮价，导致农民种粮收益根本无法保障。

种植其他经济作物和外出打工都比种粮的收益高，因此一大部分农民为了获得更高的收益放弃了种植粮食。近年来，虽然国家为稳定粮食种植面积、保证粮食产量和确保粮食安全，出台了一系列惠农政策以保护农民收益、提高农民种粮积极性，但并未收到预期的效果。

（三）生态环境恶化，自然灾害频繁发生

中国近几十年来生态环境问题日益突出，以往“以粮为纲”促使毁林垦荒、毁牧开垦、围湖造田、填海种植，导致森林和草原植被等被破坏，加剧了水土流失，湿地减少，土壤退化和沙化、荒漠化、盐碱化；滥用化肥农药，导致土地功能衰退，植物无法生存。工业废水、废气、废渣不经有效达标治理就大量排放，破坏了整体环境的自然形态，使粮食生产得以有效开展的良好外部环境难以保障。

中国农业基础设施建设滞后，相当数量的耕地仍然是“靠天吃饭”，靠风调雨顺实现粮食的生产，而近两年来的干旱使得粮食生产受到很大的影响。2009 年，持续少雨导致北方冬麦区出现严重秋冬连旱，农业生产受到了严重影响；高温少雨导致了黑龙江省大部分地区出现中到重旱，造成播种困难，已播玉米和大豆种子出现出苗困难或芽干现象。在南方地区持续的高温加剧了干旱的程度，高温少雨致使湖南、江西、贵州、云南、广西、广东等地出现严重

秋旱。

2010年春季，中国西南五省（自治区）市包括云南、广西、贵州、四川和重庆出现了严重的干旱，其中云南、广西的部分地区旱情已达到特大干旱等级，贵州省秋冬连旱，出现80年一遇的严重干旱，部分地区旱情甚至百年一遇。严重的旱情发生在春耕时节，势必会对2011年的粮食生产造成重大不利影响。

（四）粮食生产结构不合理，库存品种结构和区域布局不平衡

近几年，中国的大米、小麦、玉米等主要粮食作物，基本能做到生产与需求的平衡，尤其是小麦和玉米除满足需求外还略有富余。然而大豆却严重供不应求，高度依赖国际市场。大豆是中国第四大粮食品种，缺口在2/3左右。由于中国大豆榨油消费量和食用消费量快速增加，而国内大豆总产量下降，致使产需存在巨大缺口。以ADM、邦基、嘉吉、路易达孚（简称A、B、C、D公司）为代表的跨国粮商控制了世界粮食交易量的80%，牢牢控制了大豆的国际定价权，严重威胁到中国豆农和压榨企业的生存，威胁到中国的粮食安全①。目前中国粮食库存基本保持在全年消费量的35%～38%，远高于国际公认的17%～18%的粮食安全线水平，更是数倍于世界第二人口大国印度8%的库存水平。但目前粮食库存品种严重不平衡，小麦、稻谷、玉米库存过多，大米及油脂、油料较少。而且从地区分布看，产区库存压力过大，销区严重不足，导致粮食价格波动太大，严重影响了企业的正常生产和人民群众的正常生活②。

（五）外来的冲击

众所周知，中国是一个人口大国，中国的粮食市场具有巨大的消费潜力。庞大的消费市场背后必然潜藏着巨大的商业利润，因此，国际粮商都在觊觎中国的粮食市场。

伴随着中国加入WTO，外资垄断开始威胁中国的粮食安全，跨国公司凭借巨大的经济实力和先进的管理大举投资中国大豆加工业，完成了对整个大豆产业链的垄断。1995年，中国还是大豆出口国；到2000年，中国经营大豆的角色突然发生逆转，进口大豆首次突破100万吨，成为世界上最大的大豆进口国；2008年，中国大豆全年进口3550万吨，进口依存度达到了71%③。十多

---

① 董静、窦勇：《金融危机下的中国粮食安全问题探讨》，《现代农业科技》2009年第24期。

② 同①。

③ 高焰辉、董金移、张锐：《外资与中国粮食安全》，《中国外资》2009年第9期。

年的时间，中国从大豆的发源地和出口国摇身一变成了世界上最大的大豆进口国，这是由于国际巨头取得了对中国大豆生产与加工产业上游原料、期货以及中游生产加工、品牌和下游市场渠道与供应的绝对控制权，使得国内企业失去了话语权，极大地弱化了政府调控职能，国际巨头通过垄断中国食用油领域从中获取了巨额的商业利润。从目前情况来看，ADM、邦基、嘉吉、路易达孚四家跨国公司垄断了中国近80%的进口大豆货源，拥有中国40%以上的压榨能力，在中国90家大型大豆加工企业中，有64家已经变成外资或合资，实际加工能力超过5000万吨，占国内总量的85%。

然而，外资企业并不满足于仅仅垄断中国的食用油领域，它们的目标是全面控制中国的粮食收购、加工和销售的产业链。而中国为外资进入国内粮食产业创造了相当宽松的外部环境，首先，世界贸易组织关于外资企业进入中国粮食流通的过渡期已经结束，外资企业可以名正言顺地在中国生产经营粮食；其次，中国设置的外资进入门槛比较低；再次，外资已经掌握了中国大豆产业的产销渠道，通过这一渠道就可以间接进入中国粮食消费市场。如果中国的粮食产业链都被外资控制，将对中国的粮食安全形成巨大的威胁，甚至会沾染浓烈的政治色彩，因此，中国的粮食安全问题要特别注意。

现阶段，中国的粮食安全受到了来自国内和国外的双重压力，加之中国的人口众多，粮食安全关系到十几亿人的吃饭问题，必须加强重视不能掉以轻心。

六、中国粮食补贴现状

农业补贴是世界各国农业保护中最经常使用的政策工具，农业补贴政策的核心是粮食补贴。中国从2000年开始研究改革粮食补贴方式，提出了从补贴在流通环节的粮食风险基金拿出一部分直接补贴（以下简称“直补”）给种粮农民的粮食直接补贴的初步设想，并于2002年开始在部分省份进行试点，从2004年开始出台了一系列粮食补贴政策，大规模实行对种粮农民的直接补贴。目前，中国已初步形成了以对种粮农民直接补贴、农资综合补贴为主要内容的收入补贴和以良种补贴、农机具购置补贴为主要内容的生产性专项补贴以及与最低收购价政策相结合的粮食补贴政策框架体系。

（一）收入补贴

1. 直接补贴。粮食直接补贴是将原来对购销环节的间接补贴转变为对种粮农民的直接补贴，实现了补贴直接转入生产环节，减轻了粮食波动对种粮农民收入的影响，让种粮农民直接受益，有利于调动农民的种粮积极性。

粮食直接补贴方式因地区差异而各不相同，有按农业计税面积补贴、按计税常产补贴、按粮食实际种植面积补贴和按粮食生产者出售商品粮的数量补贴四种方式。其中，种粮农民多数倾向于按粮食种植面积进行补贴，补贴金额与粮食生产挂钩，从而能直接增加种粮收入。对种粮农民直接补贴政策实行普惠制，即按照各种补贴方式进行补贴，无论大农户还是小农户，无论种植何种粮食作物，无论产量高低，广大农民都能根据相同的补贴标准享受到粮食补贴带来的利益。近年来粮食直接补贴的力度在进一步加大，广大农民因此受益。

对种粮农民直接补贴的资金来源于以前的粮食风险基金，是把原来补在流通环节的钱转为直接补给农民，主要由中央和地方共同承担。中国在 1994 年建立了粮食风险基金，粮食风险基金按照中央政府和地方政府 1∶1.5 比例承担，缺口部分按照 1∶1 比例分担①。由于各地风险基金的不平衡，各地农民的补贴额也有很大差别。在直接补贴的发放渠道上，各地普遍在县级建立农户基础数据资料库，采用“一卡通”或“一折通”的形式发放补贴资金，形成了较为规范的补贴发放渠道。

2. 农资综合补贴。农资综合补贴是指在现行粮食直接补贴制度基础上，对种粮农民因柴油、化肥、农药等农业生产资料增支实行的综合性直接补贴政策，目的在于弥补农民因农业生产资料价格上涨而增加的支出，稳定种粮成本，保证农民的种粮收益。

农资综合补贴采用一次发放、直补粮农的方式进行。根据年初预计农业生产资料全年价格变动情况，全年算账后，中央财政一次性将补贴资金全部拨付到地方，地方财政部门一次性将补贴发放到农户，年内不再随柴油、化肥、农药等农业生产资料实际价格变动而调整补贴，并充分利用已建立的粮食直补渠道，直接发放到农户，不增加中间环节，保证了农民的切实利益。农资综合补贴的政策与粮食直接补贴一样，也是普惠制的，具有普遍性。

农资综合补贴资金全部由中央财政负担，补贴资金全部纳入粮食风险基金，实行专户管理。在补贴资金分配上，一次性拨付给地方并重点向粮食主产区和产粮大县倾斜。由于农业生产资料价格近年来上涨较快，中国的农资综合补贴资金金额也在逐年加大。

---

① 傅贤治、侯明利：《中国现行粮食补贴政策研究》，《学术交流》2008 年第 9 期。

（二）生产性专项补贴

生产性专项补贴政策是针对加入 WTO 后中国粮食标准化生产程度低、品质差等问题而出台的。该政策为市场经济条件下政府引导农民生产行为提供了重要政策手段，同时也使得国家扶持发展粮食生产的技术项目与财政政策有机地结合在一起。生产性专项补贴有良种补贴、农机具购置补贴和最低收购价三种形式。

1. 良种补贴。良种补贴主要着眼于引导农民采用新品种和新技术，提高粮食品质和质量。良种补贴是根据不同地区和作物的特点采取的直接补钱、招标供种等不同方式，初步形成了一套相对规范的资金发放方法。其中，水稻实行直接补贴方式，按面积直接发放到种植良种水稻的农户。对于通过国家或省级审定，有市场需求的粮食种子（不含水稻）的补贴方式则按照规定采取招标供种方式执行，按照核定的推广面积，通过供种单位对种植良种的农户（含农场种粮职工）进行补贴①。

良种补贴对象应是国家允许的良种补贴省份范围内种粮农民，采取自愿的原则。良种补贴资金主要来源于中央财政的农业专项补贴资金，示范区所在省各级财政部门要支持和参与良种推广工作，保证良种推广和必要的组织管理的经费需要。

在良种补贴项目区，粮食标准化生产和单产水平均明显提高，基本解决了长期存在的品种“多、乱、杂”的问题。据品质检测，良种补贴项目区的粮食作物品质普遍较好，主要指标达到甚至超过国际规定的优质品质指标要求。

2. 农机具购置补贴。农机具购置补贴主要是鼓励和支持农民使用先进适用的农业机械（以下简称“农机”），提高粮食生产的物质装备水平和机械化进程。农机具购置补贴按照农民购置农机具的发票向农户提供一定比例的补贴，并根据各地的实际需求扩大了补贴机具范围。

农机具购置补贴的对象为纳入实施范围并符合补贴条件的农民（含农场职工）和直接从事农业生产的农机服务组织。在申请补贴人数超过计划指标时，根据 2008 年农机具购置补贴的最新规定补贴对象的优先选择条件大概有以下几项：一是农机大户（种粮大户）；二是配套购置农机；三是列入农业部科技入户工程的科技示范户。申请人员的条件相同或不易认定时，根据申请补贴的

---

① 傅贤治、侯明利：《中国现行粮食补贴政策研究》，《学术交流》2008 年第 9 期。

先后排序或农民接受的其他方式确定。

农机具购置补贴资金来源于中央财政设立的专项资金，各省和兵团在使用中央财政补贴资金的基础上利用地方财政资金给予适当累加补贴，是否实行累加补贴以及累加补贴的补贴率和补贴额度等由地方自行确定。地方各级财政部门要积极支持和参与补贴资金落实和监督工作，增加资金投入，并保证必要的组织管理经费。全国按照县均80万元的标准安排补贴资金投入，各省和兵团农机主管部门可根据耕地面积、粮食产量、农机化综合水平、农民购买能力及地方政府积极性等县域差异，在50万元的幅度内予以调整，即每县可安排中央补贴资金30万元～130万元不等①。

农机具购置补贴激发了农民购买农机具的激情，促进了农业机械化的快速发展。

3. 最低收购价。为了保障粮食生产、实现农民增收、保持市场稳定，从2004年开始，国家对重点地区、重点粮食品种实行粮食最低收购价政策。在规定的时间内、规定品种的重点主产区以及市场价格低于最低收购价时，由中国储备粮管理（以下简称“中储粮”）总公司和其委托的公司按照最低收购价进行收购。目的在于兼顾种粮农民收入的同时，重点稳定粮食生产面积，保障粮食市场供给，为政府调控市场提供有力的政策工具。

在从粮食供求、流通、储备、安全和补贴各个方面全面分析了当前中国粮食产业的现状后，发现了令人欣慰的现状，但更多的则是暴露出了当前存在的问题。有效地解决这些问题，使中国粮食产业朝着健康、科学的方向发展，需要我们对粮食产业的未来发展趋势作出合理的分析和判断。

第二节　中国粮食产业发展的趋势分析

粮食产业是一个涉及多环节的复杂系统，将生产、加工、转化、储藏和运销等环节有机完整地连接起来能在更大程度和更高层次上实现粮食资源的合理利用和优化配置。粮食产业化发展正是将这诸多环节有效地整合在了一起，能够有效地实现粮食产业的现代化。

---

① 傅贤治、侯明利：《中国现行粮食补贴政策研究》，《学术交流》2008年第9期。

一、粮食产业化发展

（一）粮食产业化的内涵

粮食产业化是指以市场为导向，以农业为基础，以龙头组织企业为依托，以经济效益为中心，以系列化服务为手段，通过实行“农工商一体化，产加销一条龙”的经营，将粮食生产过程中的产前、产中、产后诸环节联结为一个完整的产业体系。实现提高粮食的增值能力和比较效益，并使之与企业、政府尤其是农民的收益增加直接联系起来，由此调动各方面的积极性，形成自我积累、自我发展的良性循环机制。推进粮食产业化经营是在更大范围和更高层次上实现粮食资源的优化配置和生产要素的重新组合，是对传统粮食生产经营体制的根本性变革。

粮食产业化经营是粮食行业结构战略性调整的主要推动力，是提高粮食竞争力的有力措施，是创新粮食经营体制的有效实现形式，是促进农民增收、提高农民种粮积极性的重要举措，是实现粮食产业现代化的必由之路。

（二）粮食产业化的优势

1. 实现一体化经营和企业化管理。粮食产业化经营是从经营方式上把粮食生产、转化、加工、运销等诸环节有机地结合起来，实现商品贸易、产品加工和粮食生产的一体化经营。按照风险共担、利益共享、联动发展的原则，改变长期以来形成的粮食生产、加工、转化、储藏、运销等环节相互脱钩，各环节利益分配不公，生产环节的利益明显偏低的格局，把千千万万的家庭“小生产”和纷繁复杂的“大市场”、“大需求”联系起来，同时把城市和乡村、现代工业和落后的农业联结起来，从而有效地带动区域化布局、专业化生产、企业化管理、社会化服务、规模化经营等一系列变革，使粮食的生产、加工、转化、运输、销售等环节相互衔接、相互促进、联动发展，实现粮食再生产诸方面、产业链各环节之间的良性循环①。

企业化管理则是运用现代的企业管理方法经营和管理农业，使各种分散的生产及其产品逐步走向规范化和标准化，从根本上促进粮食增长方式从粗放型

---

① 庞晓鹏：《粮食产业化经营的理论探讨》，《中国粮食经济》2001 年第 3 期。

向集约型转变。这就是以市场为导向，根据市场需求安排生产经营计划，把粮食生产当做粮食产业链的第一环节或“车间”来进行科学管理。这样既能及时促进生产资料的供应和全过程的社会化服务，又可在粮食及其转化产品生产出后，进行分类筛选、妥善储存、精心加工，提高产品质量和档次，扩大增值和销售，从而实现高产、优质、高效的目标①。

2. 实现粮食经济结构的调整和优化。实行粮食产业化可以使粮食产业链条有效延长，通过对粮食产品的深加工提高其附加值，实现生产要素的优化组合，从而使得粮食产业的整体素质和效益获得提升。在参与产业链的过程中，各参与主体不断形成自己的优势，逐步实现产品的专业化、规范化和批量化，粮食产业链的各参与主体可以分享到效益提升后带来的收益。在这个过程中，作为龙头的企业，对于应当发展什么，不发展什么以及发展的品种、质量和数量，都应该能够按照市场需求进行调整并合理配置，从而推动粮食产业经济结构的调整和优化。

3. 实现农民增收，提高种粮积极性。中国是一个农业大国，农业人口占到了总人口的53.4%（2009年），实现农民增收、提高农民的种粮积极性是关系到国计民生的大事。目前，中国农村人多地少，家庭承包经营规模小，劳动生产率低，粮食生产靠天吃饭的局面没有根本的改变，使得粮食生产能力不稳定，比较收益低下。

粮食产业化经营提高了粮食生产的专业化水平和技术水平，通过规模经营和多层次加工，使农民和粮食生产流通各环节联系起来，使得农民与企业之间形成了利益共享、风险共担的经济利益共同体。在粮食产业化的经营模式下，农民除了出卖粮食的收入外，还可以分享到流通和加工环节的部分利润，为农民增收提供了有效途径，从而有效地提高了农民的种粮积极性。

4. 实现粮食经营的现代化。由于传统的粮食生产是小规模生产，技术水平和装备都比较落后，商品化率较低，不具有规模优势。粮食产业化手段将先进的技术、装备和管理引入粮食生产，实现了产业化经营，大幅度提高粮食产业的劳动生产率，使之不断适应市场经济发展的需要。

通过粮食产业化，把农户的经营活动与龙头企业的先进配套服务结合起来，有效地克服了小生产的分散性，实现了一体化的经营模式，增强了生产能力，更多更好地生产具有高附加值、高商品化率、高市场占有率、高科技含量

① 庞晓鹏：《粮食产业化经营的理论探讨》，《中国粮食经济》2001年第3期。

的商品，从而获得规模效应。粮食产业化使得粮食生产规模不断扩大，有效地吸收各种生产要素，促进各种生产要素的合理流动，从而提高了粮食生产的集约化水平和劳动生产率，实现粮食经营的现代化。

（三）粮食产业化的有效途径

推进粮食产业化发展是一项复杂的系统工程，从发展的实践来看，需要从以下几个方面着力推进：

1. 以市场为导向，做大做强龙头企业。龙头企业是实现粮食产业化经营的基础和核心，在产业化经营中起着连接农户和市场的纽带作用，在一定程度上决定着产业化的层次和水平。由于农民受自身条件的约束和限制，在安排生产时往往是凭着以往积累的经验和对其他农户的观察，这种决策往往导致种植作物的同质性，容易造成供求失衡。解决这一问题的有效途径就是要让龙头企业带领农民占领市场，通过龙头企业的带动使农户与市场紧密地结合在一起，可以毫不夸张地说：没有龙头企业，就没有粮食产业化经营。

然而，要真正实现粮食产业化经营，使龙头企业做大做强，需要从以下几个方面努力：一是按照现代企业制度运作方式，扩大企业规模。以股份制和股份合作制为重点，以农民耕地入股为依托，建立利益共享、风险共担的分配机制，让一部分入股农民进入龙头企业当产业工人，甚至还可以拥有企业股份；另一部分农民可以用入股分红或补偿金进入第二、第三产业，从而打破地区、部门和所有制界限，实现有效整合各种资源，把产、供、销、加工诸环节连接起来，组建龙头企业集团。二是工贸联合壮实力。充分发挥粮食加工企业的设备、技术、产品市场优势和购销企业仓容、资金、收购网点优势，联手经营、优势互补。国有加工企业与国有购销企业联合，国有购销企业与民营加工企业联合，变过去的竞争对手为合作伙伴，共闯市场、共谋发展，把粮食企业做大做强，稳固其在粮食产业化经营中的龙头地位。三是对外开放闯市场。瞄准国际市场和加入 WTO 后发生的变化，采用合作、合资、独资等多种形式，大力开展招商引资，引进国外先进技术、设备和资金，组建具有较强国际竞争力的外向型龙头企业，逐步向全球最大的粮食集团迈进。四是科研、技改创品牌。针对目前粮食品牌多而散的现象，加大品牌整合力度，变产品经营为品牌营销，每个省围绕优质粮品牌开发和粮食精深加工的发展，组织科研所、院校、龙头企业等集中力量联合攻关。加快科技成果转化，加强技术培训和推广示范，提高技术服务水平，从而打造若干个科技含量高的粮食企业品牌。更重要的是要在全国范围内重点扶持几个大型龙头企业，建立健全企业技术研究中心，形成和完善企业技术创新机制，充分利用现有科技成果不断开发新产品，以科研、技改创品牌，更好地参与到国际粮食企业的竞争中①。

2. 加强粮食市场体系建设，搞活粮食流通。市场经济环境下，粮食产业的生存与发展必须要以市场为基础，没有市场的完善，粮食产业的发展也就无从谈起，因而要加强粮食市场体系的建设。

首先，培育新型的市场主体。依照市场形成和发展的规律，在粮食主产区重点培育建设几个大型粮食批发市场，使之成为规模较大、功能完善、设施齐全的现代化粮食交易市场，逐步做到既有现货交易又有期货交易，既有批发经营又有竞买拍卖，既有传统交易方式又有现代电子商务，使之成为有强大市场辐射功能的粮食批发交易中心和信息中心。这样做的目的在于稳定粮食市场价格，降低粮食的交易成本和流通费用，提高粮食产品在国内外市场的竞争力。

其次，进一步规范粮食市场秩序。要建立和健全粮食市场监管制度和信用制度，要出台相应的专业法规和管理条例，确保规范化的市场环境和市场秩序，在市场准入、市场交易和市场退出环节构建完善的体系。建立和健全维护市场秩序的社会信用管理体系：一是着力强化各类粮食市场主体的信用观念和信用意识；二是着力强化粮食市场主体的信用立法和执法力度；三是着力强化粮食企业内部的信用管理；四是着力强化信用中介行业的市场化发展；五是着力强化行业协会等民间的自律管理。同时要健全粮食市场交易规则，规范市场交易行为，坚决打击无照经营、非法经营粮食的行为，维护粮食市场秩序，为交易者创造公平、公正、公开的市场竞争环境。加强对粮食品质的监管，严格质量检测，坚决打击假冒伪劣行为。

3. 加强宏观调控，完善政府职能。各级政府应进一步转变职能，建立起符合市场经济要求的运作机制和管理体制，努力提高对粮食产业化经营工作的领导和服务水平。深入研究和预测国内外的粮食市场动态，为企业和农民提供准确的市场供求信息，完善粮食流通调控机制，形成统一的粮食管理体系。打破粮食生产、加工、内贸和外贸的分割管理和地方封锁，促进国内统一的粮食流通体系的形成。指导企业和农民的生产经营活动要从过去用行政手段抓粮食转到用经济手段抓粮食，从主要重视粮食生产转向重视龙头企业建设，从依靠行

① 董若愚、伍万云：《产业化经营是保护农民种粮积极性的必由之路》，《安徽大学学报》2005 年第 11 期。

政指挥转到加强优质服务。要积极营造粮食产业化经营的发展环境，在政策、投入、税收、信贷等方面予以支持，在司法等方面予以保护，有效协调解决粮食产业化经营中遇到的新情况、新问题，以推动粮食产业化经营的稳步发展。

二、新型粮食流通体制的建立

流通环节作为连接产销的重要纽带，在整个粮食产业的链条中占有着极其重要的作用。中国的粮食流通体制经过了多次的调整与改革，但是仍然存在着许多的问题和缺陷，表现为市场主体的缺失、批发市场建设滞后、市场功能不完善以及没有现代化的物流服务体系等诸多问题。未来的粮食流通必将逐步克服这些问题向更健全和完善的方向发展。

1. 市场主体趋于成熟完善。首先，培育成熟的市场主体。这是健全和完善粮食流通体制的关键步骤和核心人物。脱胎于传统计划经济体制的国有粮食企业到目前为止有些粮食购销企业还未完全做到政企分开，改革发展滞后，因而未能成为成熟的市场主体，以改革为动力加快粮食市场体系的培育和完善显得尤为重要。在推进粮食市场体系建设的过程中，要以政企分开为前提，促使国有粮食企业义无反顾地走向市场；以产权改革为关键，促使国有粮食企业重组为股份制或股份合作制企业；以机制转换为重心，促使国有粮食企业建立健全完善的企业机制；以结构调整为主线，促使国有粮食企业建立适应现代市场经济体制的产业结构和产品结构；以产业化经营为途径，促使国有粮食企业实现产供销一体化经营；以科技进步为手段，促使国有粮食企业不断增强核心竞争力和提高科技含量。通过以上措施的实施，使国有粮食企业在全国粮食企业中成为真正的市场主体，相信在未来的发展中一定会形成成熟完善的市场主体。

其次，整顿粮食批发市场，搞好市场的规划布局。明确各类批发市场的划分和定位，以商流为主的全国性批发市场是全国的大宗粮食交易中心、价格形成中心、信息集散中心和国家粮食宏观调控的“支点”，因此必须要达到相当规模。作为全国性的粮食批发市场应依靠市场竞争自发形成，而不能完全由国家有关部门批准认定。区域性粮食批发市场主要是面向本区域内的粮食交易和集散，以现货批发交易为主，可以有步骤地开展中远期合同业务。

要根据区域、商品自然流向和辐射面调整批发市场布局与结构。区域性粮食批发市场建设要符合经济原则，切忌用“行政区域”取代“经济区域”，造成重复建设和资源浪费。对一些交易量少、辐射面小、相互距离较近的市场，要采取兼并、联合、关闭等办法进行整合，缺少区域性粮食批发市场的地方要积极建设。

要建立健全各项规章制度和管理办法，提高市场管理水平，扩大市场功能，降低交易费用，凭借优质的服务增强市场的吸引力和凝聚力，吸引广大交易者进场交易。

未来的市场将会由“行政主办型”转换为“企业主办型”，市场产权制度更为清晰，市场运行过程更为高效，市场投资主体更为多元化。

再次，发展粮食期货交易，完善市场功能。国家应根据粮食购销市场化改革的进展和粮食流通发展的需要，适时推出现货基础好、辐射面广的粮食期货品种上市，有效利用期货市场进行套期保值，规避风险，不断扩大粮食期货市场。引导农民根据期货市场的价格信息，合理调整种植结构，增强农民参与市场的意识，鼓励农民通过多种形式参与粮食期货交易，从而规避市场风险。要尝试利用期货市场进行储备粮推陈出新，保值增值，强化吞吐效果，充分发挥期货交易的价格发现和规避风险的高层次市场功能。在发展的同时，要加强对期货市场的监管，健全大户报告制度、涨跌停板制度、最高持仓制度，严格制裁违法乱纪行为，防止操纵市场，抑制过度投机。在《期货暂行管理条例》的基础上，制定和完善适合市场经济体制和稳步发展期货交易需要的《期货市场法》，把中国粮食市场体系置于法制轨道之上。

2. 粮食流通宏观调控体系的建立。粮食流通宏观调控是指政府部门依据客观经济规律的要求，从稳定市场秩序、保障粮食供应、实现粮食安全和促进经济社会全面协调可持续发展的战略高度，对粮食流通的整个运行过程所进行的调节和控制。从传统的计划经济向社会主义市场经济转变的过程中，人们逐步认识到加强粮食宏观调控的必要性。这是因为：第一，市场经济有其自身的弱点和不足，表现为自发性、盲目性和滞后性，因此需要政府进行必要的宏观调控加以引导和纠正；第二，农业生产的丰歉变化会对粮食市场产生较大的波动和影响，加剧粮食市场的不平衡，为稳定市场，保护生产者和消费者的利益，需要政府进行宏观调控和管理；第三，现存市场机制不完善、改革措施不配套，需要加强宏观调控弥补其不足。

未来的粮食流通宏观调控体系必将在分析和借鉴发达国家成功经验的基础上，结合中国的国情实际，形成具有社会主义市场经济特色的粮食流通宏观调控体系，以促进粮食生产和流通的高效运作。

3. 实现粮食流通的物流化。物流是以科学的方法、经济的头脑、协作的态

度、系统的观念对货品的组织和提供，粮食流通以其固有的特点天然适用于物流。粮食物流体系是粮食流通顺畅运转的支撑，是粮食商品实体运动存在和发展的基础。中国的粮食现代物流业还处于发展阶段，粮食物流从粮食生产的合理布局开始，经粮食收购、储存、运输、加工到销售服务的一系列实体运动取决于物流体系的规范建设和功能完善。长期以来，政府一直是中国粮食现代物流主要项目规划投资的主体，市场导向的投资机制不完善，大型粮食企业建设的缺位，使中国已建立的具有现代粮食物流模式的四大“粮食走廊”未能充分发挥应有的作用。国家级大型粮食企业物流功能不全，在中国粮食现代物流中未发挥龙头作用与规模带动作用。粮食物流节点上的粮食大企业经营分散、缺乏产业关联度，影响了中国粮食物流资源的有效整合与粮食现代物流系统作用的发挥。

未来的发展需要更好地发挥政府宏观调控职能，促进粮食流通效率的提高，加强粮食物流支持体系的建设，建立符合国情、粮情的现代粮食物流体系。在提高粮食流通效率总目标下，通过建设网点布局合理、技术装备水平较高、环节衔接密切的粮食物流基础设施，实行“公、铁分流”、“水、铁分流”等经济合理的运输方式，提高粮食物流决策和管理水平，通过加强信息沟通和信息交流等措施来促进规范协调、功能完备、科学合理的中国粮食物流新格局的形成。

三、粮食制品绿色化和优质化

随着经济的发展和人民生活水平的提高，人们对健康的关注程度日益加强，而食品是维系生命和保证健康的基础，绿色食品作为一种健康无污染的安全食品越来越受到人们的青睐，粮食绿色化无疑是今后发展的方向。中国绿色食品产业始于20世纪90年代初，尽管历史不长，但保持了全面、健康、快速发展，绿色食品生产已逐渐呈现出规模化、商品化和品牌化的态势，已成为一个极富成长性的新兴产业，具有良好的发展前景。

（一）绿色食品产业发展现状

绿色食品，是指遵循可持续发展原则，按照特定的标准和生产方式生产，经专门机构认定，并许可使用绿色食品商标标志的安全、优质、营养类食品。绿色食品并非指“绿颜色”的食品，而是对“无污染”食品的一种形象的表述。所谓“特定的生产方式”是指在生产、加工过程中按照绿色食品的标准、禁用或限量使用化学农药、肥料、添加剂等物质，对产品实施全程质量控制，依法对产品实行标志管理。绿色食品是中国在农产品和食品安全认证领域的一项重要创举。在国外绿色食品亦称生态食品、有机食品、天然食品等等。

中国绿色食品经过十几年的发展，逐步创立了“以技术标准为基础、质量认证为形式、商标管理为手段”的发展模式，在推动中国农产品质量安全认证、发展安全优质品牌农产品中起到了十分重要的示范带动作用。一直以来，绿色食品事业遵循保护生态环境、促进农业可持续发展、保障食品安全、增进消费者健康的宗旨和理念，按照产品无污染、安全、优质、营养的特定品质要求，实施“从土地到餐桌”全程质量控制的技术制度，坚持走“质量认证与商标管理相结合”、“政府推动与市场拉动相结合”的发展道路，保持了快速、健康的发展，打造出一个个在国内外具有较高知名度和影响力的精品品牌，取得了显著的经济、生态和社会效益。

但是，从绿色食品目前的发展情况来说看，还存在着一些问题：

1. 消费者的认识不足，消费观念淡薄。虽然近几年绿色食品产业发展较快，但由于中国长期以来对农产品和加工食品的要求一直是数量和基本营养，国家的宏观政策和消费者的注意力对食品安全性的关注不是很显著。目前，有相当一部分的消费者对绿色食品还不认识、不了解，只是对“绿色食品”这个名词有一定的认知，但对绿色食品的相关深入认识还很不够，甚至存在着误区，以为纯天然或野生的食品就是绿色食品，只知道绿色食品价格高、污染小，对绿色食品的经济价值、社会价值、生态价值缺乏进一步了解，从而使得绿色食品在中国蕴含着巨大消费潜力，未能形成现实意义上的有效需求。要想把潜在的需求变成有效的现实需求，需要做一定的工作引导消费者充分认识、了解绿色食品及其对保护生态环境、促进人体健康等方面的作用，从而促使消费者自觉购买、使用绿色产品。

2. 市场份额占有率低。由于在生产过程中限制或者禁止使用农药等人工合成物质，限制转基因等某些先进农业科技的应用，使得绿色食品不能大量生产，加上认证、加工、储藏、检验、包装等各环节的特殊要求，绿色食品生产和管理的成本要远高于普通产品，由此造成绿色食品的市场价格比普通食品的价格高出几倍甚至更多，这就使大多数消费者望而却步，无法使绿色食品成为人们餐桌上的“主角”，较之普通食品而言其市场占有率还很低。

3. 产品结构不合理。中国绿色食品产业结构不尽合理，表现为品种单一，初级产品、低级产品多，深加工产品少，产品附加值不高，产品加工链短。相对于普通食品，绿色食品生产规模太小，绿色食品年产量还不到全国普通食品年产量的1%。在绿色食品生产及销售市场上，近一半是粮油、乳制品产品，而消费者最为关心和市场需求较大的肉、禽、蔬菜、水果等绿色食品及其深加工产品较少，因此，现有的绿色食品无法满足人们对食品日益多样化的需求。

4. 市场体系不规范。绿色食品是一个“从土地到餐桌”的系统工程，中国各省市绿色食品办公室受中国绿色食品中心委托行使产品认证和监督管理等职能。但长期以来许多省市绿色食品办公室不在政府序列，缺乏行政管理和规划等职能，很多县、市还没有建立相应的组织和机构，绿色食品组织体系不健全，而且分布在农业、经管、农工部、计委、科委等不同部门，工作侧重点也各不相同，不能完整地反映整体要求，这需要统一协调的管理体制，以做到职责分工明确，行动统一协调有力①。

5. 政府扶持力度不够。绿色食品产业是一项高技术、高投入的产业，在生产过程中要求使用大量的人力、物力和财力，因此成本较高，而且其生产手段和技术有异于常规农业产品，产量较之普通食品要低，经济效益不高，在一定程度上影响了企业和农户的信心，这就需要政府部门加大扶持力度，给予相关的投入支持。但是，目前国家及各地方政府在农业投入中用于绿色食品项目建设的极少，政府在这方面的投入不够。

（二）绿色食品产业发展的必要性

1. 保障人民的食品安全。民以食为天，食以安为先。保证人民的食品安全是维护最广大人民根本利益的具体体现和基本要求，同时也是坚持以人为本的科学发展观和构建和谐社会的集中体现。绿色食品的生产要求农产品的产地环境符合绿色食品加工要求，并且要严格执行绿色食品标准化技术规范。在具体的生产中要避免或限制使用化学肥料、农药和植物生长调节剂等，这是解决农产品质量安全的根本措施，是保障人民食品安全的重要举措。

2. 实现农民增收、提高农业综合竞争力。当前农村经济工作的主要任务和现代农业的追求目标就是要实现农业增效和农民增收。农民增收的基本途径是增加农业生产性收入，而发展绿色食品产业正是一个增加生产性收入的有效途径。因为绿色食品产业适应市场的需要，有利于提升农产品质量和市场竞争力，有效地促进农产品优质优价，实现农业生产性收入的增加。国内外市场表

① 谢海燕、朱洪海：《中国绿色食品产业发展中出现的问题》，《湖北植保》2007年第2期。

明，绿色食品的价格比一般食品的价格要高，而且市场需求持续高速增长，在经济全球化背景下，发展绿色食品产业是大幅度提高农业产业整体经济效益、有效增加农民收入的重要途径。

绿色食品产业在各级政府和有关农业部门的积极推动下，以及在市场需求的有力拉动下，在短短几年内获得了长足发展，并且形成了具有鲜明特色的发展模式，打造出了一批安全优质的农产品精品品牌，培植了一批绿色食品产业化大基地和大企业，有力促进了各地资源优势发挥，辐射带动了当地农户和周围农户的标准化生产，增强了农产品的市场竞争力。所以说，发展绿色食品产业，既是解决农产品质量安全的重要措施，也是新时期促进农产品生产区域化布局、标准化管理、产业化经营、品牌化发展和持续增强农业综合竞争力的有效途径。

3. 推动外向型企业发展。21 世纪是绿色消费的世纪，在经济全球化的大环境和中国加入 WTO 后国际农产品市场不断筑高质量安全“绿色壁垒”的大环境下，国内外市场纷纷制定严格的农产品安全市场准入制度，对入市农产品实行严格质量安全检测。实践证明，发展无公害的绿色食品已是提高农产品质量安全水平、打破农产品国际贸易技术壁垒、扩大农产品出口创汇的重要手段。通过加快发展国家质量安全认证的无公害绿色食品来构建农产品质量安全大省，已成为不少省市提高农产品市场竞争力和抢占国内外市场份额的重要战略手段。

4. 促进农业标准化、实现农业可持续发展。农业标准化和可持续发展，是建设“资源节约型、环境友好型”和谐社会的重要基础，也是现代农业发展的根本要求。绿色食品产业推行“保护环境、清洁生产、健康养殖”的可持续生产方式，现已形成较完备的与国际质量标准接轨的产地环境、生产加工技术、产品质量和检验检测等技术标准体系。目前，在全国范围内已创建了大批的国家级绿色食品原料标准化生产基地，在推进农业标准化生产、提高农产品质量安全水平中发挥了示范作用。绿色食品的标准化、无公害生产，实现了基地环境、生产过程、投入品使用、产品质量的有效监管，控制和减少农药、化肥等农业投入品对生态环境的污染和破坏，有利于保护农业资源、改善生态环境、减少农业污染，是现代农业可持续发展的重要实现形式。

（三）绿色食品产业未来发展对策

发展绿色食品产业，要立足市场，以市场需求为导向，并且要结合实际情

况有效开发。另外，绿色食品产业是一项关系公共健康、生态保护和农业增效、增收的公益性事业，推动绿色食品产业发展是政府公共服务的职责所在。因此，发展绿色食品产业既要发挥市场机制的作用，又要运用政府职能，给予政策引导和支持，形成政府加市场良性互动的长效发展机制。

1. 开发有效需求。尽管绿色食品是健康食品，代表了食品产业发展的新方向，但由于对绿色食品的整体宣传力度不够，致使许多消费者并不十分清楚什么是绿色食品，对绿色食品没有一个正确的认识，加之绿色食品的价格也比普通食品要高，由此造成了消费者的绿色消费观念淡薄，市场需求有待开发。因此，要充分利用各种媒体加强对绿色食品的宣传，使消费者了解绿色食品的基础知识，以及绿色食品对生态农业和可持续发展的意义，让绿色食品消费观念深入人心，使人们树立绿色食品消费观念，增加有效需求。

2. 推进产业化经营。发展和壮大绿色食品产业，逐步建立起“生产基地—龙头企业—品牌—市场”的产业链条，建设商品基地，做大做强龙头企业，使之带动绿色食品产业的发展，进一步培育市场体系，大力推进绿色食品的产业化经营。

3. 整合多方投资。绿色食品产业投入较大，仅靠公司和农民自身的投入是远远不够的，为实现绿色食品的规模化、产业化发展，必须拓展融资渠道，吸引包括政府、企业、个人等多种投资资金，才能保证绿色食品产业化顺利进行。

未来的粮食产业将使生产、加工、转化、储藏和运销等诸环节更加合理和优化，在粮食产业市场化、粮食流通新型化、粮食产品绿色优质化方面取得更大的进步。

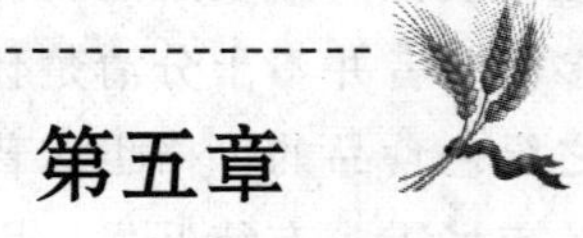

第五章

国外支持粮食产业发展的财税政策体系研究

第一节　发达国家支持粮食产业发展的财税政策体系研究

农业是国民经济的基础，各国对农业经济的干预远远超过对国民经济其他部门的干预。粮食是关系人类生存和国家经济安全的商品，作为农业中的一个重要组成部分，粮食产业的发展一直以来都受到各国政府的重视。因此，确保粮食安全是政府农业政策的一个主要目标，而支持粮食产业发展是实现粮食安全的一个重要措施。纵观各发达国家支持粮食产业发展的各种政策，对完善中国粮食产业发展现状有重要的意义。

一、美国支持粮食产业发展的财税政策体系研究

美国是一个农业高度发达的国家，其国土面积936万平方公里，耕地面积1.29亿公顷，人均耕地0.84公顷。美国幅员辽阔，自然条件好，大部分地区土质肥沃，地势平坦，且气候温和，适宜农作物生长。凭借其优越的自然条件，美国在短短的200年时间使得农业发展到了相当的高度。20世纪40年代，美国已经实现了农业机械化；70年代，又比较全面地实现了农业现代化，从而

使得农业生产率迅速提高，农业人口在总人口中的比重不断下降。美国已是世界上农产品生产和出口大国。粮食生产在美国农业生产中占有重要地位，虽然其人口仅占世界的5%，但其粮食总量却为世界粮食总量的1/5，出口粮食约占世界粮食出口量的一半，库存约占世界粮食库存的30%①。除了优越的自然条件，美国政府在粮食产业发展中的作用也是不容忽视的。

（一）价格收入支持政策

农业往往是弱质产业，所以农场主的收入一般比其他产业低，且无法享受到和其他产业居民一样日益提高的生活水平。在农业生产者出售粮食时，政府采取价格收入支持政策给予价格上的支持。该政策的目的是把其他纳税人和消费者的收入转移到农场主手中，这在本质上就类似于财税政策。这种政策起源于1933年的美国《农业调整法》，主要政策工具如下：

1. 无追索权贷款。农产品信贷公司是根据1933年《农业调整法》的规定在美国农业部支持领导下成立的全国性机构。它的主要任务是："通过贷款、收购、补贴和其他方式，执行农产品价格支持政策，保证各方面对农产品的需要，处理剩余的农产品，增加国内消费和扩大出口。"② 在小麦等7种粮食的市场价格低于支持价格时，农场主可以暂时不出售这种粮食，而以它做抵押，从农产品信贷公司取得贷款。确切地说，无追索权贷款指的是：当年的粮食收成后，农场主用这些粮食作为抵押，从农产品信贷公司获得10个月的短期贷款。这种贷款的目的是使农场主不急于把手中的粮食出售，而等待比较有利的市场价格。在贷款到期之前，如果粮食价格高于贷款率，则农场主可以选择出售粮食，所得的收入一部分用于偿还贷款本息，剩余部分归农场主；若粮食的市场价格低于贷款率，则农场主在贷款到期前不归还贷款，用粮食作为抵押交给信贷公司，信贷公司无权追索粮食市场价格与贷款率之间的差价。农民如果想接受政府的无追索权贷款，就必须按规定休耕一定的面积，即接受政府对生产的限制。农民也可以不接受政府的生产限制，但是这样就不能享受到政府的价格保护和补贴。

无追索权贷款的效果取决于：（1）支持价格水平的高低，是高于市场均衡价格还是低于市场均衡价格。（2）对生产有无约束措施，以及是否很好地实现

---

① 冯志强：《美国粮食经济简述》，《粮食科技与经济》2009年第3期。

② 联合国粮食及农业组织：《各国粮食政策》，1975年版，第255页。

这种约束。(3) 农民对市场的判断以及对此政策的参与程度。

所以，这项政策的不足之处在于：为了支持农民的收入，支持价格不能定得太低，但是如果支持价格定得太高，又会造成政府粮食收购和库存的大量增加乃至不堪重负。此外，这种措施也使得本国的价格与国外的产生分离导致扭曲。所以，美国政府相继修改了这项政策并且引入了补贴政策①。

这种支持价格政策于1996年在农业法中得到修改，继续保留了基本的无追索权贷款，但要求农场主必须保留一部分粮食作为从政府那里得到贷款的抵押，并对粮食的贷款率做了一定的修改。农民在粮食市场价格低于贷款率时，不仅可以把粮食交给信贷公司，还仍然可以以市场价格出售粮食，并向信贷公司获得市场价格与贷款率之间的差额补贴。这样不仅可以避免政府大量的财政支出和粮食堆积，而且可以不影响到粮食的市场价格。

在2002年通过的新农业法中，这种支持价格政策继续保留，被称为“营销援助贷款和贷款差价支持”，在做法上与1996年没有实质的变化，仍然是无追索权贷款的延续，只不过提高了粮食和部分农产品的贷款率。

2. 直接补贴。1996年，为了适应WTO协议的要求和提高补贴的效率，美国政府颁布了《1996年农业法案》，较大幅度地修改了原先的农业法，逐步降低农产品价格支持而转向农民直接收入补贴。只要农场主与政府签订环境资源保护等计划并一次性签订7年的“弹性生产合同”，即可得到补贴，其补贴按平均补贴基准和农民种植合同面积计算。

《1996年农业法案》实施以后，政府不再通过粮食储备去纠正粮食市场价格的扭曲，而是简单支付粮食加工商收购价和农民维持农场可持续经营的价格差。市场价格高，政府减少补贴；市场价格低，则增加补贴。在1995～2002年间，美国提供了1140亿美元的农业补贴，年平均142.5亿美元补贴中，80%流入农民和农作公司，12.5%用于水土保持项目，另外7%用于自然灾害救助方面②。

在美国，虽然农业生产率已经达到很高的水平，但是与其他行业相比还属于弱质行业，其人均收入水平只相当于美国人均收入水平的60%。又由于美国农产品过剩，且过度依赖国际市场，农民面临很大困境，于是政府于1998年向农场补贴60多亿美元，1999年又向美国农场补贴80亿美元，这些补贴直接

---

① 柯炳生：《美国的粮食政策》，《农业经济问题》1994年第5期。

② 周立、刘永好：《粮食战争》，机械工业出版社2008年版，第38页。

补贴给农场主。美国农业人口只有400多万人，而常住农场人口只有200多万人，所以美国政府对农场的补贴相对比较容易见效①。

在2002年新修改的农业法（以下简称“2002年农业法”）中，直接支付这一政策继续得到实行。直接支付数额是支付面积、支付单产和支付率的乘积。2002年农业法将支付基期由1991～1995年调整到1998～2001年，支付面积是农场基期种植面积平均值的85%，支付单产仍然采用1995年确定的水平，而支付率则在2002年农业法中做了明确的规定。与1996年相比，2002年农业法将大豆、花生和其他油籽纳入了补贴范围，扩大了对农民收入的支持范围。

3. 农场主农产品储备计划。20世纪70年代中期，为了减少日益增长的粮食库存，1977年美国农业法制定了为期4年的农场主拥有的储备计划，鼓励农场主把一部分粮食先储备起来，退出市场供应，以防止粮食市场价格的继续下滑和将来谷物市场的供应短缺。参加农场主拥有的储备计划的谷物包括小麦、大米、玉米、高粱、大麦和燕麦。凡是参加储备计划的农场主都要和农产品信贷公司签订合同。按合同规定，农产品信贷公司向农场主提供储存费和无追索权贷款，而农场主则以粮食作为担保，把它们储存起来，并保证质量。粮食一旦储存起来就不能随便出售，否则就要受到处罚。但是当市场价格超过了储备计划的让与价格，农场主可以偿还贷款，将谷物退出储备计划，也可以不退出，但是不能从政府那里得到储存费，却仍可以保留低利贷款。若市场价格持续提高，高过了储备计划规定的赎回价格，农产品信贷公司则可以要求农场主在一定时期内归还贷款。

20世纪80年代中期，农产品储备计划的库存达到了历史最高，之后就迅速下降，到了1995年，农产品储备计划几乎没有了库存，所以，《1996年农业法案》就暂时中止了此计划。

以上的粮食价格和收入支持政策在一定程度上对美国的粮食产业起到了扶持的作用，但是，从另外一些方面却产生了负面影响：

1. 政府背上了沉重的经济负担。从1933年取消了“加工税”之后，为了继续实施支持价格计划，这方面的开支都由政府拨款支付，这就加大了财政的压力。在过去的20年，美国政府一直在提高对农业的直接补贴，粮食产业利润的1/3来自政府补贴，但美国政府却年年巨额赤字。

2. 政策的效果并不尽如人意。首先，政府采取此政策是为了稳定粮食的市

① 杨卫路：《美国的粮食保护策略》，《中国粮食经济》2000年第4期。

场价格，使之稳步提高，但是，粮食价格的上涨远远赶不上工业品及其他商品和劳务价格上涨的幅度，这就使得农场主出售粮食所得的收入与他们购买生产和生活资料的支出之差越来越小。其次，政府的补贴分配结果并不合理，越来越向大农场主集中，而多数中小农场补贴甚少，甚至没有任何补贴，这就加剧了美国各利益集团之间的矛盾。

（二）农业信贷政策

农业信贷政策是在20世纪的上半个世纪逐步形成的。随着农业机械化程度的提高、各种现代化技术的应用以及土地价格的上涨使得农业的开支增加，农场主要把大部分的现金收入作为生产费用，为了维持生产，他们需要巨额的资金。但农业是个高风险的产业，大多的私人信贷机构通常不愿意向农场主提供贷款，即使愿意，期限也较短，所以，只能把希望寄托在政府身上。

纵观20世纪，将近有3/4个世纪的信贷政策的发展都是为了保证农场主在需要时得到贷款，最终更有效地利用资源，扩大农场主的所有权，增加农场主的收入，提高农业的生产效率。目前，联邦政府的农业信贷计划可以划分为三大类：

1. 由政府赞助的信贷机构提供的信贷计划。政府赞助的信贷机构是指由联邦政府特许的执行特殊信贷职能的金融媒介。在美国，这种信贷机构有7家，但是属于农业信贷体系的有：合作社银行、联邦中间信贷银行、联邦土地银行。1933年以后，农业信贷体系包括了四个部分：（1）12家联邦土地银行及地方上的联邦土地银行协会，专门向农场主提供长期不动产抵押贷款。（2）12家联邦中间信贷银行，提供生产和销售的中、短期贷款。（3）12家生产信贷公司，由它们组成若干地方生产信贷协会向农场主提供生产贷款，并由联邦中间信贷银行提供贴现，因此，在业务上，联邦中间信贷银行和地方生产信贷协会组成了一个贷款系统。（4）13家合作社银行，向各种农业合作社提供贷款①。

2. 由政府提供保证的信贷计划。政府提供的担保贷款有两种，即有保证的贷款和被保险的贷款。当农场主对贷款不能如期归还，政府可以为农场主支付由私人信贷机构提供的贷款的本金与利息。此类贷款把一部分风险转嫁到政府身上，实际上是把私人贷款变成一种类似于政府的直接贷款。由于取得贷款利

---

① 徐更生：《美国农业政策》，经济管理出版社2007年版，第186页。

率较低等一些有利的条件，这项贷款有助于农场主把资金用于自己需要发展的活动中。

3. 政府的直接贷款。直接贷款是由联邦信贷机构提供的贷款，其目的是用于特殊的用途。当私人信贷和有保证的信贷不能满足需求时，往往就要动用直接贷款。它的利率有时比商业信贷低得多，而偿还期则要更长些。包括以农场主手中的农产品作为抵押的无追索权贷款和农场主家庭管理局发放的维持农场主实现自助经营的贷款。

美国的农业信贷体系有以下几个特点，即：

（1）农业信贷体系比较完整，贷款网点密集，任何地区的农场主都可以根据不同用途向不同的信贷机构申请贷款，贷款的方式多样化并且品种丰富。

（2）美国农业的资金总额很大，但是，联邦政府仅仅在信贷机构创立之初从国家预算中提供部分财政支援。农业信贷机构的主要资金来源是自己发行股票和债券，这样减轻了联邦政府的压力。

农业信贷体系原先一直被认为是美国金融市场上最安全的信贷机构，但是，随着美国农业经济状况的恶化，使得农场主的债务过高和还款能力不断下降。以至于一部分贷款难以收回，也对财政产生一定的压力。

（三）税收政策

除了财政上的补贴支持，在税收上，美国政府对粮食及其他农产品也有相应的政策。虽然美国没有专门的农业税收法，但考虑到农业这一特殊行业，只要涉及农业方面，税收都会给予一定的优惠，以加强对农业的扶持。主要表现在：

1. 个人所得税优惠。

（1）现金记账法。美国政府规定农场主可以选择适合自己的记账方法——权责发生制或现金记账法。而对于其他行业一般只允许采用权责发生制。现金记账法只要求农场主在收到售出农产品的贷款后才向税务部门报告，而所发生的生产费用支出可在当年的收入中全部扣除。也就是说，农场主可以通过从当年的收入中减去购买明年使用的化肥、农具、种子等物品的费用来减少应纳的税收。在当年尤其是使用各种金融方式促销商品的非短缺经济时代，款项滞后的现象很普遍，这项措施给农户带来了好处。

（2）资本开支扣除法。所谓“资本开支”是指用来购买厂房、机器设备等固定资产的开支。通常这种开支是不能在支付的当年全部应纳税收的收入中全部扣除，而是要逐年分摊。但是，考虑到农业的特殊性，农场主可以让“资本开支”在当年的收入中一次扣除，而不需要把它们资本化，然后在一个相当长的时间内分摊扣除。所以说，农业资本开支中的收入和支出是不同期的，这就大大鼓励了农业投资。

（3）资本收益的税额减免。对于出售固定资产而引起的盈余或是损失在赋税上也有特殊的处理：长期的资本收益的40%是应该纳税的，而资本损失的40%可以从收入中扣除。这对于农场主是很有利的，他们拥有的相关资产都属于长期资本资产。所以，只要农场主拥有它们的时间超过一年都可以产生资本收益。例如，农民出售固定资产的收益可以作为长期资本收益，享有60%的税额减免。这不仅大大鼓励了民间对农业的投资，同时也延长了投资滞留在农业上的时间。

2. 遗产税优惠。遗产税是对由于所有者死亡而转移的财产所收的税。1976年，税法在农业部的强烈要求下为农场主提供了两个方面的优惠：

（1）按使用价值估算。为了减轻农业继承人的负担，税法允许农场主按农地的使用价值来估算它的价值，而不采用它的市场价值，这种方法可以使农地的价值降低30%～70%，从而减少农业的税收负担，促进农业发展。

（2）延缓遗产税的支付期限。一般来说，遗产税应该在财产拥有人死亡后9个月缴纳完毕，但是法律对农场主制定了一些特殊规定：农场主的遗产税可以在财产拥有人死后5年开始缴纳并在一个更长的时间内分期缴纳完毕，在这个时期内，未缴纳的遗产税按4%的年利率支付利息①。

从政策中可以看出，美国非常重视税收政策对农业的支持，但是，由于以上政策使得农业投资变成了农场主合法逃税的避税所，并且为了取得某些税收优惠，农场主往往改变生产管理实践。为了限制这种情况，美国国会于1986年通过了税收改革法，这对于像粮食产业这样的农场主而言，税收负担并无重大变化，但是对于以投资为主的农场主，则加大了纳税力度。

（四）鼓励出口政策

由于美国农业过于发达，粮食产量远远高于国内需求，过剩的粮食必须在国际市场上找到出路。为了缓和国内粮食过剩，美国政府始终积极扩大粮食出口，在世界市场上实现它们的价值。美国鼓励粮食出口的政策主要包括以下内容：

1. 保护关税。1920年农业危机爆发后，美国颁发了《紧急关税法》，对本

① 杨焕玲、孙志亮：《美国农业税收政策及其对中国的启示》，《改革与开放》2008年第4期。

国的粮食出口减免关税，而对部分威胁到本国的外国粮食进口加收关税。

2. 出口补贴。由于 1933 年农业法改革对农民给予粮食价格补贴，所以，美国的粮食价格往往高于国际市场的价格，美国政府为了防止出口商因高价买进低价卖出而造成损失，政府给予他们一些补贴。但是，出口补贴是随着国际市场价格的变化而变化的，当世界粮食过剩、价格下跌的时候，政府对出口商发大量的补贴；但是当粮食紧缺、价格上涨时，政府认为没有补贴的需要了，就会停止补贴。所以，当 1972 年国际粮食价格普遍上涨后，从 1973 年开始，美国停止了任何出口补贴计划，但是，1983 年当欧共体以补贴价格出售粮食时，美国恢复了出口补贴。并且为了扭转农产品出口下降的局面，美国政府于 1985 年签发了“出口促进计划”（EEP）。美国政府通过此计划向粮食出口商提供补贴，以弥补出口商向指定的目标市场出口粮食时，因为国内与国际市场价格的差额而带来的损失。

例如，当美国刚实施这项计划时，美国政府用于 1985 ~ 1988 年出口促进计划的预算是 15 亿美元，1988 年列入“综合贸易法案”后又追加了 25 亿美元的预算（用至 1990 年）。实际上，自 1985 年 5 月出口促进计划生效至 1989 年 7 月，通过这项计划补贴美国粮食出口已达到 29 亿美元①。

出口促进计划实施以来，使得美国扩大了粮食的出口，缓解了粮食库存的压力，使得美国占世界粮食市场的份额越来越大。

3. 出口信贷支持。

（1）进出口银行信贷和保证。早在 1948 年，在国外进口商得不到商业信贷的情况下，美国进出口银行可以提供这种贷款。但是目前，这种信贷的比例很小。

（2）出口销售信贷计划。根据农产品信贷公司的特许，为了促进农产品的出口，农产品信贷公司可以直接提供短期信贷。例如，国外进口商在买进美国的农产品之后，可以采用延期付款的方式在 36 个月内支付贷款。

（3）出口信贷担保计划（ECGP）。农产品的出口信贷担保计划是指为了减少农产品出口商的出口风险，并扩大本国农产品的出口，由农产品信贷公司为农产品出口商或是商业银行提供信贷风险担保。由于政府担保使得银行可以获得比国际贷款限额更多的资金，且期限更长，利率更低。这就把和出口交易有关的风险从出口商那里转到了信贷公司，这就使得农产品的出口保持在较高的水平上。并且目前，出口信贷担保计划已经成为农产品信贷公司主要的出口信

① 程国强：《美国粮食出口促进计划评述》，《外国经济与管理》1991 年第 9 期。

贷计划。

美国也是目前使用农业出口信贷担保最多的国家，它的农产品出口信贷担保由农产品信贷公司（CCC）专门负责，一共管理四个出口信贷担保计划，包括：出口信贷计划、中期出口信贷计划、供应商信贷担保计划和设备信贷担保计划。据统计，1999 财政年度，美国这四项计划支持下的登记农产品出口额达到 30 亿美元；2004 财政年度，美国农业部通过四项农产品出口信贷担保计划共提供了总额达 63 亿美元的农产品出口信贷担保。通过这四项信贷担保计划使美国的谷物出口额达 7.2 亿美元，小麦出口 1.06 亿美元。此外，美国还建立了七大出口信用保险政策措施来扶助中小企业，促进农产品出口①。

长期以来，为了使自己国家的农产品顺利出口，美国政府费尽心机，不过也取得了一定的成效。但是，美国历来标榜自己是实行自由贸易的国家，可是却在某些产品进口达到一定水平时，采取保护性措施。所以，如何在推进世界粮农自由化和处理本国与其他国家对于粮食关税和补贴的差距的矛盾中寻求平衡点，也是美国需要解决的切实问题。

二、欧盟各国支持粮食产业发展的财税政策体系研究

欧盟的前身是欧洲共同体，欧洲共同体是根据 1957 年签订的罗马条约成立的。目前，欧盟已经由当初的 6 个成员国家发展到现在的 27 个②。欧盟地区人口众多，土地资源匮乏，农场平均规模较小，多采取投入集约的技术体系。由于劳动和其他投入的成本高，欧盟不像美国在农业生产上有很大的优势。由于自然条件的限制，欧盟就必须依靠宏观经济政策来促进它的农业的发展。为了促进欧盟粮食及其他农业的发展，欧盟在 1960 年提出了建立共同农业政策的方案，1962 年逐步开始实施。当时设定的基本目标是：提高农业的劳动生产率；确保农业人员的“公平”收入；稳定农产品市场；保持农产品的合理销售价格以及确保农产品的供应。具体做到：对内实行价格支持、对外实行贸易保护。共同农业政策施行 40 年以来，其当初设定的目标基本实现，大力促进了

① 朱信凯、涂圣伟：《农产品出口信贷及新框架协议下的影响与对策》，《商业经济与管理》2005 年第 4 期。

② 欧盟 27 个成员国家是：英国、法国、德国、意大利、荷兰、比利时、卢森堡、丹麦、爱尔兰、希腊、葡萄牙、西班牙、奥地利、瑞典、芬兰、马耳他、塞浦路斯、波兰、匈牙利、捷克、斯洛伐克、斯洛文尼亚、爱沙尼亚、拉脱维亚、立陶宛、罗马尼亚、保加利亚。

欧盟农业的发展，但同时也产生了一些负面影响，农业开支加大，使得财政负担加重。另外，各国有时会为了各自的利益产生摩擦，所以自20世纪70年代开始，欧盟逐步对共同农业政策进行改革，以适应农业结构的调整。纵观欧盟的粮食产量由短缺状态到剩余，欧盟对于粮食的政策也处于不断变化中。

（一）保护价格政策

欧盟对于粮食的保护政策是基于共同农业政策（CAP），而保护价格政策是其中的核心内容。粮食保护价格体系是由目标价格、干预价格和门槛价格三种组成的。

1. 目标价格。目标价格是欧盟内部生产者渴望的最高价格水平，为粮食市场价格的上限。一般在粮食上市之前根据具体情况规定，各年度的目标价格和持续的年份都可以根据具体情况来改变。目标价格一般会高于市场价格，若当市场价格高于目标价格时，欧盟成员国政府就会按照目标价格在市场上抛售粮食，平抑市场。

2. 干预价格。干预价格实际上是一种保护价格或称为支持价格，它是指农民出售粮食可以获得的最低价格，是市场价格的下限，干预价格一般比目标价格低10%～15%。若市场价格持续下跌至干预价格以下，农民可以在市场上出售粮食，然后从欧共体在各国设立的农产品干预中心取得市场价格与干预价格之差的差额补贴；或者也可以直接将粮食按干预价格卖给农产品中心，这就保证了农场主的基本收入，防止粮贱伤农。

3. 门槛价格。门槛价格是指外部进口的粮食在进入欧盟时，必须限定在某一最低价格水平之上，防止外部价格低廉的粮食冲击欧盟市场。其大约等于目标价格减去外来农产品从口岸到欧盟内最短缺地的运输费的差额，一般在目标价格与干预价格之间。若进口的粮食价格低于门槛价格，就要征收差额税，以逼迫进口粮食按当地市场价格出售①。

正是由于欧盟的粮食保护价格政策正确的运用，促进了欧盟粮食供给和价格的稳定，促进了粮食产业的发展，从而欧盟的粮食产量也由短缺转变为剩余。欧盟由20世纪70年代的净进口实体变为80年代的主要农产品的净出口实体。但是，过多的粮食剩余使得政府的财政面临更大的压力，所以，为了顺应这一变化，欧盟的共同农业政策从20世纪90年代开始发生了转变，即相应降

① 严瑞珍、程漱兰：《经济全球化与中国粮食问题》，中国人民大学出版社2001年版，第426页。

低了价格支持水平，限制粮食的生产。在 2000 ~ 2002 年期间，对粮食的支持价格水平两年共降低了 15%，使欧盟的粮食价格更接近于市场价格①。

（二）直接补贴

当粮食产量出现过剩时，欧盟调整了粮食政策，降低了价格支持水平，为了维护农民的收入不因政策改革而降低，欧盟又实行了直接收入补贴政策。其主要是按粮食农场主的作物种植面积和休耕面积进行补贴。

1. 按种植面积补贴。为了弥补因价格支持水平的降低对农场主收入的影响，欧盟在 1992 年的共同农业政策中实行作物种植面积补贴（按粮食产量 60 美元/吨左右补贴，折合约为 350 美元/公顷）。现阶段可以享受此补贴的谷物产品有：软粒小麦、大麦、燕麦、黑麦、小黑麦、高粱、谷子、荞麦和玉米。具体的确定步骤如下：首先，以 1989 ~ 1991 年的平均单产作为各成员国享受面积补贴的平均单产，然后各成员国在保持本国平均单产不变的前提下，根据本国不同地区的单产水平将本国划分为不同的生产区，再确定不同生产区的单产水平；其次，用生产区的平均单产乘以补贴额，从而得到某种粮食作物每公顷面积补贴金额；最后，用每公顷面积补贴金额乘以农户某种粮食作物种植面积得到该农户应得到的这种粮食作物面积的补贴金额②。农户可以根据自己种植的作物面积来申请补贴，不同作物、不同年份、不同地区的补贴额都不一样。

2. 休耕补贴。为了解决粮食过剩的问题并且保持欧盟粮食的生产能力，欧盟实行了按照休耕面积来发放补贴。休耕补贴分为两种：一种是与面积补贴相联系的，每年与面积补贴一起申报，作为享受面积补贴的前提条件，大农场必须休耕 10%。另一种是多年性休耕，至少休耕 10 年以上。休耕地的总体要求是：休耕地不能裸露，至少应当绿化或者种草；休耕地不能施肥，不能施农药等等。

3. 环保补贴。20 世纪 60 年代以后，随着农业的发展，对于环境的压力越来越大。所以为了保护生态环境，1992 年欧盟的共同农业政策将环保纳入其中。欧盟采取补贴政策鼓励农场主进行粗放式经营，改善环境。欧盟对在种植中自愿减少化肥、杀虫剂、灭草剂的使用而受到经济损失的农场主给予每公顷最高 250 欧元的补贴。对农田休耕达 20 年并专门用于环保的土地，除给予现行

---

① 钟常：《欧盟：区别对待粮食短缺与过剩》，《经济日报》2006 年 5 月 11 日。

② 肖海峰、李鹏：《美国、欧盟和日本粮食生产能力保护体系及其对中国的启示》，《调研世界》2004 年第 11 期。

的休耕补贴外，还给予每公顷100欧元的补贴。正是由于这些形式多样的环保补贴对保护环境、稳定农民收入起到了重要作用。为了实施这些措施，欧盟各国都设立了专门的机构来负责咨询、监督和管理。

新改革的共同农业政策覆盖了欧盟75%的农业生产。改革之初的三年，在根治农产品大量过剩、供过于求、耗费开支等方面的成效超出了预期。欧盟的这种尽量不扭曲市场价格而直接将政策重心转移到对欧盟国家乡村地区的发展的做法十分成功。首先，它成功地降低了价格支持体系在整个政策体系中的重要性，将隐形的支持转变成对口的补贴，使得农业市场更加地开放与透明，农业竞争力也逐步提高。其次，欧盟将农业问题作为社会发展中的重要一环，而不是孤立对待，从保护环境、丰富生产形式和培养竞争力这样的长远方面出发，促进了农业的可持续发展①。

（三）税收政策

除了价格支持和各种补贴外，欧盟还在税收方面对粮食等农产品实行优惠政策。欧盟的农产品与工业产品一样纳入增值税范畴，但是，实际上各国都对农产品采取了优惠政策，带有很浓的“重农色彩”。

1. 实行免税。主要有法国、比利时、荷兰、意大利等国家，在这些国家若进行严格意义上的农业生产，一般没有纳税义务。而且，农场主把农产品出售给企业主可以获得营业额一定比率的已付进项税额。例如，比利时规定由农业产品的购买者支付这一补偿金，一般可以获得6%的补偿金。补偿金额允许从支付者应纳增值税中抵扣。而法国采取退税的办法，农场主的补偿金由税务当局支付。法国对购置农业器具给予10%的税收回扣，购买农机燃料免税，减少农业土地税9%。

2. 实行特别税率。主要有德国、英国、卢森堡及奥地利等。它们共同的做法是：虽然把农民纳入征税范围，但是对他们实施特别税率以降低他们的税赋。例如，德国向农场主收取的税种和税率就比其他职业的少得多、低得多。农民只缴纳土地税和所得税，不用缴纳其他税收和费用。

由于欧盟各国采取了许多优惠政策，欧盟农业生产领域实际上没有税赋负担②。

① 周彦：《从发展经济学角度看中国与欧盟的农业政策》，《当代经理人》2006年第4期。

② 郑淑臻：《中国与美国、欧盟农产品税收与补贴比较研究》，《上海金融学院学报》2006年第4期。

3. 关税保护。欧盟历来注重粮食的出口与进口贸易，因为欧盟的粮食生产较其他国家成本更高，所以往往在国际贸易中处于不利地位。因此从国外进口的粮食在欧盟市场上出售都要加上关税。这样人为地提高进口粮食的价格可以使本国的粮食处于价格有利地位。除了关税保护，欧盟也采取绿色技术壁垒，限制国外市场的绿色技术对本国的冲击。但是，2006～2007年由于气候反常，2007年的粮食产量比2006年减产1000万吨，使得欧盟从一个传统的粮食净出口地区变成一个粮食净进口地区，所以，欧盟于2008年暂时中止对除燕麦之外的粮食产品征收进口关税，以缓解欧洲市场粮食供应紧张和粮价屡创新高的局面①。

三、日本支持粮食产业发展的财税政策体系研究

日本位于太平洋西侧，总面积37万平方公里，是个人多地少，资源短缺的国家。第二次世界大战之中，日本的国民经济受到严重的破坏。虽然经过多年的努力有所缓解，但是长期以来，除了大米过剩以外，日本的粮食基本不能自给，依赖于进口，使得粮食的自给率只有40%左右。所以，日本政府更加重视对粮食产业的保护。

（一）价格支持政策

日本在20世纪90年代以前主要实行价格支持政策。在1942年开始实行的粮食管理法中，由于战争导致的粮食短缺，则政府对粮食供需和价格进行直接管理，类似于中国20世纪50年代的统购统销制度。随着不同阶段粮食产业的发展状况变化，日本也对粮食管理法做了不同的调整。二战之后，日本的经济得到了空前的发展，日本的粮食价格也一直处于上升趋势。为了消除越来越庞大的粮食财政赤字，日本政府改变了全部收购的计划，而实行一种自主流通米的制度，即政府只收购部分大米，其余的则自主流通。自主流通米的价格往往是买卖双方参照政府收购价格水平后确定的，一般比政府价格高。若农民不按照市场价格卖掉手中的大米，还可以把大米卖给政府，这就保证了农民的收入。

但是，这样的价格支持政策使得日本的粮食价格大大高于国外的粮食价

① 《欧盟拟对粮食进口暂停征收关税》，《中国粮食经济》2008年第4期。

格，为了避免国外大米对本国市场的冲击，日本就实施了包括关税在内的一系列影响贸易自由化的政策。所以，经过1993年的乌拉圭回合，日本废除了无法适应新环境的粮食法，取消了对大米等粮食作物的生产和流通的直接管理，而允许粮食自由流通。自由流通米价格变成了以供求关系为基础的自由竞争的市场价格，而政府收购价格不再是垫底价格，也要依照市场价格而确定。新粮食法促进了日本粮食的自由流通，这使得日本的粮食价格比原先水平下降了不少。

日本对粮食价格的支持政策，在一定程度上提高了农民收入，缩小了城乡差距。从1960年到1994年间，日本农业生产指数仅提高0.39倍，而农业总产值则增长达5倍之多，两者增速的悬殊可由农产品价格的提高来解释[①]。但是，粮价保护政策的消极影响不容忽视。由于政府过度保护粮价，粮食价格被人为扭曲，粮食市场丧失了调控供求关系的能力；与此同时，“超保护”以高价格为特征，粮价保护相当于保护落后的小农生产方式。农民依靠政策即可获得稳定收入，价格保护措施不利于粮食生产率的提高以及农产品竞争力的增强[②]。

（二）补贴政策

新粮食法的出台，使得日本对粮食的支持政策从价格支持转向了直接或间接的收入补贴支持。这样不仅有利于粮食的自由竞争，也可以在一定程度上保护日本的粮食产业发展。

1. 山区、半山区农户直接支付制度。日本的耕地中有40%是山区或半山区。由于自然条件的限制，山区的耕种条件比不上平原地区，抛荒现象十分严重。为了振兴山区，日本政府于2000年出台了《针对山区、半山区地区等的支付制度》，对山区地区的农户实行直接收入支付，弥补这类地区和平原地区的成本差异导致的收入差距，以调动当地农户的生产积极性。

从实施区域来看，日本政府根据《特定农山村法》等八项政策对山区和半山区进行界定。从支付的标准和额度看，具体支付标准是支付生产成本差异的80%，对每个农户的补贴上限为100万日元。补贴规模为每年700亿日元，补贴对象的面积大约为90万公顷。相当于平均每公顷补贴7.8万日元左右。从实施期限看，由于该制度的最终目标是将实施区域的生产率水平提高到邻近的非对象地区的水平，因而没有最终期限，第一期暂定为5年[③]。

---

① 张玉棉：《战后日本的农业保护政策及其效果》，《现代日本经济》1998年第6期。

② 江瑞平：《从粮食问题的不断恶化看日本农业政策的失误》，《农业经济问题》1990年第4期。

③ 秦富、王秀清等：《国外农业支持政策》，中国农业出版社2003年版，第5页。

2. 稻作安定经营对策。随着1995年新的粮食法的颁布与实施，原先的价格支持政策退出了历史舞台。为了防止自由流通米价格下跌给农户带来损失，日本政府积极寻求既能保护农户收入，又不违背WTO要求的政策。于是就设立了稻作安定经营对策，该项政策实质上是对因为粮食价格下跌而带来收入损失的一种补偿制度。它的补贴对象是100%完成政府规定的生产调整的农户，补贴金额来源于政府和农户共同出资建立的稻作安定经营基金：农户拿出大米基准价格的2%，政府拿出基准价格的6%。当粮食价格下降时，此基金则作为对于农户的补贴。补贴的具体办法是根据前三年的自主流通米价格平均指数算出基准价格，然后从稻作安定经营基金中支付当年实际价格与基准价格差额的80%。

3. 其他补贴。为了保护农民参与农业生产的积极性，日本政府还施行了一些其他补贴，包括：灾害补贴、生产资料购置补贴、农业保险补贴等。

(1) 灾害补贴。日本是个自然灾害频发的国家，为了防止自然灾害对于农业的冲击，确保农户在遭遇自然灾害后还能维持收入水平。日本政府实施灾害补贴，此补贴并不会对农产品的价格产生扭曲，因此属于WTO允许范围。

(2) 生产资料购置补贴。生产资料购置补贴是凡是按照一定标准联合起来从事平整耕地、区划田块、养猪养鸡、温室种菜的农户在购置农业生产资料时所发生的费用都可以得到补贴，其中50%由中央财政支付，25%由地方财政支付，另外的25%则从金融机构得到贷款。

(3) 农业保险补贴。农业保险补贴则是政府对于参加保险的农作物给予保费的补贴。凡是生产数量超过一定数额的农户必须参加保险，保险计划具有强制性。为了减轻农户的负担，政府承担50%～80%的保费。

综上所述，日本政府大力实施对农补贴，不仅提高了农业综合生产能力，而且补贴中采用“绿箱”政策还为日本营造了有利的贸易环境。但是，巨额的补贴支付也使日本政府背负了沉重的财政负担。

补贴政策的积极效果体现在以下两个方面。首先，补贴有效地提升了日本粮食的综合生产能力。拖拉机、插秧机和收割机等较大型农机具的使用，实现了水稻生产全过程的机械化。1980年到1995年，用于农业基础设施建设的投资比例从29.5%提高到49.1%①。尤其是近年来日本加大对生产资料配置的补

① 朱艳丽：《20世纪90年代中期以来日本农业改革研究》，吉林大学博士学位论文，2009年，第79页。

贴，稻谷的年产量和收获面积分别从2007年的1097万吨、168.7万顷，上升为2008年的1103万吨、170万顷①。其次，较多采用符合WTO农业协定的政策，为日本营造有利贸易环境。上述政策中对山区、半山区的直接支付制度，是对符合条件的、从事农业生产的农户以现金的方式直接对其收入进行的补贴，它既符合WTO规则，又有利于提高农民种粮积极性。此外，稻作安定经营对策和灾害补贴同样也符合WTO规则，不会对农产品价格及农产品贸易产生扭曲。大力推行“绿箱”政策，有效地减少了与别国的贸易摩擦，使日本能够顺应经济规律发展农业。

但是，日本政府对农补贴也存在着消极影响。1990～1995年，日本政府农业财政预算支出增加了37%，其中强化农业基础设施建设的支出增加了175%②。由此可见，高额的财政补贴不仅使日本政府背负了沉重的财政负担，而且还使日本在对外贸易谈判中不得不作出让步。

（三）税收优惠

日本的农户与其他居民一样，每年也需要缴纳与土地关联的税费。但是，农业用地如果继续被继承人用于农业生产的话，遗产税总额超过土地交易价格的部分则可以延期缴纳；如果继承人死亡或者从事农业生产满20年，未缴纳的部分税费可以免除。在其他税种中，日本政府也对农业网开一面，例如从事农业生产的企业或者个人可以在事业税、所得税、继承税、赠与税等方面得到优惠③。

日本政府通过农业税收优惠和缩小税基等办法，充分发挥了税收工具的调节作用，使得日本农业税收呈现出优惠多、税基小、税负轻等特点，有效地减轻了农民负担，促进粮食产业发展。

（四）进出口政策

日本政府还通过对进口农产品征收关税或提高进口农产品的价格的方式来保证国内农产品的出售。以大米为例：日本市场的大米价格相当于国际市场上

---

① 中华人民共和国国家统计局：《国际统计数据》（2008、2009），http：//www.stats.gov.cn.2010年7月28日。

② 上海农业网，http://www.shac.gov.cn/fwzx/hwzc/zcgl/200712/t20071214_200269.htm，2010年7月28日。

③ 布衣：《日本对农业的价格补贴政策》，《农村工作通讯》2008年第7期。

价格的8倍，进口大米总量只占日本市场的5%左右，而且进口关税高达490%，且进口关税超过100%的农产品多达142种。日本政府以竞标方式把进口额度批给出价最高的进口商，这样就被迫使得进口大米的价格上升，同时也控制了总量。进口大米的价格优势丧失了，使得日本大米长期占据日本市场。

日本通过上述进出口政策，充分运用国内国外两个市场对大米等农产品进行贸易调控，发挥本国比较优势，有效地保护并促进了本国农业发展。但是，日本政府贸易保护的程度还需进一步调整和改进。在关税方面，虽然经过乌拉圭回合谈判，日本农产品的平均关税税率下降为64.9%，但仍高于欧盟的15.7%和美国的10.9%[①]。2005年，日本精米关税为778%，超过迄今公布的490%；魔芋关税高达1705%，是世界各国关税之最[②]。高额的关税引发日本和农产品出口国的贸易摩擦，也使农产品国内价格高于国际市场价格，消费者利益受损。在进口方面，从1995年到2007年，日本食料进口额从47840亿日元增长到60410亿日元[③]，本国粮食生产无法满足强大的国内需求，日本成为世界农产品最大净进口国，粮食安全问题不容忽视[④]。所以，在动用关税、配额等手段保护本国农业的同时，日本还应加大对农业的科技投入，增强粮食综合生产能力，从根本上解决粮食自给问题。

四、澳大利亚支持粮食产业发展的财税政策体系研究

处于南半球的澳大利亚幅员辽阔而人口稀少，拥有国土面积770万平方公里，全国人均耕地面积2.7公顷，是世界人均拥有农业土地最多的国家之一。澳大利亚的耕地中有60%以上种植小麦和饲草，广阔的草地用于放牧。由于地面水资源缺乏，所以，其农业主要生产以旱地为主的产品。粮食产业是澳大利亚农业经济的重要组成部分，主要的粮食作物是小麦、燕麦、高粱、水稻、玉米等。由于澳大利亚人口稀少，所以国内需求并不旺盛，其粮食以出口为主，成为世界重要的粮食出口国之一。澳大利亚发达的农业生产不仅取决于其自然条件，还与政府的政策分不开。

---

① 陈颂东：《日本农业保护的经验值得借鉴》，《财经科学》2008年第2期。

② 山下一仁：《拥有高价农产品的日本的弱点》，《经济学家周刊》2006年第2期。

③ 《日本统计年鉴》（2009），http：//www. stat. go. jp/data/nenkan/index. htm。

④ 朱艳丽：《20世纪90年代中期以来日本农业改革研究》，吉林大学博士学位论文，2009年，第70～71页。

（一）价格支持政策

小麦是澳大利亚粮食生产的主要品种，政府一直致力对小麦的干预，而其他品种则干预得较少。所以，我们以小麦为例探讨粮食的价格支持政策。自1939年以来，澳大利亚对所有的商品小麦实行统一购销，农业生产者的小麦必须卖给小麦收购局，一般情况下，小麦收购局收购的小麦占小麦产量的90%左右。为了确保农业生产者的收入，澳大利亚和其他国家一样实施了价格支持政策。先后采用了两种制度。

1973年之前，国家实行保证价格，即收购小麦的最低价格，保证农业生产者的最低收益。它是根据小麦的生产成本、运费、管理费和国际市场的小麦价格而确定的。若小麦收购局出口小麦的价格低于保证价格，就按保证价格对农业生产者进行补贴。但是，农民收益的高低是由小麦收购局出口收入的多少，也即国际市场的小麦价格决定。由于这种制度只能保证农户的最低收益并不能保持他们收益的稳定性，所以，从1974年之后，把保证价格制度变更为稳定价格制度。若小麦收购局在某一年度的平均出口价格低于稳定价格，按稳定价格给予补贴，此稳定价格比原先的保证价格波动更小。

（二）财政援助政策

随着市场经济的发展，价格支持政策出现弊端，影响了粮食市场的自由竞争，所以澳大利亚政府改变了支持粮食的政策，不对粮食进行价格保护，且只实行部分财政补贴，以减少对粮食的干预。政府改变观念认为："市场的力量是决定资源配置和收入最大化的最有效的途径。"所以将过去对粮食的价格补贴改为对最需要的人们进行扶持的政策。于是推出了"援助农民的政府计划"。此计划的援助范围是：改善农业的生产结构，主要是指农场根据市场变化而转产时需要的资金；帮助遇到特殊困难的农户恢复生产；对那些规模小、难以再经营下去，而自己又无力转移出农业的农户提供经营援助。另外，根据立法，财政还为少数农场主提供贴息贷款①。

除了援助计划，澳大利亚还采用立法保证对粮食的投入。每年联邦和州的预算中都有投入资金用于保护开发和水资源。对农用生产资料也提供财政补贴，每年约1亿澳元，其中包括化肥、燃料、农机、运费等。除此之外，对农

① 徐柏园：《澳大利亚的粮食产业政策》，《世界农业》1996年第5期。

用的科研和推广也有财政拨款。有了这些农用科研经费，就使得粮食的质量有所提高。

（三）税收优惠政策

和其他国家一样，澳大利亚政府在农业税收方面也制定了优惠政策。从课税的税种来看，没有专门的农业税，而主要对农场主征收所得税。但是征收所得税也实行优惠：一是计算收入所得时，一般纳税人只能扣除经营性支出，不能扣除资本性支出，但是农业的某些资本性支出可以在当年或若干年内扣除。这就减少了农场主的税赋。二是在计算农场主收入时，以五年的平均收入作为计税标准而征收所得税，以避免年度税赋不均衡。除了所得税外，农业还可以获得一些其他税收扶持：农场主购买自用农业设备（如拖拉机、收割机）可以免缴销售税，农场主出售自产农产品也不直接缴纳销售税；在遭遇旱灾、疾病等灾害年时，政府可要求计税收入的标准按当年农场主当年收入的1/5计算，其余在以后年份的利润中扣除等。

（四）出口刺激政策

由于澳大利亚人口稀少，生产的粮食内需不足，主要靠出口。所以它对国际市场的依赖很大。鼓励出口就成为它粮食政策的重要组成部分。

1. 制定多边、双边贸易协定。为了促进本国的农产品顺利出口，澳大利亚积极参与国际贸易协议的制定，响应农产品的多边贸易原则和自由贸易原则。特别是对于本国的重要出口产品，如制定小麦协定等。在制定的双边协定中，如《英国—澳大利亚协定》规定，澳大利亚的农产品在进入英国市场时可以获得免税或得到优惠，作为回报，英国的商品进入澳大利亚时也享受同等待遇。这些协定对促进各国的自由贸易都起到重要作用。

2. 出口补贴和信贷。虽然澳大利亚对外宣称没有对农产品实施补贴，但是事实上微量的补贴还是存在的。如澳大利亚政府建立的市场发展补助金，对一些新开业的或缺乏资金的出口商提供资助。除了出口补贴，国家还提供农产品出口信贷，联邦政府出口信贷一般为一年期的买方信贷，小麦等粮食作物是主要补贴对象，接受出口信贷的大多为不发达或粮食净进口国家，这样就促进了本国农产品的生产和出口。此外，澳大利亚联邦政府设立的出口还款保险公司还对出口产品的还款提供担保和保险，这是商业保险公司所不能做到的。

3. 食品援助。由于澳大利亚的粮食主要用于出口，其粮食产量经常是处于

过剩状态。所以澳大利亚政府常常对粮食缺乏的国家进行粮食援助。在早期，澳大利亚对印度和巴基斯坦赠送过小麦和面粉。20 世纪 70 年代后，双边食品援助都是根据国际谷物协定中的食品援助计划制定的。一般来说，澳大利亚每年的食品援助大约在 20 万 ~30 万吨小麦或谷物制品。主要受援国是印度尼西亚、印度、巴基斯坦、斯里兰卡、孟加拉等国。这样的援助计划不仅解决了澳大利亚的粮食过剩问题，还加深了与第三世界国家的友好关系。

实践证明，近年来澳大利亚为支持粮食产业发展而采取的财税政策取得了明显成效，主要表现在以下几方面。首先，谷物面积逐年上升。由根据联合国粮农组织统计，从 2006 年到 2007 年，澳大利亚的谷物产量由 1936. 9 万吨上升至 2199. 8 万吨，说明税收和财政的优惠政策极大地鼓舞了农户的生产积极性，并且政府投入到农业生产的经费也产生了效果，使粮食产量得以提高。其次，澳大利亚政府的出口刺激政策也使得谷物出口值年年攀升。由 2005 年的 2. 99 亿美元上升到 2006 年的 3. 5 亿美元，2007 年更是达到了 4. 56 亿美元[①]。这对于澳大利亚这个农业出口大国来说，不仅增加了本国的收入，也很好地解决了本国粮食过剩的问题。

第二节　发展中国家或地区支持粮食产业发展的财税政策体系研究

世界上不论是发展中国家还是发达国家都非常重视农业的发展，纷纷采取措施实施政策支持，其中对农业实行财政税收政策支持是其农业政策支持的核心。在上节中我们已经详细地介绍了美国、欧盟、日本、澳大利亚对农业发展的财税政策支持，这些政策在推动农业发展上起到了至关重要的作用。然而，大量资料表明，在许多发展中国家中，农业生产者受到歧视，这对经济增长、公平分配、就业以及减轻贫困是非常有害的，仅有充足的粮食供给并不能消除营养不良和饥饿，因此，发展中国家政府的财税政策支持是很必要的。由于各个国家的情况不同，作物情况有所变化，土地的分配和土地使用权的安排也不

① 《联合国粮农组织统计年鉴》（2009），http：//www. fao. org/economic/ess/publications - studies/statistical - yearbook/2009/zh/。

同，导致各国或地区支持粮食产业发展的财税政策体系产生明显的差别，鉴于农业在国民经济中的基础地位以及其生产过程的特殊性，世界各国政府都对农业实施明确的财税政策。对粮食产业实行干预，是各国政府财税政策的一个重要方面。纵观世界各国，由于各自的执政理念以及经济形势和财力状况的差异，各国的财政农业投入政策目标在不同时期会有所不同。但持久的财政投入，使其农业的发展保持在适合的水平和规模上，则是许多国家长期共同的目标。本节分别对巴西、阿根廷和东南亚支持粮食产业发展的财税政策展开探讨。

一、巴西支持粮食产业发展的财税政策

巴西是世界主要的农业生产国之一，农业在巴西国民经济中占有举足轻重的地位，是巴西外汇收入的重要来源之一。近年来巴西的农业增长速度有所下降，但巴西是农业资源大国，具有巨大的发展潜力，目前仍有尚待开发的可耕地。

巴西现有耕地面积为 2.82 亿公顷，在不影响对亚马逊河流域保护的情况下，还有 1.06 亿公顷可开发为耕地的土地（见图 5－1）。

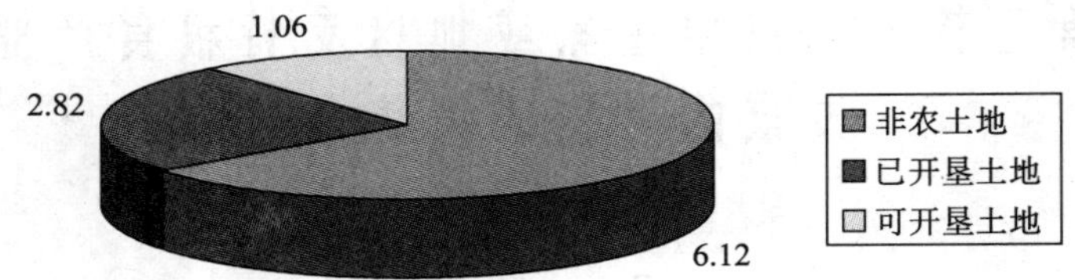

图 5－1　巴西的国土利用分布（单位：亿公顷）

巴西粮食产业化的进程和经验有鲜明的特征，其产业化的发展需要政府的支持，鼓励农民从发达地区向经济落后或没有开发地区迁移的过程，则更需要政府财税政策的支持。

巴西税制以直接税为主，间接税为辅。涉农税种有：进口税、出口税、土地税、个人所得税、消费税（生产者货物税）、金融交易税。其中土地税是由联邦政府制定税收政策，农业部门负责征管。税收收入 80% 归当地政府，20% 归农业部农垦局。征收目的除财政收入外，还在于促进土地合理使用。政府现有粮食产业发展的财税政策主要包括以下几个方面：

（一）税收政策

巴西政府在税收政策的实际执行中，体现了对农业的支持，尤其注意鼓励合理有效地开发、使用土地，保护中小农户的利益。主要体现在两个方面：一是降低农业生产资料的报价，达到减轻税负的目的；二是农村土地税政策鼓励农户提高土地使用效率。巴西的土地资源非常丰富，政府仍十分注意土地的合理使用，鼓励农户用好土地、提高土地的使用效率，在制定农村土地税政策时得到了充分体现。

1. 根据具体国情制定农业税，使其具有本国特色。由于各国在自然条件、经济制度、发展水平、社会文化、历史传统等方面千差万别，每个国家都有自己的特殊国情，而其中某些特殊性可能会影响到农业税制的安排，因此，各国根据具体国情制定农业税，使其具有本国特色。巴西开征农村土地税就是一个典型例子。在巴西，大地主集中垄断土地的情况非常严重，巴西政府特别成立了联邦土地改革垦殖委员会进行管理，并将专门开征的农村土地税由其负责征收，从而防止土地过分集中，遏制土地投机，安置无地少地农户，保证粮食产业稳定发展。

2. 对农业开征了专门的税种，减轻农民的纳税负担。巴西农村税费负担是比较轻的，这有利于把农民留在农村，促进粮食产业的发展。对政府来说，虽然从农村征收的税较少，但是给农业的补贴也很少，仅仅是一些利率优惠的贷款，这实际上也减轻了财政的负担。巴西农业税收政策的基本方针是“抓大放小”，即征税的主要对象是大的庄园和农场，而小农业生产者的各种税收负担则相对较轻，以鼓励提高土地的使用率和增加对农业发展的投入。

巴西在农村征收的税种有农村土地税、城乡统一的所得税和商品流通税等。巴西开征农村土地税的目的是限制土地的过分集中和垄断，促进农地资源合理有效利用，保证粮食产业的稳定发展。由于巴西人口分布极不平衡，征税单位在全国各地差别很大。征税单位主要依据土地所处的自然地理和经济情况确定，土地肥沃、交通便利、距离市场近，征税单位面积就小一些，反之则大一些。为了鼓励农庄主充分利用土地，保护生态环境，增加粮食收入，巴西政府也制定了一些减免农村土地税的规定。

在土地税方面，为了扶持小农户，税法规定如果粮食种植土地所有者拥有的面积不超过 30 公顷，本人及其家庭又仅从事农业且在城市里没有房地产，可免缴土地税。在一些边远地区和地广人稀地区的免税面积更可提高到 50 公顷至100公顷不等。另外，政府土改计划安置的农户都免缴土地税，对那些大庄园和农场，除去根据环保规定应保留的绿地面积外，其所有土地中用于种植和养殖的面积越多，需要缴纳的土地税的税率就越低。在征收个人所得税时，因为很多大农场主在城里也有实业，政府将来自农牧业生产的收入和非农牧业生产的收入分开计算，前者税率较低。此外，收获的粮食在卖出前不算收入，不必纳税，农民为增加粮食产量而进行的投资和开支都可以列为成本，从需纳税的收入中扣除。

巴西农民享有社会保障，缴纳社会保障基金的农民可以享受退休金、疾病和工伤事故补贴、家庭困难补贴、带薪产假和抚恤金等福利。而税率仅为农产品销售额0.2%的农村职业教育费则用来发展农村职业教育，提高农民的生产技能，这些政策都促进了巴西粮食产业的稳定健康发展。

（二）政府补贴和储备政策

巴西政府对粮食的销售干预较少，当前努力的目标是政府从对粮食的补贴中全面退出。特别是对在纽约期货市场交易的大宗粮食品种，如大豆等，巴西政府几乎不干预。但是对于非期货交易品种，如大米、玉米、小麦、木薯、菜豆等，政府给予较多的补贴。补贴的主要依据为政府公布农产品保障价格，具体方法有两种：一是直接收购；二是支付差价，即对于低于保障价格销售的相应品种的农产品，给予差价补贴。近几年由于巴西政府实行预算控制，政府更多的是采用支付差价的办法，通过巴西国家农产品供应公司公开拍卖给予补贴，即：拍卖会公告拟拍卖粮食的数量，邀请所有有兴趣的企业参与投标，规定凡提出最少政府补贴要求的，就可以中标，中标企业按购买的农产品数量获得政府的差价补贴。此外，巴西政府建立了国家粮食储备，主要是减少直接购买农产品的数量和国家储备的库存量。政府在市场价格低于最低价格之时采购粮食，并且允许政府按照市场价格采购粮食用于家庭粮食产业计划，以及建立战略储备。目前，巴西政府采取的主要补贴政策有：

1. 粮食销售补贴。政府通过制定粮食销售补贴政策，为生产者和合作社提供最低保证价格，政府无需购买粮食，而是支付最低保证价格与市场价格之间的差额，从而补充了粮食生产不足地区的粮食供应。

2. 利用私人销售期权合同进行农产品采购风险补贴。政府进行公开拍卖，以便消费者能够利用私人销售期权合同，按照预定价格，在未来某个日期，直接从生产者和合作社采购指定粮食。

3. 生产者均等补贴。政府向公开拍卖出售粮食的农民或合作社提供补贴，并支付由其确定的参考价值与溢价价值（即政府支付的作为参考价值保证的最高价值）之间的差额。

（三）农业信贷政策

为了支持农业的发展，巴西政府每年安排了大量的农业贷款，用于农产品的种植、收获、储藏和加工等方面。这笔农业贷款有三种形式：一是费用贷款。这是一种季节性临时贷款，主要用于农户农作物种植和收获期间的用工、农用机械等费用性开支。费用贷款的来源是银行存款、政府拨款和农村储蓄存款等。二是投资贷款。这是一种长期贷款，主要用于农业开发、兴修农田水利设施、改善农业生产基础条件、购置农业机械设备等。其主要资金来源是政府拨款和世界银行等国际金融机构的贷款。三是农产品贸易贷款。这是政府为了保护农民的利益，支持农庄的收入而发放的一种贷款，主要用于以最低保护价来收购农产品，调节市场粮价。其资金来源是联邦政府提供的农产品贸易贷款。

由于把粮食集中在政府手中对政府而言是一个沉重的负担，因此，巴西政府尽量把贷款借给经营和储存粮食的单位和个人，巴西的粮产区集中在南部，但消费市场则是全国性的。为控制市场粮食价格，在粮食收获期间由政府规定最低收购价，当市场粮价低于国家的最低保护价时，贷款者必须用保护价收购市场粮食，当市场粮价高于政府规定的最高限价时，贷款者必须按规定价出售粮食。

巴西政府根据农民上一年度的产值及其种植面积向小、中、大型农场主分别发放相当于其生产资金 100%、70% 和 55% 的贷款，并以法律形式规定，商业银行必须将一定比例的农业信贷直接发放到中小农户手中。农业信贷的重点是鼓励扩大农业生产，帮助中小企业增加农产品出口。为此，巴西政府还建立了“出口保障基金”（FGE）和“提高竞争力基金”（FPC），专门为从事农产品出口的企业开拓国际市场提供融资。

1. 提供财政贴息贷款并建立农作物保险。相对中国而言，巴西目前仍有一定程度的通胀。再加上农民自有资金不足，巴西政府对农业的投资一直是以提供农业优惠贷款为主要方式。粮食生产是自然再生产与经济再生产交织在一起的过程，具有受自然影响大、生产周期长、风险大、经济效益较低、投资回收期长的特点。正是基于粮食生产自身的弱质性，世界各国为保证粮食产业健康发展，都对粮食产业生产实行优惠信贷、税收政策和保险政策。巴西通过农业发展银行向农业生产者提供低息或无息贷款，以使其得到必要的生产资金，其贷款利率与国内金融市场间差额由政府补贴给银行，从而帮助和保护了粮食的生产。

2. 加大粮食产业基础设施建设。自20世纪80年代以来，巴西政府加大了对仓储、灌溉等基础设施的资金投入，对修建仓储和农村灌溉设施的企业提供政府低息优惠贷款。政府还斥资50亿美元实施“东北部百万公顷灌溉计划”，并优先发展农村交通，以降低粮食生产和运输成本。

以2000年为例，农村信贷资金137.5亿雷亚尔①。其中，71.2亿雷亚尔贷款是商业银行活期存款投放形成的，占51%。从贷款的用途来看，89.27亿雷亚尔用于流动资金，23.1亿雷亚尔用于投资，25.12亿雷亚尔用于营销贷款。自1996年以来，营销贷款增长非常快，从1996年的3.86亿雷亚尔增长到2000年的25.12亿雷亚尔，而投资贷款由1996年的15亿雷亚尔增长到2000年23亿雷亚尔，流动资金贷款由1996年的43.9亿雷亚尔增长到89.27亿雷亚尔。信贷资金的增长保障了农村经济发展所需要的资金。

（四）鼓励粮食出口政策

巴西粮食可自由出口，政府不限制。政府的作用是制定鼓励本国粮食出口的政策和措施，同时积极开展经济外交，努力消除别国对巴西粮食出口设置的贸易壁垒，为巴西粮食进入国际市场创造良好的公平竞争环境。

（五）其他政策

1. 实行粮食产品最低保护价格。粮食产品最低保护价格由巴西生产资助委员会制定，农业部和国家货币委员会审议，经总统批准后，在农民播种两个月前以政令形式颁布。其根本目的在于消除粮食生产者对粮食销售的后顾之忧。

2. 执行销售期权合同。巴西政府公开拍卖对生产者和合作社提供的一种期货期权。期货期权拥有人有权在特定日期之前按照特定价格将合同所明确的特定数量的粮食转交给政府。该计划可向市场代理商传达政府对期货价格的期望值，对生产者和合作社而言则是一种价格套期保值。

3. 建立农业保障体系。政府通过国家粮食供应公司（CONAB）建立农业

---

① 巴西流通货币（1994年7月1日开始使用）币值换算：1雷亚尔=100分。

保障体系，达到平抑市场和保护农民收益（尤其是小农户）的目的。当粮食价格超过高限时，政府通过国家粮食供应公司卖出粮食，以平抑市场。当粮价低于低限时，政府通过国家粮食供应公司以保护价买进。为了保护农民收益，CONAB公司还通过对运费进行补偿、对差价进行补偿、对农户提供贴息贷款等方式进行调控。为了扶助小农经济，在局部不发达地区由CONAB公司直接从农户手中进行采购，所购粮食直接用于当地的社会福利事业。

4. 巴西应对粮食危机采取积极有效的财税政策。巴西农产品生产和出口具有很大的发展潜力，同时又具有很强的竞争性，是一个农业生产大国。当前世界性的粮食涨价虽然会对巴西通货膨胀造成一定的影响，但从长远看，这也是巴西经济发展的一个机遇，有利于促进巴西农业的生产和出口。巴西能够从世界性粮价上涨受益的原因主要有三个：

（1）巴西的农产品市场是一个与国际接轨的开放性的市场，也就是说，巴西国内农产品价格与国际市场价格联系在一起，如果国际市场粮价高于国内市场，就会促进农产品的生产和出口，在一定程度上也会拉动国内物价的上涨，对控制通货膨胀带来压力。但是，当国内市场粮价接近国际市场后，物价将会回落到稳定的水平上。世界粮价上涨在短期内会有限度地拉动巴西通货膨胀，但从中长期看，更多地有利于促进巴西农业生产。

（2）巴西国内粮食供应总体上是供大于求。巴西是世界上主要的大豆、大米和玉米出口国，只有部分小麦需要进口。由于巴西农业生产率的提高，粮食产量不断增加，农产品出口也具有很强的竞争力。2008年巴西谷物产量达到1.433亿吨，比起2007年谷物收成1.328亿吨来说，增长了8.7%，创下历史新纪录①。

（3）巴西拥有进一步发展农业的潜力，可开耕的农业用地有1亿多公顷。国际市场粮价上涨必然会激发农业生产者的积极性。同时，巴西政府也制定了许多鼓励农业生产的政策，如农业信贷政策、农业保险政策、价格保障政策、家庭农业政策等，这些政策都发挥了积极的作用和成效。

不难看出，巴西政府充分发挥农业的比较优势，通过制定相关财税政策，取得了相应的成效，2008年巴西玉米种植面积为1480万公顷，产量约为5650万吨，出口为1000万吨，国内消费为4500万吨；同年，大豆种植面积约为2320万公顷，产量为6430万吨，出口为2800万吨，国内消费为3740万吨，

① 巴西农业部：《全国供应公司最新农业收成报告》，2008年。

年终库存为260万吨；大米种植面积为310万公顷，稻米产量为1250万吨，大米产量为850万吨，进口为30万吨，国内消费为798万吨，年终库存为272万吨；小麦种植面积为205万公顷，产量约为430万吨，进口为700万吨，国内消费为1070万吨，其中饲用消费为20万吨，年终库存为94万吨①。

2007年巴西农业增加值6118亿雷亚尔（当年雷亚尔对美元的平均汇率为1.77:1），占全国GDP的23.9%；农产品出口额670亿美元，顺差高达500亿美元。2008年巴西农产品出口额达719亿美元②。

巴西政府十分重视粮食产业的发展，为了利用自己的比较优势，巴西政府引导农民调整粮食种植结构，大力发展具有出口优势的粮食产品，政府拨款成立农业科研和推广机构，研究粮食品种改良，培育出了适合赤道地区生长的粮食新品种。巴西的粮食支持及财税调控政策，有效地保护了国内粮食市场，保护了农民的利益，促进了粮食生产，也提高了粮食的国际竞争力。

二、阿根廷支持粮食产业发展的财税政策

阿根廷位于南美洲东南部，东部和中部的潘帕斯草原是著名的农牧业区。阿根廷河流湖泊众多，为该国提供了丰富的水力资源。全国大部分地区土壤肥沃、气候温和，适合于农牧业的发展。阿根廷是个大牧场畜牧业的国家，是世界主要粮食生产国和出口国之一，素有世界“粮仓肉库”之称。阿根廷国土面积278.04万平方公里，可耕地和多年生作物用地2720万公顷（其中可耕地为2500万公顷，多年生作物用地220万公顷），占国土面积的10%；长期牧场14210万公顷，占51%；森林和林地5910万公顷，占21%。其他用地占18%（见图5-2）。

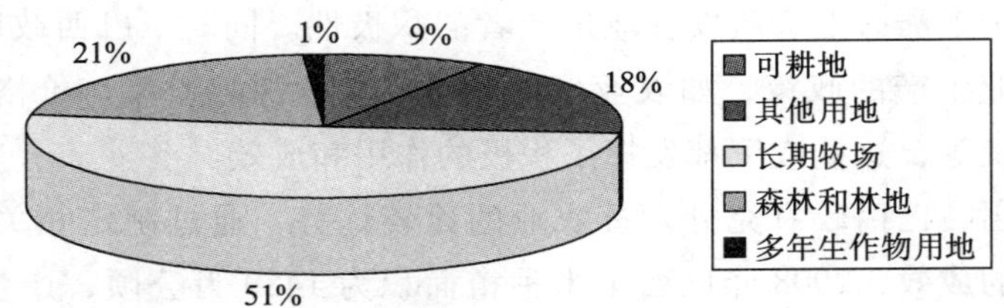

图5-2　阿根廷的国土利用分布（单位：亿公顷）

---

① 朱行：《世界农业强国巴西农业概述》，《海外农业》2009年第3期。

② 《巴西农业新闻》，http://www.invest-brazil.com，2008年7月19日。

阿根廷是市场经济发育比较完善的国家，是世贸组织成员国。阿根廷现行的粮食财税政策就是市场自由化程度较高的条件下的间接支持和保护政策，即政府通过制定一个合理的财税政策框架，来保证粮食产业从国际市场上获得最大的份额。粮食产业逐渐成为中央和地方财税收入的重要来源。因此，阿根廷政府特别重视粮食产业的发展，实行各种财税政策和措施，全方位和多角度地发展粮食产业。其主要内容是：

（一）税收政策

位于美洲大陆南部的阿根廷，是由历史上“以种植业为主”的国家发展到现在的“以农牧业并重”的国家。农牧业产品是阿根廷的主要出口商品，年出口额一直占其出口总额的60%左右。阿根廷实施“农业立国”的政策，在税收体系方面，目前阿根廷的涉农税种包括：所得税、增值税、不动产税、营业税和定额税。其中，所得税按纳税主体分为法人所得税和个人所得税。增值税对所有行业普遍征收，课税对象为所有的商品和劳务，纳税人可以是法人也可以是自然人。不动产税是对农业公司和农户拥有的土地和房屋征收乡村不动产税，对城市内的房地产征收城镇不动产税，各地税率不一。对所有行业均征收营业税，税率不等，农、林、牧、渔、矿业的营业税税率较低，营业税为地方税的第一主体税种。定额税不是独立的税种，而是国家税务局系统为方便征管，经立法对经营规模较小的纳税人核定征收中央税的特殊征管方式。总体来说，阿根廷涉农税收保证了统一税收原则的实施，对农牧业实行了轻税政策，并能根据实际情况适时调整税收政策，有效地促进了农牧业发展，提高了产品在国际市场上的竞争力。

1. 按照统一税收原则确定有利于粮食产业的基本税制。自1990年起，阿根廷对农牧产品及相关劳务征收增值税基本宽泛，充分体现了税收公平原则。各项税收的设置，有利于低收入阶层和弱势产业、特别是社会经济相对滞后的农村、农业和粮食产业的发展。合理的税制在一定程度上促进了农业经济实力的壮大。

2. 对粮食产业实行轻税政策，以减轻低收入阶层的负担。对粮食产品出口实行上游环节增值税全额退税政策，有效地降低了农户的实际税负；个人所得税起征点高且扣除项目多，最高税率为35%的超额累进税制不致于对中低收入农户产生冲击；对农业的营业税按最低1%的税率执行；没有单独开征农牧业税，在流通环节而非生产环节征收所有涉农税，计税依据是销售收入或年利润额，不对产品收入更不对农产品实物征税；对部分农户实施简便的定额税，既方便农户，又有利于提高征收效率，且税负较低；对农户没有法律规定之外的收费或繁杂的地方税赋。阿根廷的地方税费很少，且营业税和不动产税税率不高①。

3. 适时调整粮食产业税收政策，有利于进行合理的经济调控。阿根廷对粮食产业征收增值税后，从 1998 年起，对粮食产品（不含大宗谷物）减半征收增值税。这项政策调整不仅促进了粮食产业发展，提高了粮食产品在国际市场上的竞争力，而且税收并未因此而减少，逃税率明显降低。

4. 在农村征收不动产税作为重要补充。在阿根廷整个税收体系中，所得税和增值税收入规模大，属中央政府收入。乡村不动产税只对农用土地及房屋征税，规避了同一税源多重课税的弊端。不动产税虽然税率较低，税源分散，但是税基宽泛，税源固定，征收成本低。对于从事种植业的农户，所得税和增值税税负较轻。地方政府因此可以取得稳定收入，同时也抑制了农户浪费耕地资源、疏于耕作的倾向，保证了粮食产量的稳定增长。

5. 利用财政和税收政策，保证粮食产业的稳定投入。为了克服各种不利因素对粮食生产的影响，阿根廷政府制定了一些优惠政策，保证农场主和农业企业对粮食生产投入能够保持一定水平，实现丰歉均衡。如投入抵扣所得后纳税政策。

（二）提高粮食产品国际竞争力和促进出口政策

阿根廷政府对粮食产业几乎没有任何补贴，支持措施以提高粮食产品国际竞争力和促进出口为主。

1. 以市场为导向。政府历来倡导粮食生产以市场为导向，长期以来基本上没有给粮食产业提供直接支持和补贴。阿根廷农民收益的保障，主要是依靠农场经营规模较大，以及国际市场需求强劲的支撑。政府的作用则是提供生产技术服务和农产品质量卫生管理。2001 年阿根廷发生财政危机以后，导致比索对美元大幅贬值，但却有效地刺激了农产品出口，增加了农民收入。世界市场粮价的上升，则进一步提高了阿根廷农民种植粮食的积极性。因此，农民在财政危机中并没有遭受损失，相反还得到好处。

2. 改善外部环境、促进农产品出口。阿根廷政府对粮食产业的支持作用主

① 杨惠芳：《阿根廷农业税收制度及其对中国的启示》，《拉丁美洲研究》2003 年第 2 期。

要体现在改善外部环境、促进农产品出口等方面。一是发挥政府谈判作用，阿根廷政府在国际组织中积极致力于进一步减少影响粮食产品贸易的限制，并在WTO中建议加速削减关税和补贴，推动粮食产品贸易自由化。二是改革口岸政策，取消或降低出口税和各种检查费用以及粮食生产资料进口关税和进口限额，降低粮食产品生产、出口成本，为农产品出口提供更大的价格空间来应对国际竞争，也直接提高生产者和贸易商的收益。三是改善国内运输条件，客观上有利于提高农产品的国际竞争力。四是不断提高粮食产品质量，通过开发高质高产品种，提高产量和抗病能力，降低单位产量成本，提高市场竞争力；研发无公害农药，鼓励发展有机粮食，按照国际先进标准建立质量监控体系，不达标的粮食产品不出口。最近，政府制定了新的大豆质量管理标准，将那些过早收获的“绿色大豆”最大比例限制在10%，大豆损害粒的最大比例限制由以前的2.5%降到1%，有利于提高优质大豆的价格，增强出口竞争力。五是出口促销计划，为帮助企业进入国际市场，政府向生产者提供更快的市场信息，增加企业参与国际市场的机会，向企业特别是中小企业免费提供该计划的活动与服务内容；出口基金会对参加国际展览会的公司给予资助，并针对出口目标市场的消费习惯和规模，提出单项农产品促销计划。六是提供培训，向中小生产者提供财务、技术和组织等方面的支持，向农场主提供利用期货市场规避市场价格风险的咨询支持等。

（三）其他政策

1. 根据市场变化，调整政策，优化经济结构。由于受国际市场压力以及本国经济形势变化的影响，阿根廷粮食财税政策都经历了由对农业直接支持和保护到间接支持和保护的过程。阿根廷曾经一度保持着较高的通货膨胀率，国家债务水平持续高涨，经济发展陷入低谷。为了促进经济复苏，阿根廷政府积极进行了改革，主要是实施了私有化方案以及消除对私人部门的不合理的补贴。政府在公共支出方面发生了重大变化，仅在法律、社会安全、外交、教育、文化、科技、社会保障、环境保护等方面承担责任，而对许多经济活动放松了监管，在经济和社会领域提倡和保护竞争。在这次改革中，阿根廷所有农用土地全部私有化。另外，由于贸易自由化和南美共同市场（MERCOSUR）的形成，促使政府将农业置于完全开放的市场。因此，阿根廷政府一方面取消对农业的直接投入和对农产品的价格补贴；另一方面实行高度开放的投资政策，鼓励国内外投资者根据资源特点和市场需求，从事于工、农、商、金融等各行各业的

投资，促进了国民经济均衡发展。

2. 支持社会化服务体系建设，推进农业集约化和产业化进程。由于阿根廷完全把粮食产业推向市场，政府取消了对粮食产业的直接调控，在这种情况下如何实现政府管理的职能呢？阿根廷政府为此着手于社会服务体系的建设，支持社会中介机构的发展，通过发挥中介组织的协调作用，调动农民生产积极性，从而达到了间接引导粮食产业生产的目的。例如，政府通过对农业技术研究院及其系统（地方设有研究中心或实验基地，类似于中国的农技推广站）的建设，向农民提供政策、技术咨询。引导农民进行生产经营活动。在技术推广过程中，由于政府已经给研究中心或实验基地安排了一定的经费，因此向农民提供咨询是无偿的，只有在出售新种子等实物时，才向农民收取一定的成本费。目前，阿根廷国内有120多个研究中心，约5000人从事这项工作，服务于全国35万名农业生产者。近两年，阿根廷正在推行“乡村改革”，其主要内容是政府资助那些生产规模比较小的农牧场推广使用新的农业技术。据阿根廷经济部农业和食品国务秘书处介绍，阿政府出台了“乡村改革方案”，对于小农牧场联合聘请农牧业技术人员，在三年内政府可以支付其一大半费用，三年后，则由农牧场主全部负担。这种做法一方面加速了农业新技术推广应用；另一方面可以使农民自己联合起来，建立起中介服务，以弥补或取代政府推广部门的某些职能[①]。

3. 防堵世界美元危机。阿根廷的财税政策核心依然是防堵世界美元危机，而不是简单地为粮食储备保护而保护。

2007年11月，阿根廷政府宣布，将提高其主要农产品的出口关税，其中大豆的出口关税从原先的27.5%提高到35%，小麦和玉米的出口关税则从20%分别提高至28%和25%。2007年12月25日，阿根廷再次宣布将会无限期暂停小麦出口登记工作。阿根廷是世界主要农产品出口国之一，小麦在全球市场中占有重要份额。这对全球农产品贸易的打击是很大的。2008年1月18日，阿根廷政府宣告，为了保证国内供应，考虑再次提高大豆、玉米、小麦的出口关税。阿根廷政府这样做等于自己放弃了在国际粮价高涨时代抢占市场份额、获得高额利润的大好机会。第四大小麦出口国的阿根廷认为不断加征粮食出口关税的原因就在于：粮价的涨幅一直高于关税的上涨，因此即使政府努力

① 财政部农业司考察团：《新西兰、阿根廷农业财政政策考察报告》，《中国农垦经济》1999年第5期。

控制，粮食出口仍然在增长。但是在阿根廷政府看来，保证阿根廷人自己有牛肉和面包吃，比少数企业的商业利润要重要得多①。

阿根廷通过制定及实施有效的财税政策，使得粮食产量大幅增长，2006～2007年度小麦产量为1460万吨；2006～2007年玉米播种面积为358万公顷，2007年产量为2180万吨；自20世纪70年代以来，大豆的种植迅猛发展，面积由1970年的3.77万公顷扩大到2007年的1614万公顷，2007年大豆总产量达4748万吨，在拉美仅次于巴西，列第2位，在全世界居第4位；高粱在粮食生产中占第3位，1994～1995年度的播种面积为62.4万公顷，仅相当于1970年的1/5，总产量162万吨，2006～2007年播种面积为70万公顷，2007年产量为280万吨②。总之，阿根廷一系列财税政策的实施，不同程度地增加了其国内农产品的国际竞争力。

三、东南亚支持粮食产业发展的财税政策

（一）东南亚的粮食产业情况

东南亚总共有11个国家③，总面积447万平方公里，农业一直是东南亚地区的主要经济产业，农产品占国民收入的大部分，粮食产业是国民经济的支柱，同时也是出口的价值结构与商品结构的最重要组成部分，东南亚国家的大多数居民从事粮食生产。

越南是世界第二大粮食出口国，农业以种植业为主，主要种植水稻、玉米、高粱、豆类、木薯等粮食作物。老挝地广人稀，潜在耕地面积800万公顷，实际耕地面积80万公顷，主要农作物是稻谷，其中糯稻占90%，稻谷种植面积占全国农作物种植面积的85%。柬埔寨是大米出口国之一，农业是柬埔寨经济第一大支柱产业，农业人口约占总人口的85%，占全国劳动力77%；可耕地面积680万公顷，其中可灌溉面积为37万公顷，占16%；主要农产品有稻谷、玉米、豆类、薯类等，水稻种植面积480万公顷，占总耕地面积80%。

① 〔英〕拉吉·帕特尔著，郭国玺、程剑锋译：《粮食战争》，东方出版社2008年版，第18～19页。

② 《阿根廷农业综合调研》，国际经贸研究中心网，http：//www.heyitrade.cn/onews.asp?id=511&Page=2，2008。

③ 东南亚的11个国家包括：越南、老挝、柬埔寨、缅甸、泰国、马来西亚、新加坡、印度尼西亚、菲律宾、文莱和东帝汶。

缅甸农业人口约占全国人口的66%，农业为国民经济基础，主要农作物有水稻、小麦、玉米、花生、芝麻、棉花、豆类等，谷类作物是缅甸耕作面积最大的作物之一，也是重要的出口产品。泰国有80%的人口从事农业，享有"东南亚粮仓"的美名，是亚洲唯一的粮食净出口国和世界上主要粮食出口国之一，泰国的大米出口量在世界上已居第一位，2007年共出口大米955万吨，创汇35.92亿美元。2008年以来，国际市场大米需求旺盛、价格持续上涨，泰国大米出口一派红火。马来西亚农业生产长期集中于热带经济作物，水稻是马来西亚的主要粮食作物，全国有8个水稻主产区。农业在新加坡国民经济中所占比例不到1%，拥有可耕地面积5900公顷，占国土面积的9.5%，粮食全部靠进口，谷物自给率在90%以上。菲律宾有3000万公顷国土面积，47%是农业用地，是大米进口大国之一。文莱的农林渔业的产值在国内生产总值所占比例近3%，种有小面积的水稻，还有橡胶、胡椒、椰子等热带作物，70%食品依赖进口。东帝汶的农业人口占总人口的90%，主要农产品有玉米、稻谷、薯类等①。

（二）东南亚支持粮食产业发展的财税政策

2006年下半年以来，国际粮价开始持续暴涨。2007年，国际市场大米价格上升107%，小麦、大豆和玉米等其他粮食价格则分别上升了69%、61%和48%②。2008年1月，泰国高品质100%B级大米的出口价格是每吨385美元，4月9日已暴涨至每吨854美元③。2008年2月，国际市场粮食现货、期货价格已经分别比2005年12月上涨了93.8%和184.5%。其中，小麦现货、期货价格分别上涨了124%和204.7%，玉米现货、期货价格分别上涨了84.1%和135.5%④。由于粮食是生活必需品，关系到每一个民众的生存，因此，口粮供应及粮价的上涨将会产生严重的经济政治和社会后果。世界范围内的粮食和食品价格上涨如同金融危机一样，对生产能力不强、社会保障水平不高、外汇储备有限、政府管理能力脆弱的东南亚国家产生的冲击已经远远高于发达国家和其他亚洲国家⑤。

---

① 《东南亚国家农业概况》，由松际农网，http：//www.99sj.com/Article 整理。

② 顾立林：《农业部：国际粮价上涨将长期化　国内粮市相对平稳》，《新闻晨报》2008年5月26日，http：//www.jrj.com。

③ 《米价每吨近1000美元东南亚出现大米恐慌》，《第一财经日报》2008年4月21日。

④ 吴宝森：《世界粮食供需形势及安全分析》，《价格理论与实践》2008年第4期。

⑤ 洪凯：《世界粮食危机影响下的东南亚国家粮食安全问题及中国的对策》，《东南亚研究》2008年第6期。

从粮食生产与贸易方面的结构来看，东南亚国家呈现出三种类型（见图5-3）①，东南亚的稻米生产、贸易结构中，泰国、越南是主要的生产与出口国家，2006~2007年度两国的稻米产量、出口量分别为泰国1825万吨、950万吨，越南2292万吨、452万吨。而印度尼西亚（以下简称“印尼”）、菲律宾则是最主要的两大低自给率与进口国，两国每年进口的大米分别约相当于产量的6%和19%左右。2006~2007年度的稻米产量与进口量分别是印尼3530万吨、200万吨，菲律宾1008.5万吨、190万吨②。此外，新加坡、文莱则是几乎依赖进口。东南亚各国至今仍未形成真正具体的、统一的粮食安全保障体系，一旦面临国际粮食市场价格的剧烈动荡或者异常气候变化，则会遭受极大的冲击。

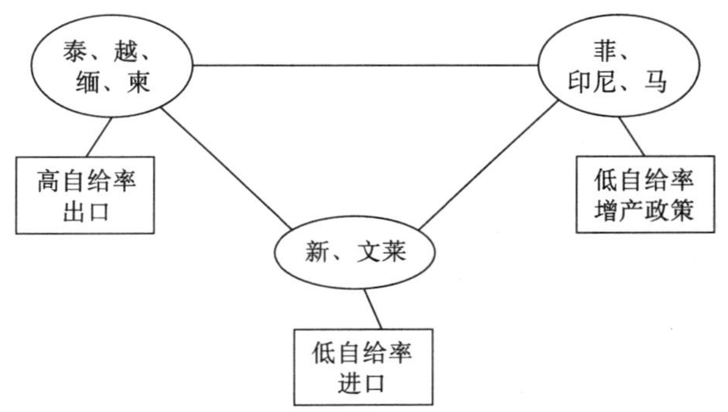

图5-3 东南亚国家粮食生产贸易结构

全球闹“粮荒”，各国纷纷出招应对，有的国家高价购买囤粮备荒，有的国家为保障内需禁止出口大米，有的国家与产粮国秘密签订协议购买粮食期货，有的国家拟实行“粮票”制限制用粮，有的国家通过价格补贴的方式向较为贫困的民众提供平价大米。

世界粮食市场的动荡，给东南亚各国带来了深刻的影响。东南亚地区作为世界主要的大米生产与消费地区之一，其大米贸易市场不可避免地受到相当大的冲击。从泰国大米交易市场的价格动向来看，2005年12月为285.50美元/吨，2006年12月为312.00美元/吨，2007年12月为375.67美元/吨；进入2008年则出现快速的上升趋势，3月为567.00美元/吨，4月为853.25美元/吨，5

① 日本国际协力事业团：《泰国东亚粮食安全保障及其大米储备系统计划调查最终报告书》，2003年，第2页。

② Grain：World Markets and Trades，FAS/USDA June 2008. pp. 12~14.

月则高达962.60美元/吨。此后价格虽有所回落，但仍在800美元/吨左右浮动[①]。这样的价格波动反映到各国的现实生活中就是出现不同程度的粮食恐慌。出口国为此制定了一系列政策限制出口，批发、零售业者则囤积或惜售。

对于大多数东南亚国家来说，人口多、耕地少，如果在粮食生产或供应方面出现问题，将直接破坏经济发展，进而造成社会的不稳定。面对农业和粮食状况恶化，东南亚各国政府纷纷制定了支持粮食产业发展的财税政策措施。

越南、柬埔寨制定了禁止大米出口2~6个月的限制性措施，以缓和国内蔓延的恐慌情绪，保护粮食产业；越南2008年大米的出口量减少22%。越南的农业协会也敦促本国稻农在2008年4~6月期间不再签订大米出口合同。

越南通过限制大米出口政策，在一定程度上使大米出口逐年增加。据越南粮食协会统计，2009年越南出口大米达605.2万吨，出口额近27亿美元，均达到历史最高水平。由于印度等产粮大国歉收，2010年越南大米出口预计达到670万吨左右[②]。这些政策虽然缓解了国内粮食供求状况，但并非解决粮食综合生产能力的长久之计。首先，限制大米出口，实际上是控制米价，从而直接损害大米种植者的利益。同时还助长投资分子囤积居奇，广大农民是最终受害者。其次，限制大米出口，打破了原有地区粮食贸易市场，供需矛盾导致价格攀升，不仅影响粮食进口国，还会引发包括出口国在内的大范围粮食危机[③]。

泰国是世界上最大的大米出口国，但急剧攀升的全球物价使得泰国米价不断上涨。人们担心，如果稻农想出口大米换取现金，市场就会发生短缺。泰国动用政府储备，泰国商业部于2008年4月2日宣布拿出65万吨政府储备米投入国内市场以平抑急升的米价。泰国政府则限制大米出口量，提高大米出口税，保证国内大米生产和价格稳定。

在保证本国粮食供应的情况下，泰国的储备政策不仅遏制了米价的飙升，还进一步促进了泰国大米的出口。2008年泰国大米出口量接近1000万吨。2008年1~3月期间，泰国共出口了325万吨大米，同比增长66%[④]；2008年

① 联合国粮农组织，http://www.fao.org/es/esc/en/20953/21026/index.html/。

② 《2009年越南大米出口创历史最高水平》，《经济日报》，http://www.8801.com.cn，2010年1月26日。

③ 贺永华：《论21世纪东南亚粮食安全问题》，暨南大学硕士学位论文，2009年5月29日，第20页。

④ 《全球粮食危机蔓延　泰国米价创纪录每吨1000美元》，央视国际，http://www.news.cn，2008年4月19日。

1~7月期间，大米出口量为690万吨，2008上半年平均每月的出口量约为100万吨[①]。由此可见，政府的相关支持政策不仅保证了粮食的供应量，还提高了粮食生产者和经营者的经济效益。

印尼给予国内生产者肥料补贴（总预算为18亿美元），最大限度地保障粮食生产正常运行。肥料补贴以及农机补贴，很大程度上提高了印尼农业种植的产出率。根据《联合国粮农组织统计年鉴》（2009）资料，从2005至2007年3年中，印度尼西亚谷物收获面积分别是1547万顷、1513万顷和1578万顷[②]。正是由于政府大力推行扩大种植面积和鼓励利用洼地种植水稻等计划，使得印尼的粮食丰收面积逐年增加。2009年印尼稻米产量6384万吨，预计2010年将同比增长5%。目前印尼的大米库存量超过了170万吨，高于2008年同期的120万吨。2010年印尼稻米产量有望同比增长5%[③]。但这些政策存在以下问题：第一，政府向农户提供的补贴资金主要来源于石油收入盈余以及向国外贷款，资金极具依赖性。第二，引发收入分配恶化。只有符合贷款条件的大农户才有资格获得政府资助，小农户受益很少，引发两级分化。第三，导致环境污染。大量使用化肥和杀虫剂，对农村生态造成很大破坏[④]。

马来西亚则从2008年5月起向市场投放的进口大米由每月900吨增加到20000吨，并对进口大米予以补贴，给予国内生产者以最低价格（650~750马币/吨）的保护。此外，为增加大米的供应，还决定进一步对东部的沙巴和沙捞越进行开发[⑤]。

实践证明，近些年来马来西亚为支持粮食产业发展而采取的财税政策取得了明显成效，主要表现在以下几个方面：首先，农民经济状况得到明显改善。农村贫困率从1970年的58.7%降到1990年的21.8%再到2004年的11.9%[⑥]。其次，谷物生产率得以提高。根据联合国粮农组织统计，从2006年到2007年，

---

① 《2008年泰国大米出口量有望达到1000万吨》，中国农业网，http://www.zgny.con.cn，2008年8月28日。

② 《联合国粮农组织统计年鉴》（2009），http://www.fao.org/economic/ess/publications-studies/statistical-yearbook/2009/zh/。

③ 《2010年印尼稻米产量有望同比增长5%》，《吉林粮食市场》2009年12月24日，http://www.jllssc.com。

④ 沈红芳：《东亚主要发展中经济体经济发展模式研究》，厦门大学博士学位论文，2006年，第161~162页。

⑤ 陈戎杰：《欧美生物燃料战略与东南亚粮食贸易困境》，《东南亚研究》2008年第6期。

⑥ 廖小健：《马来西亚的农村经济发展策略》，《亚太经济》2007年第2期。

马来西亚的谷物产量由227万吨上升至228万吨[①]。可见，对沙巴和沙捞越等地区的开发，有效地扩大了耕地面积，提高了谷物的产出量。

菲律宾是全球最大的大米进口国，政府调查人员2008年曾突袭各地粮食仓库，打击囤积大米的行为。菲律宾的快餐连锁店甚至将米饭供应量减半。面对粮食短缺问题，菲律宾政府一方面积极扩大进口以确保国内大米的供应；另一方面采取价格补贴政策，为国内民众提供廉价大米。菲律宾政府为了扩大进口，积极与越南和泰国等传统的大米供应国谈判。2008年3月26日，越南同意与菲律宾签订大米供应备忘录，承诺未来3年每年向菲律宾供应150万吨稻米。菲律宾还从美国高价采购了7万吨大米。同时，为保证各地方自治体能公正地发放政府提供的应急大米，菲律宾国家粮食署还向最贫困的市民配发了领粮信用卡，以把握各地分配情况和防止大米贸易商的囤积等，保证粮食产业的正常运行。截至2008年4月，菲律宾政府通过价格补贴的方式向消费者提供平价大米，每个消费者每天可以到国家粮食署的销售点购买5公斤的大米，每公斤的价格为18.25比索（约合44美分），而市场上流通的商品大米价格为30比索以上。两者之间存在相当大的价格差距，因此，不少中等收入的家庭也开始与贫困家庭挤到一起争购平价大米。

菲律宾采取的进口和补贴政策，在短期对稳定粮价有一定的作用。2009年菲律宾大米进口量约为220万吨，低于2008年创纪录的进口规模230万吨。但由于2009年遭受多次台风灾害，截至2010年，菲律宾大米进口增加了24%，达到247万吨[②]。可见，菲律宾在短时间内实现大米自给并非易事。进口和补贴政策还为此替国家背负沉重的赤字负担。根据菲律宾国家粮食署估算，该国全年进口稻米所需成本将超过15亿美元，同时政府为平抑国内粮价所需支付的补贴也将超过5亿美元。为从根本上改变严重依赖进口的局面，需注意两点：一方面，加大对农业基础设施的投入力度，促进国内粮食产量增长；另一方面，控制国内人口增长速度[③]。只有这样，才能从根本上解决菲律宾粮食自给问题，促进本国粮食产业发展。

---

① 《联合国粮农组织统计年鉴》（2009），http：//www.fao.org/economic/ess/publications-studies/statistical-yearbook/2009/zh./。

② 《菲律宾新政府将重审大米进口政策》，《农博要闻》，http：//news.aweb.com.cn，2010年6月30日。

③ 贺永华：《论21世纪东南亚粮食安全问题》，暨南大学硕士学位论文，2009年，第20页。

第三节　国外通过财税政策支持粮食产业发展的启示

本章前两节的内容着重介绍了发达国家与发展中国家支持粮食产业发展的财税政策体系。从美国、欧盟、日本以及澳大利亚等国发展粮食产业的财税政策中我们看到，各国政府致力于推行价格支持、税收优惠、财政补贴和进出口保护这四方面的政策，全面有效地促进粮食产业良性发展；同时，从巴西、阿根廷以及东南亚各国发展粮食产业的财税政策中我们发现，各国采取的加大财政资金对农业投入、构建农产品市场、健全城乡公平统一税制等措施有利于防范粮食危机，确保粮食安全生产。本节将结合中国实际情况，借鉴别国粮食财税政策的先进经验，探索中国今后支持粮食产业发展的财税政策。

一、发达国家通过财税政策支持粮食产业发展的启示

（一）价格支持方面

作为流通领域最直接、最有效的农业保护措施，价格支持政策为多国所采用。美国就通过价格收入支持政策，对农业生产者给予价差补贴；欧盟通过制定目标价格、干预价格和门槛价格对粮食产品进行保护；日本颁布的新粮食法促进大米的自由流通，倡导农产品价格市场化；澳大利亚提出小麦最低收购价，稳定粮食生产。借鉴发达国家对粮食产品进行价格支持的成功经验，结合中国2010年中央一号文件关于“完善农业补贴制度和市场调控机制，落实小麦最低收购价政策，继续提高稻谷最低收购价”[①] 的要求，政府对农产品特别是粮食产品的价格支持应该注意以下两点：

1. 完善粮食最低保护价政策。尽管2008年以来，国家提高粮食最低收购价，但是，随着化肥等农资价格、机械作业费以及人工费等快速上涨，粮食生

① 《中共中央国务院关于加大统筹城乡发展力度进一步夯实农业农村发展基础的若干意见》，中发（2010）1号文件。

产成本明显增加，最低收购价提升的幅度不能弥补成本上涨的幅度，导致局部地区的农户售粮积极性受挫，这样不利于粮食生产、流通的稳定①。粮食最低保护价的制定要综合考虑前几年的市场价格水平、当年的生产成本、贸易条件、市场总需求和供给等多种因素。国家应该根据实际情况，制定和实施高于均衡价格的粮食最低收购价，从而减缓粮食价格波动对农民造成的冲击，保护粮食产业稳定发展②。

2. 完善差价补贴制度，保证粮食市场价格稳定。所谓的差价补贴是指，政府每年在粮食收获季节结束后的一定时期内，根据主产区批发市场行情检测结果公布市场价格，同时制定一个标准的保护价。当市场价格低于保护价格时，由政府对不足的差价给予补贴；相反，则不予以补贴。从而实现保护价粮食可以由多家有资质的大型粮食企业与农民签订产销合同按市场价收购，保护价与市场价的差价部分政府按照不超过合同规定的实际销售量给予补贴③。这样，国家就可通过收购和出售粮食调节市场上的供求关系，使价格稳定在规定的幅度以内，保证生产者和消费者双方的利益。

（二）财政补贴方面

发达国家为了保证粮食安全，大部分国家都采取了对农民的直接补贴政策。美国主要采用直接补贴和反周期支付政策，运用脱钩补贴模式对农民进行补贴；欧盟的补贴以按照种植面积和休耕面积对农民进行直接补贴为主，加入环保补贴，保护耕地的同时保护了粮食综合生产能力；日本则采用稻作安定经营对策制度来补偿农民因价格下跌带来的收入损失；澳大利亚虽然不提倡对农业的过度干预，但仍然通过“援助农民的政府计划”从多方面加大对农业的财政支持力度。所以，从发达国家对粮食生产进行补贴的过程看，有几点共同之处：第一，补贴的对象大部分都是生产者。只有对农民本身进行直接补贴，才能直接调控种粮面积、提高农民种粮积极性，促进粮食生产。第二，补贴力度必须达到一定的水平。只有给予充足资金支持，才能有效保证种粮农户收入稳定④。

中国加入 WTO 后，政府制定农业补贴政策时必须遵守 WTO 的规则以及中

---

① 马晓河、蓝海涛：《中国粮食综合生产能力与粮食安全》，经济科学出版社 2008 年版，第 39 页。

② 同①，第 475 页。

③ 文小才：《美国农业财政补贴政策的经验与启示》，《云南财经大学学报》2007 年第 3 期。

④ 同①，第 464、465 页。

国向 WTO 所作出的承诺。WTO《农业协定》将农业支持政策分为绿箱政策、黄箱政策和蓝箱政策三类。其中，绿箱政策指对生产和贸易没有扭曲影响或者影响很小，不受限制或者免于削减的支持政策，主要包括对农业科研、技术推广和咨询、食品安全储备、自然灾害救济、环境保护和结构调整计划等项目的支持①；黄箱政策指对生产和贸易产生扭曲影响，需要限制或消减的支持政策，包括价格支持、营销贷款、按产品种植面积的补贴以及种子、肥料、农药、灌溉等投入补贴。黄箱政策还涉及微量允许标准，中国保留 8.5% 的微量允许。

中国现行的粮食直补和农资综合直补采取与生产脱钩的形式，接近于绿箱政策中的“对生产的直接支付”。良种补贴、农机具购置补贴以及粮食最低收购价等生产性专项补贴均具有明显的生产和贸易扭曲性，属于黄箱政策②。但由于中国农业补贴的总体水平不高，没有突破农业产值的 8.5% 的微量允许，中国现行补贴制度并没有突破 WTO 规则。所以，现阶段“黄箱”政策的实施余地还很大。

自从国家出台惠农强农政策，把过去对粮食流通环节的补贴改为对种粮农民的直接补贴以来，有效地保证了农民的种粮收入。对农业直接补贴较大程度上促进了农民种植粮食的积极性，取得了粮食增产农民也增收的时效。2010 年中央一号文件继续要求：完善农业补贴制度，坚持对种粮农民实行直接补贴；增加良种补贴、农机具购置补贴，扩大补贴种类；加强对农业补贴对象、种类、资金结算的监督检查等③。按照以上要求，结合中国实际以及发达国家补贴的先进经验，应该注重以下几个方面的工作：

1. 扩大涉粮直补标的物的范围。对粮食进行直补不应仅仅局限于对农民收入的补偿上，还应进一步扩大直补标的物的范围。一方面，应增加农机具购置补贴，将秸秆还田纳入农机具购置补贴中。国家不仅要增加农机具购置补贴的品种，还要将高效、节能、环保的秸秆还田设备纳入其中，借助政府补贴发展生态农业。另一方面，鼓励使用有机肥。政府还可以根据一定时期土壤有机质含量等指标，通过奖励或补贴的方式来鼓励农民施有机肥。此外，还应该向日本学习增加粮食灾害补贴，提高粮食产业防御风险的能力。

2. 降低涉粮补贴的运行成本。由于补贴依据难以衡量，涉及部门较多，工作

---

① 杨红旗、汪秀峰、张玉乐：《浅谈中国现行的粮食补贴政策》，《种业导刊》2009 年第 7 期。

② 杨红旗、汪秀峰、张玉乐：《浅谈中国现行的粮食补贴政策》，《种业导刊》2009 年第 7 期。

③《中共中央国务院关于加大统筹城乡发展力度进一步夯实农业农村发展基础的若干意见》，中发（2010）1 号文件。

量大，所以补贴的执行成本很高。政府在对农民进行补贴时，应尽量将功能相近的粮食直补和农资综合补助等补贴由分次发放改为一次性发放①。同时，不同地区享受补贴的农户标准的制定可以因地制宜，重点补贴达到一定规模的商品粮农户。这样做不仅可以削减补贴的执行成本，还可以推动粮食的产业化经营。

3. 有针对性地加大对粮食主产区、种粮大户的补贴。如何将有限的直补资金高效地投入到有发展潜力的地区是政府应该考虑的问题。政府应该更多注重调动粮食主产区农民积极性，特别是要调动主产区地方政府的积极性②。政府应该将粮食补贴的范围，从全国逐步缩小限定在粮食主产区和集中产区，以保护粮食主产区和集中产区农民生产积极性，促进该地区农民尽快稳定增收，最终带动全国粮食产业的发展。同时，还应该按照存量不动、增量倾斜的原则，将新增农业补贴适当向种粮大户、农民专业倾斜。这样不仅可以提高财政资金的利用率，而且还能推动土地向种粮大户集中，促进规模经营。

4. 逐步实施 WTO“绿箱”政策，促进本国粮食产业长远发展。随着粮食补贴力度的不断加大，中国对农业补贴的比例将逐渐趋向于8.5%的微量允许标准。所以，中国应当借鉴欧盟的绿色保护措施，逐步全方位地实行“绿箱”政策。欧盟各国充分利用 WTO 规则中有关农业保护的条款，运用“绿箱”支持中的投资援助发展基础设施建设；运用环保支持发展各国生态农业。中国也应该加大政府对农业科技、水利灌溉、生态环保等基础设施的投资力度，改善粮食生产和经营的基础条件，保护主产区农民种粮积极性，从根本上提升中国粮食产品的国际竞争力③。

（三）税收优惠方面

发达国家为了促进本国粮食产业的发展，提高农民种粮积极性，都十分注重发挥税收政策的杠杆作用。美国通过颁布对农业的特殊税收条款，对农民在个人所得税以及遗产税方面都有不同的优惠措施；欧盟各国同样通过实行免税、特别税率以及关税保护等措施扶持农业发展；澳大利亚在征收所得税时专门针对农民采取了一系列优惠举措。由此可见，税收优惠和税收鼓励是这些发达国家扶持粮食产业发展的重要手段。中国目前尚未形成独立的农业税收制

---

① 马晓河、蓝海涛：《中国粮食综合生产能力与粮食安全》，经济科学出版社 2008 年版，第 47 页。

② 同①，第 475～476 页。

③ 温皓杰、张领先、傅泽田：《欧盟农业国内支持水平及政策》，《世界农业》2008 年第 5 期。

度，相关措施也只能散见于其他税收制度中。我们可以借鉴西方国家促进粮食产业发展的先进经验，结合中国实际国情，建立起一套有利于粮食产业发展和农民增收的农业税收体系。

1. 采用直接与间接相结合的减税优惠政策。一般情况下，将税收优惠形式分为直接减免税优惠和间接减免税优惠。前者实施起来简单、直接并便于计算，税收杠杆作用的短期效果好；后者长期效果好，能够增强粮食产业的发展后劲。发达国家多采用加速折旧、投资抵免、增加税前扣除项目、提高扣除标准等间接减税优惠；发展中国家多采用定期减免、优惠税率等直接减税优惠。目前，中国的税收优惠形式侧重于降低税率、税收减免等直接优惠方式。结合发达国家的先进税收经验，中国应该采取直接与间接税收优惠相结合的形式，这样能够更好地体现国家的产业政策导向，从长远上促进税收政策支持粮食产业可持续发展。

2. 发挥税收杠杆作用，鼓励粮食生产。为了鼓励农业企业的发展，促进高新技术向粮食产业渗透，在企业所得税方面国家可以采用的税收措施有：适度降低农业企业所得税税率；对农业企业引进先进的技术设备免征进口关税和进口环节的增值税；加大税前扣除项目金额等。在增值税方面：适当增加粮食产品的注释品种，最大限度地将以粮食产品为原料的加工产品列入农业产品征税范围，从而使更多的农业产品享受到增值税低税率优惠。政府还可以对粮食产品实行增值税即征即退的政策。这些政策都有利于发挥税收政策的杠杆调节作用，增强中国粮食产品在国际市场上的竞争力①。

（四）对外贸易方面

中国加入 WTO 后，粮食产业面临的是市场准入关税化、农业支持绿色化和出口补贴有限化的国际贸易环境。我们应该在遵守 WTO 规则和中国入世承诺的前提下，通过调整粮食进出口战略、关税保护等外贸支持政策，增强中国农产品的国际竞争力，稳定粮食生产并且保护广大农民的利益②。

1. 采取以粮食换资源的战略，调节粮食进出口。政府应该利用灵活的粮食进出口贸易政策，鼓励粮食适度进口，从而弥补资源的不足。这样做可以腾出

① 杨焕玲、孙志亮：《美国农业税收政策及其对中国的启示》，《改革与开放》2008 年第 4 期。

② 温皓杰、张领先、傅泽田：《欧盟农业国内支持水平及政策》，《世界农业》2008 年第 5 期。

和节约耕地和水资源，推动区域性生态环境保护，为粮食增产培育后劲①。

2. 利用关税保护，扶持本国粮食产业发展。美国、日本以及澳大利亚都采取了关税保护农业的措施。通过对国外进口的粮食加收关税，以此来保护本国粮食产品的价格。此外，为了保护本国农产品免受国际市场的冲击，欧盟提出了差价税保护政策。所谓差价税是指进口价格和门槛价格之间的差额。若进口的粮食价格低于门槛价格，欧盟政府就要征收差价税，从而迫使进口粮食按照当地市场价格出售②。从以上经验中可知，中国也应该通过对进口粮食产品加收关税来保护本国粮食产品，在遵守 WTO 各项规则的前提下，积极保护中国粮食产品免受国外市场冲击，增强中国农产品的国际竞争力。

综上，发达国家针对发展粮食产业而采取的各种措施，对促进中国粮食产业的稳定与发展提供了诸多宝贵的经验。中国政府应该切实加大在粮食价格保护、财政补贴农业、提供税收优惠以及对外贸易政策等方面对粮食生产的支持力度，促进中国粮食产业健康、协调、可持续发展。

二、发展中国家或地区通过财税政策支持粮食产业发展的启示

从巴西、阿根廷以及东南亚各国为促进粮食产业发展而采取的财税措施我们可以看出，每个国家应该根据各国具体的情况，采取相应的措施，走出一条符合本国实际的促进粮食产业发展的道路。虽然国情不同，但是，发展中国家粮食产业发展的政策体系中仍然有诸多值得中国借鉴和学习的地方。

（一）加大国家财政资金对农业的投入力度，促进粮食生产

1. 加强基础设施建设，改善粮食生产的要素条件。借鉴巴西和阿根廷对农业基础设施建设的经验，中国政府财政资金必须重视对农业基础设施建设的投入，为粮食生产条件的改善提供必要的资金支持，提高全国粮食生产的机械化水平③。具体建议如下：

（1）建立粮食产业发展基金。为了保证粮食产业有一个长期稳定的资金来源，政府应该通过多渠道筹集资金用于建立国家粮食生产建设保护基金。这种

① 马晓河、蓝海涛：《中国粮食综合生产能力与粮食安全》，经济科学出版社 2008 年版，第 191 页。

② 王开：《欧盟农业政策在市场风险上对中国的借鉴》，《河北农业科学》2008 年第 12 期。

③ 同①，第 476 页。

资金的来源可以是土地使用权出让费、固定资产投资方向调节税、耕地占用税、国外优惠贷款和赠款等。同时中央财政每年应适当增加支农款项，将其作为专款予以保留，确保财政支农资金逐年稳定增长。

（2）国家财政资金的投放要有所侧重。财政资金的支出重点应放在跨区域性的农业基础设施建设、重大农业科学基础研究和农业科技推广、农用工业以及重要的农业开发项目等方面。第一，大幅度增加中央和省级财政小型农田水利设施建设补助专项资金规模。应该从实际出发，加强中小型水利设施建设、成片中低产田改造等与粮食生产能力密切相关的农业基础设施建设。财政资金对这些方面的支持有利于改善部分地区农田水利问题，促进粮食产业的现代化经营。第二，加大农业科技开发及农业科技成果推广应用方面的投入。阿根廷政府十分重视农业科技的研究和推广，1965 年设立的全国农牧业技术研究所（INTA），积极促进了先进科研成果在全国范围内的推广与应用，取得了良好的经济效益①。借鉴阿根廷的经验，中国应加大对良种培育的科研投入，加快农业生物育种创新和推广应用体系建设，从资金上确保科技兴农战略的实施。第三，财政必须加大对技术装备的投入。技术装备水平是支持粮食生产的物质基础，国家应该注重财政资金对“种子工程”、畜牧良种、优质饲料、区域化优质农产品、退耕还林、还草等方面的投入，逐步提高粮食产业的装备水平，促进粮食产业长远发展。

2. 增加信贷资金对农业的投入，拓展粮食生产融资渠道。由于农民收入水平仍然较低，生产领域所需资金单靠农户本身是无法得到很好解决的，迫切需要国家政策性金融机构的支持。为此，政府财政可通过财政贴息等方式引导和鼓励金融机构加大对粮食生产的投入。巴西政府强行规定私人商业银行必须将先进存款的 10% 用于农业信贷，中国也应当要求国家银行每年新增的农业贷款规模要保证占新增贷款总规模的一定比例，并逐步提高农业贷款存量占国家贷款总存量的比重②。

借鉴巴西发展粮食产业的经验，中国增加信贷资金对农业的投入，首先要积极发挥中国农业发展银行、农村信用合作组织等政策性金融机构的作用。政府应该根据一定时期的农业产业政策，有重点地将资金投入在那些既符合国家产业政策又具有良好的市场前景的项目。与此同时，应该加强财税政策与农村

① 王学斌：《WTO 框架下阿根廷农业发展的经验与教训》，《世界经济情况》2003 年第 8 期。

② 马晓河、蓝海涛：《中国粮食综合生产能力与粮食安全》，经济科学出版社 2008 年版，第 477 页。

金融政策的有效衔接，完善涉农贷款税收优惠、定向费用补贴、增量奖励等政策。此外，政策性金融机构的信贷资金投入方向必须从粮食流通领域转向生产领域，向广大农民提供生产性信贷。在政府投入资金的使用方式上，应坚持无偿使用和有偿使用相结合的原则，凡是具有一定经济效益的项目，资金应该实行有偿使用，对于水利工程等经济效益暂不明显的项目，国家财政资金应该无偿投入。

由此可见，增加信贷资金对农业的投入，不仅可以解决农户短期内生产资金紧缺的状况，而且还能从根本上拓宽粮食生产的融资渠道。为了实现“三年内消除基础金融服务空白乡镇”① 的任务，必须加大政策性金融对农村改革发展重点领域和薄弱环节支持力度。

（二）加快推进“后农业税时代”的税制改革

从巴西和阿根廷为促进粮食发展而采取的税收政策中，不难得出以下两个方面的结论：第一，减轻农民税收负担，有利于提高农民种粮积极性。正如第五章第二节所说，巴西的农业税收不论从品种上还是税率上，都是相对较轻的。同时，巴西农业税收政策采取“抓大放小”的方针：征税主要针对大农场主，而小农业生产者的各种税收负担则相对小。此外，巴西在农村独立征收的税种只有农村土地税。上述这些措施都有利于提高土地的使用率和增加农民的收入。第二，建立公正、公平的税收体系，从根本上提升粮食综合生产能力。在税收体系方面，阿根廷政府一直致力于建立有利于粮食生产的统一、公正的全国税收体系。阿根廷对农牧产品及相关劳务征收的增值税税基宽泛，有利于税收公正、公平；对粮食产品出口实行上游环节增值税全额退税的政策，有效地降低了农户的实际税负。由此可见，充分发挥了税收政策的杠杆调节作用，不仅有利于提高农民生产积极性，还有利于促进粮食产业稳定发展。

相比较而言，中国运用税收政策促进粮食产业发展方面也取得了一定的成效，同时仍面临一些问题。自 2006 年起，中国全面实行取消农业税政策。免征农业税从根本上减轻了农民的负担，间接增加农民收入，有力地调动了农民种粮积极性，是对农村生产关系的一次重大变革。但是，在“后农业税时代”，农民仍承担着一定的税收负担，并不是处于无税状态。比起城镇居民，农民所

---

① 《中共中央国务院关于加大统筹城乡发展力度进一步夯实农业农村发展基础的若干意见》，中发（2010）1 号文件。

承受的税收负担相对于所能享受的公共产品和服务而言是不对等的①。实际上在"后农业税时代"，农民仍然承担购买生产资料时的增值税、车辆购置税、车船税等其他税收负担，从而产生了新的农村不公平现象。

下面就针对中国农业税收方面的问题，同时结合巴西、阿根廷的先进税收经验，重点分析"后农业税时代"中国应该如何在税收方面促进粮食产业发展。

1. 采取有效措施减轻农民"隐性"税收负担。免征农业税之后，传统意义上的显性负担和强制性负担已经基本消失，但是如今农民仍然背负着诸多"隐性"税收负担②。比如，农民需要缴纳购置生产资料、生活资料的增值税；农民作为银行储户就利息所得缴纳的个人所得税以及农民转让自由财产时缴纳的相关税收等。政府应该有针对性地对农民进行退还税款，加大对农民直接补贴的力度。鉴于现今农业生产资料大幅涨价、高额的医疗费用、子女教育费用以及农产品价格降低等问题，政府还应扩大对农村弱势群体的救助范围，加大对农业、农民的政策倾斜力度，从而有效地减轻农民的"隐性"税收负担，提高农民种粮积极性。

2. 构建城乡一体化税收制度。政府应该调整农业税收征收办法，实施有利于城乡统筹发展的税收政策。取消农业税后，应该把涉农税收分别纳入现行增值税和所得税的课税制度之中③。以增值税为例，将农民自产自销的农产品纳入增值税的增收范围之内，按照增值税条例，政府不仅要考虑对农民将其自产自销的农产品免征农业税，而且还要考虑农民购买生产资料所含增值税税款退税的问题④。政府应该针对实际情况，制定出减轻农民税收负担的配套措施，使得税收和二次分配不仅考虑城乡统筹还要注重向农村倾斜，从而在根本上发挥税收对粮食生产的调节与促进作用。

总之，统一税制的过程不是一蹴而就的。建立城乡一体化的税收体系需要经过长时间的探索，在深入调研的基础上稳步推行。只有运用税收手段切实有效地减轻农民负担，才能切实消除城乡差别，推进城乡税负公平，有效地促进

---

① 范宝学：《免征农业税后农村经济存在问题分析》，《辽宁工程技术大学学报》（社会科学版）2009 年第 2 期。

② 李铜山、陈允仓：《后农业税时代农民负担演变成"特隐性负担"》，《中州学刊》2009 年第 2 期。

③ 周平川、吉海瑞：《分阶段分步骤彻底改革农业税收制度》，《税务研究》2004 年第 2 期。

④ 范宝学：《免征农业税后农村经济存在问题分析》，《辽宁工程技术大学学报》（社会科学版）2009 年第 2 期。

粮食产业发展。

（三）建立健全粮食市场体系

粮食总产量的供求平衡关系到一国的粮食安全。由于粮食的特殊性，无论是粮食短缺还是过剩的国家，都曾经采取过甚至如今仍在采用部分管制性的措施，但是市场化是共同的发展趋势。此外，随着政府对粮食生产、流通这些方面的扶持的增加，财政负担也随之增加。所以，政府不应采取直接的手段干预粮食生产和流通环节，而是应该主要靠储备粮源、灵活吞吐等一系列间接的经济手段来保持国内粮食总供求平衡①。

从巴西粮食产业发展历程中我们可以看到，“1995 年以后，虽然农业支持和补贴不断减少，但是巴西农业的竞争力和生产率都继续提高。主要原因在于通过放开市场而让大农场去竞争，经过竞争而不断地淘汰那些缺乏竞争力的小农。”② 与此同时，阿根廷政府完全把粮食产业推向市场。农民的收益主要依靠大牧场经营和强劲的国际市场需求。从两国粮食产业发展模式我们可以看到共同点：着力发展粮食市场，充分发挥市场调节作用，提升本国粮食产品的国际竞争力。所以，中国今后粮食产业发展应该借鉴这些国家的粮食市场发展成功经验，建立健全中国农产品市场体系。

中国自从粮食收购市场开放以后，政府掌握的粮源逐步减少。同时，国际粮食市场对国内粮食市场的影响逐渐增强，粮食市场体系尚不健全。2010 年的中央一号文件明确规定要健全农产品市场体系。这就要求我们利用加入 WTO 后的两个市场、两种资源，充分发挥市场机制配置粮食资源的基础性作用。将粮食生产建立在保证足够的生产能力上，而不是过剩的产量上③。具体应该做到以下两个方面：

1. 培育粮食市场体系，确保粮食高效有序流通。面对特定时期、特定地区的粮食市场波动，应该充分发挥市场机制作用，培育和鼓励多元市场主体参与粮食收购和交易。政府在加快粮食市场体系建设的过程中，应当统筹制定全国农产品批发市场布局规划，支持重点农产品批发市场建设和升级改造，落实农

① 马晓河、蓝海涛：《中国粮食综合生产能力与粮食安全》，经济科学出版社 2008 年版，第 474 页。

② 张红宇、陈良彪：《巴西农民收入支持政策及启示》，《世界农业》2004 年第 10 期。

③ 国家粮食局调控司赴巴西培训团：《巴西粮食购销市场化中的宏观调控与管理》，《中国粮食经济》2003 年第 4 期。

产品批发市场用地等扶持政策，最终建成全国统一的粮食大市场①。

2. 支持发展农业中介组织，实现粮食自由购销。巴西与阿根廷在健全粮食市场过程中，必不可少的一点就是发展粮食中介组织。政府应该积极组织引导、培育农业中介组织，逐步推行粮食销售的代理制或利税返还制。在粮食购销批发方面，农民可以自行决定种植品种以及购销对象，中间商可以自由进入粮食市场进行购销活动，政府并不进行过多干涉②。

综上所述，政府在支持粮食产业发展时，应该注意充分发挥市场的调节机制与资源配置作用，从根本上提升中国粮食产品的竞争力，使粮食综合生产能力自觉遵循市场规律，形成统一、开放、竞争、有序的粮食市场体系。

（四）建立健全粮食风险防御机制

考虑到中国粮食生产的抗灾能力弱、粮食市场供求价格的波动起伏大以及粮食生产基础设施建设落后等因素，要加快健全粮食生产的风险防御机制，抵御粮食危机，促进粮食综合生产能力的提高。借鉴东南亚各国政府应对粮食危机的处理机制，中国也应通过财税政策切实加强粮食储备、农业保险、期货市场的建设。具体做法如下：

1. 建立灵活高效的粮食储备制度。粮食储备制度作为国家粮食宏观调控的重要手段，有利于抵御自然灾害、平抑粮价、稳定粮食市场秩序，促进粮食生产稳定发展。所以，通过借鉴东南亚各国应对粮食危机的措施，中国也应积极建立灵活高效的国家粮食储备制度。在建设过程中应注意以下几点：

（1）划定粮食价格“安全区”，建立适时吞吐的调节机制。国家应该针对粮食总供求情况，划分最高警戒线与最低警戒线，通过储备数量与市场价格变化方向之间的逆反性联系，在市场价低于最低警戒线时以保护价收购粮食转为储备，在市场价高于最高警戒线时以低于警戒线一定幅度的价格抛售储备，达到平衡市场供求，进而稳定粮食价格的效果③。

（2）确定适度的储备规模。粮食储备的目标在于粮食安全，并不是储备得越多越好。合理的储备规模取决于储备所需的保管费和政府的承受能力、粮食

---

① 《中共中央国务院关于加大统筹城乡发展力度进一步夯实农业农村发展基础的若干意见》，中发（2010）1号文件。

② 马晓河、蓝海涛：《中国粮食综合生产能力与粮食安全》，经济科学出版社2008年版，第461页。

③ 同②，第478页。

的歉收程度以及粮食供应的人口范围[①]。所以，应该综合考虑这些因素确立合理的储备数量。越南和柬埔寨政府在应对世界粮食市场的动荡时，正是根据本国生产的年成丰歉，决定是否抛售或增加储备，从而有效地抑制粮价的暴涨暴跌[②]。由此可见，中国要想建立灵活高效的粮食储备制度，适度的粮食储备规模不容忽视。

2. 建立以粮食生产为主的农业保险制度。中国农业的高风险损失率和农民的低经济承受力，决定了中国农业保险很难通过商业保险的运作模式取得成功。为此，农业保险只能是政策性保险，需要政府在政策和财政上大力支持。

作为发展中国家的巴西，在农村建立了一套农业生产保险体系，为农民提供农作物保险补偿，加强了粮食生产抵御风险的能力。借鉴巴西发展农业保险的经验，中国在深化农业保险体制改革过程中应该注意以下几个方面：第一，建立国家保险基金。中央财政应该根据每年农业保险业务的发展情况，按照一定比例拨付资金建立国家保险基金，对农业保险进行补贴。第二，针对不同地区的特点，发展农业保险。对于发达区域，建立商业性保险公司与地方政府联合经营的农业保险；对于次发达地区，建立农业保险互助会作为农业保险的基层组织，发展农村小额保险；在全国范围内建立国家农业保险公司，通过对全国各省区农村保险互助会进行再保险，扶持农业保险的发展[③]。第三，扩大农业保险保费补贴的品种和区域覆盖范围，鼓励各地对特色农业、农房等保险进行保费补贴。以上措施有利于建立起全国各级财政支持的巨灾风险分散机制，从整体上提高全国粮食生产抵御风险的能力。

3. 建立粮食安全预警系统。粮食安全预警系统作为一个系统性的工程，跨越农业、气象、统计、科技、流通、市场和贸易等部门，健全该系统需要有一套健全的粮食信息服务机构。由于本章主要探讨政府对粮食产业发展的财税支持，所以，着重探讨如何通过稳步发展粮食期货市场健全粮食安全预警系统。

政府运用金融手段通过私人销售期权合同农产品采购风险补贴的做法，对建立健全粮食安全预警系统具有重要意义。巴西政府积极发展培育期权与期货市场，充分发挥新兴金融创新工具在促进粮食购销、稳定粮食供求以及规避生产风险等方面良好的载体作用，值得中国学习与借鉴。

---

① 马晓河、蓝海涛：《中国粮食综合生产能力与粮食安全》，经济科学出版社 2008 年版，第 477 页。

② 柴田明夫：《着眼国际民生确保粮食安全》，《广西粮食经济》2002 年第 3 期。

③ 同①，第 479 页。

目前中国粮食期货市场交易品种少、规模小，对交易主体限制较多；市场交易主体发展滞后，结构不合理；期货市场的基础即现货交易不发达，同时交易过程中投资成分过多。这些因素限制了中国粮食期货市场功能的发挥[①]。通过借鉴巴西的成功经验，我们应该加快培育成熟的粮食期货市场，扩大期货交易品种，鼓励条件成熟的粮食企业利用期货交易进行套期保值。同时国家应该强化对粮食期货市场运行机制、管理措施以及新品上市时期的选择问题研究，从而使得市场价格真实反映粮食供求状况，稳定粮食生产、防范粮食危机，充分发挥中国期货市场在粮食安全预警中的作用[②]。

综上所述，借鉴巴西、阿根廷以及东南亚各国的粮食发展财税经验，中国应该加大国家财政资金对农业的投入力度，充分发挥税收政策的调节作用，健全粮食市场体系以及风险防范机制，从根本上促进中国粮食产业的长远发展。

总之，从发达国家和发展中国家针对粮食发展而采用的各种财税政策中我们可以发现：要想发展粮食产业，政府必须在遵循市场经济运行规律的条件下，加大对粮食生产、流通、储备各方面的调节力度。中国政府应该针对不同时期不同地区的具体粮食生产状况，合理有效地运用各种财政手段、税收手段，在确保粮食安全生产的同时，促进中国粮食综合生产能力的提高，保证粮食产业又好又快发展。

---

① 国家粮食局调控司赴巴西培训团：《巴西粮食购销市场化中的宏观调控与管理》，《中国粮食经济》2003 年第 4 期。

② 马晓河、蓝海涛：《中国粮食综合生产能力与粮食安全》，经济科学出版社 2008 年版，第 46、474、478 页。

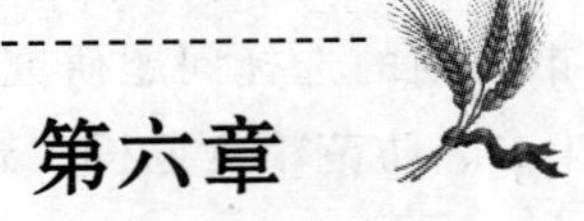

第六章

中国支持粮食产业发展的财税政策研究
——历史演进及现状分析

一个国家政治、经济、文化、社会环境中的一个重要组成部分就是税收政策。农业税是指国家向一切从事农业生产并且有农业收入的单位和个人征收的一种税。粮食税在中国农业税中居首要位置。第四章讲述了中国关于粮食政策的相关理论，本章将根据朝代更替的时间原则讲述中国相关粮食政策。每个时期存在的问题不同，因此，针对性不同，针对不同的时代特点，中国粮食产业发展中的财税政策也各有侧重。

本章将把中国粮食产业发展的财税政策具体分为三个时间段，分别为新中国成立前的财税政策分析，新中国成立后到改革开放前的财税政策分析，改革开放后到当前的主要财税政策分析。通过这三个时间段的划分展开对中国财税政策的分析体系，运用改革开放后粮食产业发展相关数据，着重进行了定量分析。这一章最终落脚于阐明中国当前粮食产业发展的财税政策存在的问题上，并将在本章结尾给出政策性的建议。

第一节　新中国成立前支持粮食产业发展的财税政策

农业税是一个古老的税种。中国自古就是崇尚农业的国家，也是千年粮食

大国。农业始终是我们的国本，粮食更是关系到历朝历代经济、社会的安危。新中国成立前曾历经奴隶社会、封建社会、民国时期三大阶段，在此期间，统治者对粮食这一传统产业的关注一直不曾间断。因此，新中国成立前，关于“田赋”、“农业税”、“税粮制”等名词层出不穷，其实这些说法都与粮食产业的财税政策相关。本节通过对这三大历史阶段的粮食政策分析，旨在寻找中国在当前的粮食产业发展方面的历史借鉴。

一、奴隶社会时期支持粮食产业发展的财税政策

中国第一个奴隶制社会夏的“贡”，就是农业税的雏形。春秋时期，鲁国实行“初税亩”，开始对土地特产征收实物税，成为中国农业税成熟的标志。《中国通史》记载，“前五九四年（鲁宣公十五年），鲁国‘初税亩’。”[①] 在这一时期，支持粮食产业发展的财税政策重点体现在《周礼》一书中的记录和战国时期秦国发生的商鞅变法上。

（一）《周礼》中的粮食经济思想

《周礼》，亦称《周官》、《周官经》。《周礼》是周王室官制和战国时代各国制度的汇编，为战国时期的作品。全书有天官冢宰、地官司徒、春官宗伯、夏官司马、秋官司寇、冬官司空六部分，汉时补了考工记部分。全书有丰富的关于经济问题的论述，它们主要集中在“地官司徒”部分。关于地官司徒的解释如下，“徒”是众人的，“司徒”意为管理众民百姓；“地”是一切生活资料和生产资料的场所；所谓“地官”，即管理土地之官。实际上“地官司徒”即是说管人和管地两个要素相互结合的政府部门。

1.《周礼》中的粮食地位。《周礼》把农业看做是决定国民经济的主要产业，而粮食又是农业中的主要产业，比如小麦、大豆、水稻等。它侧重于粮食产业具体体现在把经济方面的社会分工以“九职任万民”，即：“一曰三农，生九谷；二曰园圃，毓草木；三曰虞衡，作山泽之材；四曰薮牧，养蕃鸟兽；五曰百工，饬化八材；六曰商贾，阜通货贿；七曰嫔妇，化治丝枲；八曰臣妾，聚敛疏材；九曰闲民，无常驻职，转移执事。”[②] 前四种均属于广义的农业范

① 范文澜：《中国通史》（第1册），人民出版社2001年版，第183～189页。

② 北京师联教育科学研究所：《中国古典文化大成·诸子百家卷·周礼》，学苑音像出版社2005年版，第18～37页。

围，就狭义的农业来说："三农"（高原、平地、低地之农）更居于民众职业之首位。"九谷"指黍、稷、秫、稻、麻、大豆、小豆、大麦、小麦。第七、第八、第九职也是和农业相联系的。可见，《周礼》的设计背景是以农业为主要生产的社会。而其中所讲的农业中的"九谷"无疑就是指粮食。

2. 规定均地征赋税。《周礼》中的赋税极多，主要有九功、九赋和九贡。九功和九贡主要用于充府库、供余羡之用，不是国家的正赋，在此不加以表述。

九赋是国家的正赋，即赋税的九种名目，以地域为征收对象。九赋中包括对土地征税的七赋，这七赋是主要的，除此之外，还有关市、市税之赋。因此，又把九赋称为"地征"或"地税"，按地的收入计征，按地之远近决定税率的高低，近轻而远重。"凡任地：国宅无征，园、廛二十而一，近郊十一，远郊二十而三，甸、稍、县、都皆无过十二，唯森林这征，二十而五。"其中，国宅是由国家建造的公用房，廛是私人居住的和商人经营的用房。漆林征税率最高，是因为漆林收益高。显然，上述税率除漆林外按距离王城的远近而采用不同的税率，近低远高。山泽农民还必须按时缴纳特产，对商人征收主要是关税和市税。

3. 《周礼》中的救灾措施。《周礼》把荒政列为国家的大政之一。国家为备荒、抗灾、救灾施行的政策和措施就叫做"荒政"。古代的灾荒最多的表现就是指粮食产量不足，以致农民流离失所。此时，国家应将之纳入行政管理职能中，同时国家也不会继续对粮食征税，反而会采取新的措施，达到救灾目的。

将救灾工作作为农业管理的内容，同时要根据国家经济情况制定救灾工作的总原则，用此原则指导和规范救灾工作。《周礼》提出："以荒政十有二聚万民：一曰散利；二曰薄征；三曰缓刑；四曰驰力；五曰舍禁；六曰去几；七曰眚礼；八曰杀哀；九曰蕃氏；十曰多昏；十有一曰索鬼神；十有二曰除盗贼。"① 这段话摘自《周礼》，大致可以把它译成：用救济荒年的地十二种政策，使人民不致离散：一是贷给灾民种子和粮食；二是减轻赋税；三是宽缓刑罚；四是免除徭役；五是取消山林川泽的禁令；六是废除关市的稽查；七是省去吉礼；八是简化丧礼；九是收藏乐器而不奏；十是婚娶不用财礼，使男女得

① 北京师联教育科学研究所：《中国古典文化大成·诸子百家卷·周礼》，学苑音像出版社 2005 年版，第 18~37 页。

到婚配；十一是修复废祀，以免鬼神降灾；十二是禁索盗贼。这里的第二条就提出减税政策，这些政策的目的都是为达到救济灾荒，安定社会秩序，恢复和发展生产。

（二）商鞅变法

商鞅（约公元前390～前338年），卫国公室后裔，历史上又叫卫鞅或公孙鞅。公元前361年秦孝公求贤，商鞅离魏入秦，时年29岁。入秦后，受封于商，号称商君。力劝孝公变法图强，孝公纳之，为秦国的富强付出了很多力量，史称商鞅变法。商鞅死后，秦国历代仍然继续奉行其法。

商鞅治秦变法的政策措施和思想主张，以及后来秦国法家人物的著述，一并被编成《商君书》而流传后世，成为战国法家的重要代表作。《商君书》共29篇，现存24篇。《商君书》中对商鞅的政治、经济主张进行了周详的叙述，提出了较为完整的法家理论、路线和政策，其中农本论、贵粟论和贸易论等有关粮食经济的思想和政策是在《垦令》、《内强》、《立本》等篇中提出的。本书在此着重表述《商君书》中以农业为立国基础的"农本论"。

1. 商鞅重农的目的。《商君书·垦令》是一篇宣告变法、号召农作的政令。商鞅实施变法，首先颁布了《垦令》。商鞅认为大力发展农业是富国强兵的首要任务。《垦令》中要求秦国官吏、贵族、商人必须与农民一起全力除草开荒，增产粮食。他认为，通过以上措施，可以大力发展粮食生产，富国强兵，取信于民，同时也可以清除腐败，廉明政治，从而使国家更加安定富强。无疑，这在当时是很有进步意义的。

商鞅认定农业是富国之本。商鞅认为，民不逃粟，野无荒草，则国富。如果农业搞不好，就会在争霸中无立足之地。人民要想在兼并的战争中，能自我生存，能有充足的人力和物质资源，就只有认真从事农业，否则一定连最基本的自给自足都做不到，到时众力不足，物资缺乏，更谈不上富国。《商君书》的很多篇章多处提到商鞅的农本思想，如在《算地》中写道："圣人为国也，入令民以属农，出令民以计战，富强之功可生而致也。"①

《商君书》类似记载颇多，此处不一一列举。总之，商鞅重农，目的在于富国强兵，这也是商鞅经济思想的出发点。它是适应于战国中期以来，兼并战争日趋激烈的形势下而产生和发展起来的一种经济思想。

---

① 商鞅：《商君书·算地》，中华书局2009年版，第10页。

2. 商鞅重农的思想主导。商鞅从两个方面论述了农业的重要作用：

一是从理论上阐述农业是积累和国家财政收入的源泉，农业为战争提供物质基础。商鞅认为，粟米珠玉虽是财富，但这种富是靠不住的，必须立足生产，做到“入多而出寡”才真正是富。“入多而出寡”就是多存粮，然后在置办衣服等方面做到“衣服有制，饮食有节”。这样当收入大于支出，就积累了财富。

商鞅在此强调重农，特别是重视粮食生产，联系前面所述的“民不逃粟，则国富”的论述，即由重农到强调重粟，这是商鞅非常重视粮食生产的体现。商鞅指出，如果人民选择从事农业为主要职业，那么国家富强就指日可待。也就是说，农业发展了，以粮食为主要内容的物质财富增加了，国家必然强大起来。反之，就如《商君书·农战》中所提出：“国不农，则与诸侯争权不能自持也，则众力不足也。”[①] 意思就是争不到统一各国的权，就要被其他诸侯国所统一。商鞅这种将发展农业（粮食）生产与夺取战争胜利、实现统一大业相联系的认识，虽然在当今看来有些偏颇，但在当时科技没有发展、靠农业为生的世界看来，实为远见卓识。

二是发展农业生产是圣人的治国之要。商鞅认为凡将立国，事本不可抟，令民归心于农是圣人的治国之要。他用比例数据说明农业人口应占一个国家人口的绝大多数。他认为，一国中从事农业生产的人越多，国家就强盛。

3. 在农战思想指导下的税收政策。商鞅专一于农战的思想，大力加强和发展农业生产，重点利用了税收杠杆。当然，除了利用税收杠杆之外，还相继采取奖勤罚懒，增加商税，减免征农者徭役，“以出官爵”等措施。税收主要是加重酒肉的捐税，限制其消费，以减少商人利润，迫使部分商人从而改业为农。对农民则如在《商君书·垦令》中所提“訾粟而税”，对农民按规定产量收税，且只纳粮，不收金钱。这样，“则上壹而民平，上壹则信，信则不敢为邪”[②]，意思就是说，这样做，政府法令统一，农民负担合理，政府信誉提高了，官吏不敢从中搞鬼，就保证了税收活动的顺利进行。

这些做法，目的在于防止懒惰农民不耕而食，辛勤耕作者自会剩有余粮，这些余粮可高价卖给政府。诚然，商鞅这样做，决不单纯是为了保证社会粮食供应，而更重要的是为了国家把粮食完全控制起来，保证必要的储备，以增强国力，为实现统一霸业提供坚实的物质基础，但这显然也是适应战争需要的粮

---

① 商鞅：《商君书·农战》，中华书局2009年版，第6页。

② 商鞅：《商君书·垦令》，中华书局2009年版，第3页。

食管理制度。

二、封建社会时期支持粮食产业发展的财税政策

中国古代经历了漫长的封建社会。在这个漫长的历史过程中，其政治制度是封建集权制，其经济制度是封建君主所有制，其经济结构是单一的大农业。这些基本的政治经济特征就决定了中国古代的税收制度是以农业为基础的农业税收制度。农业税是国家财政收入的主要来源。农民是国家税收的基本纳税人。

田赋既关系到国家收入又关系到民生，所以农业税（即田赋）一直都是古往今来统治者和老百姓关心的大事情。在政府财政收入中农业税的比例是很大的，因此在以农业税作为主要财政收入来源的封建王朝，它一直受到统治者的重视。从实质而言，农业税几乎成为封建王朝正常运转的经济命脉，一旦这根命脉被切断，王朝必然要走向崩溃。由此可见，无论哪个朝代的统治者都力求把农业税控制在自己的手中，让它为自己的王朝服务。

由于时间跨度比较大且限于篇幅，本章对每个朝代的农业税制度进行分析研究的时候都是以当时具有代表性的时间段作为例子。

（一）唐朝的农业税制度

1. 均田制。纵观唐朝前期的赋税制度，大都是以人丁为征税之本，而以人丁为征税之本的前提条件是纳税人必须有相应的土地、资产。唐朝前期由于实行均田制，广大农民基本上都有田可耕，社会经济呈现一片繁荣景象，政府也税源充盈。均田制在唐朝前期还是很有效果的。

然而，随着时间推移，出现了苛政的情况，很多附加税等等随之而来。人民生活困苦不堪，勉强维持生计的粮食再拿去缴纳税赋，显然不堪重负。很多农民不再种植粮食，转而进行手工业和商业经营，但依旧苦不堪言。这样一来，僵化的均田制赋税方式，不能继续使用。

由此，原来均田制下简单的男耕女织的小家庭生活模式急需改变，更加适应社会发展的税制和政策必然应时而生。

2. 两税法。唐代推行的两税法应该称得上是中国费改税的鼻祖，是中国历史上影响深远的一次税费改革。

（1）历史背景。两税法是中唐时期为了增加政府的财政收入而实施的一项重要的财税制度的变革。两税法的出台有深刻的历史背景，一是安史之乱后，政治动荡，财权下移，财税管理混乱，原有的“租庸调法”无法继续实行下去。二是中唐以后，由于土地买卖限制日宽，土地兼并日益严重，少数人集中了大量土地，均田制受到严重破坏，导致国家失去了纳税户，王赋所入无几，国家财政陷入危机。三是收费没有固定期限，征收时间、征收次数随意性极强，百姓随时都面临交费的困扰，生产和日常生活受到严重影响。四是正税失控，统治者对广大老百姓横征暴敛，乱收费一发不可收拾。人民负担日益沉重，社会矛盾一触即发。因而对旧税制的改革已经刻不容缓。于是，在建中元年（公元780年），唐德宗接受宰相杨炎旨在解决财政危机、归并杂费的建议，实行“两税法”改革。

（2）“两税法”主要内容。“两税法”的主要内容是，把当时混乱繁杂的税种合并统一起来，归并为户税与地税两种。它有两个以前正税所没有的特点：一是正税从以前按照人丁征税转为按资产等级征税；二是征税的客体由以实物缴纳为主转为以货币缴纳为主，确定了税钱的合法地位。

亚当·斯密在他著名的《国富论》中第一次明确地提出财政史上的四大原则：“公平、便利、确定、经济”，这在中国古代的许多经济制度改革中都有体现，而尤以“两税法”改革最为明显。

（3）“两税法”中所体现的财政原则。

第一，“两税法”中的“量出为入”原则，体现了财政预算的思想，有创造性意义。中国古代理财原则，一贯强调“量入为出”，历代理财家也无不以“量入为出”理财原则作为准绳。杨炎第一次提出了“量出为入”的理财原则是有创造性意义的。《旧唐书·杨炎传》中写道：“凡百役之费，一钱之敛，先度其数而赋于人，量出以制入。”其中，先度其数就是要通盘算算的意思，也就是要以支定收，其含义是指国家的理财要先有自己的预算，然后根据这个总的预算计划，根据支出项目的需要，来确定自己的税收总量。杨炎在儒家“量入为出”的传统教条支配的封建时期，能提出与它完全对立的“量出为入”原则，具有首创性。

第二，“两税法”中的便利原则。唐初总结秦汉以来的财政经验，形成了比较完备的封建财政制度，即租庸调制，它主要由三种课税形式组成：“租”是指农民以课税形式向封建国家所缴纳的实物地租，亦即田赋。除了按丁征收的“租”外，还有按地征收的义租，又名地税。唐代的租，每丁每年纳粟二担或稻三斛。“调”是对农村家庭手工业剩余生产物的课征，随乡所出以绢或帀

缴纳，凡纳绢者每丁每年二丈，另缴银三两，纳币者二丈五尺，另缴麻三斤。“庸”是人民对封建国家应服的劳役，每丁每年二十日，闰年加两天。不服劳役者每日折绢三尺，布加五分之一。有事加役十五天免调，加三十天者则租调全免，但总计每年不得超过五十天。

“两税法”实施以后，首先，将以往分别征收的租庸调户税、地税、义仓及其他杂征一起征收，另有青苗钱一项系专供封建官吏俸禄之用，也按“青苗顷亩”分两季征收，按两税缴纳，但它是一个独立项目。此外不得巧立名目。这样就大大简化了征收手续，无论对征税机关还是纳税人都是有利的。其次，纳税时间分夏秋两季，夏税无过六月，秋税无过十一月。这样就固定了确定的纳税时间。再次，除田赋仍以谷物缴纳外，其他各税均以现金缴纳。以往按实物现折为货币缴纳的各税，均照大历十四年价格折合，并作为以后货币税额的标准。相对于以往的实物、布、绢纳税，按货币缴税又是一次进步。史书上称，“两税法”实行后，“天下便之”。便利原则是财税改革的重要原则之一，是历代财政改革所追求的目标，而“两税法”中的夏秋两季征税，一直沿用到现在。

第三，“两税法”的实行，也体现了公平原则。首先，扩大了纳税面，所有有负担能力的人均需纳税。在“两税法”实行以前，纳税只限于课户。唐朝户有课与不课之别，凡主户内有课口者为课户，无课口者为不课户，唐代赋税的真正负担者是课户。《旧唐书·杨炎传》写道“户无主客，以见居为簿”，“不居处而行商者，在所郡县税三十之一，度所与居者均，使无侥利”①，大大扩大了纳税面，增加了国家的财政收入。实行“两税法”后，就连原先享受免税特权的寺院僧尼，也逐渐丧失了他们的特权，特别是唐后期武宗时，“收还俗僧尼二十六万人为两税户”，这样，僧尼不仅要还俗，列为编户，而且也要服役。其次，按资产等级征税，强调负担能力。自西晋以来，主要的封建赋税一直是以男丁为征税标准，再及于丁女，次丁男女等，均以男正丁为准斟减课征数额。《旧唐书·杨炎传》要求“人无丁中，以贫富为差”，作为全部“两税法”实施的基本原则，在全国范围内普遍地加以推行，使资产多者税负重，资产少者税负轻，强调纳税人负担能力，已经多少地体现了我们现在所实行的累进税制思想，这是中国财税史上的一次巨大进步，体现了财政税收的公平负担原则。而且，两税的征收不以人丁为本，使农民对封建地主的人身依附关系

① 〔五代〕刘昫：《旧唐书（卷118）·杨炎传》，中华书局1975年版，第3422页。

相对减轻，有利于生产的发展，为以后彻底废除中国历史上几千年的人头税制的改革奠定了坚实的基础。

（4）实行效果。“两税法”是中国封建社会商品经济发展到一定阶段的产物，反映了当时社会经济的深刻变革。“两税法”的实行，简化了征收手续，规范收费管理，控制了收费的范围和数量。中央统一控制了税费征收大权，强化了中央财权的集中性和控制力，扩大了税基，增加了中央的财政收入，改革前，中央财政年收入只有1200万贯，而改革后，猛增至3000万贯以上。总之，“两税法”虽然对民众的负担丝毫不曾减轻，而且还加重些，但比起乱收税来，总算是有个统一的税制。

当然，唐代税制改革的两个重要趋势最终是由“两税法”来完成的：“凡百役之费，一钱之敛，先度其数而赋于人，量出以制入。户无主客，以见居为簿；人无丁中，以贫富为差。不居处而行商者，在所郡县税三十之一，度所与居者均，使无侥利。居人之税，秋夏两征之，俗有不便者正之。其租庸杂徭悉省，而丁额不废，申报出入如旧式。”① 可见，唐代税制改革的最终目的是：“户无主客，以见居为薄；人无丁中，以贫富为差”，税收以资产为据，缴税方式以实物税和货币税并存，并向货币化发展。赋税内容不再是原来硬性的“租”、“调”规定之属，而是货币化了。“两税法”改革对广大农民的日常生计言，可以使农民有更多的劳动时间进行耕作和进行多项经营，从而提高了粮食产量，是一项进步的税法。

（二）宋朝的农业税制度

中国税收史从某种意义上说，就是农民负担史。农民负担主要有两个部分：一是国家凭借其行政权力向农民强制征收的“皇粮国税”即正税；二是正税以外的各种行政性收费。中国历史上“苛费猛于虎”、农民不堪重负的严重状况，曾引起个别帝王及官员的不安与关注。他们实行过多次税费制度改革，这些税费改革，不仅在一定程度上促进了当时的社会经济发展，而且许多改革思想对此后的财税改革也影响很大。宋朝时期粮食税的改革不很明显，但是北宋时期政府重视农业生产的政策还是很多的，至于南宋时期则是一片“苛费猛于虎”的惨状。

“民以食为天”，粮食产量的高低在很大程度上决定着一个朝代的兴衰。中

① 〔五代〕刘昫：《旧唐书（卷118）·杨炎传》，中华书局1975年版，第3422页。

国封建社会的历朝历代都是通过战争夺取天下，宋朝也不例外。天下初定，统治者为了农业发展，大都会采取休养生息政策，以保证国家有足够的粮食存储。因此，这个时候鼓励农耕政策特别多，统治者也会在此时提出很多鼓励粮食产业的税收政策。

北宋建国伊始，赵匡胤在建隆三年（962 年）正月《赐郡国长吏劝农诏》中强调“永念农桑之业，是为衣食之源”，并在春耕时，“宜行劝诱广务耕耘”。太宗朝，于太平兴国七年（982 年）五月，颁布《使民悼本从俭诏》：民唯邦本，本固邦宁……故一年耕则有三年之食，一日劳则有百日之息。所以悼本厚生足食之源也。大中祥符八年（1015 年）八月，诏陕、貌等州贷贫民麦种①。

北宋河南地区的粮食作物主要是小麦。粟、寂在河南地区也得到了种植。北宋时期政府重视农业，采取了设置农师、劝课农桑、招抚流民垦荒、减免租、兴修水利、广种桑枣等一系列政策，最终使农业得到很大的发展，从中我们看到政府在农业的发展中的作用相当大。

（三）元朝的农业税制度

元朝时，农业生产领域的各个方面均在唐宋两朝的基础上取得了更高的成就，粮食的种植范围、栽培方法、农业科技、农田水利建设、土地利用、农具等等都有所革新和发展。元朝前期，粮食生产取得了较大的发展，其原因不外以下几条：政府的重视；农业科技的发展；栽培方法和农具的革新；耕地面积扩大，屯田，垦荒及不同地区的各种土地利用方式的不断丰富，水利灌溉工程的大量兴建。

1. 北方地区的税粮制度。成吉思汗建国以前，随着征服汉人居住地区的扩大，窝阔台初年蒙古贵族的赋敛分为“草地差发”和“汉地差发”两种。窝阔台丙申年（1236 年）要华北确立丁税、地税、丝料税、商税等税目，后又增包银一项。上述诸项课赋以后统称“差发”。丙申税制奠定了元代北方的赋税体制。元世祖忽必烈即位后，进一步完善税制。元朝统一全国后，鉴于南北经济的差异，南方基本保证了南宋税制，北方则在丙申税制的基础上发展起一套独立的制度。

窝阔台汗即位之初，根据上引《元史·食货志》的记载，这一阶段的税

① 苏轼：《东坡志林》，中华书局 1981 年版。

粮，开始时每户粟二石，后来增加为每户粟四石。

金朝统治时，“夏税亩取三合，秋税亩取三升”①，由此可知金朝是按亩收税的。蒙古国不管耕地多少，改为按户定额征粮，这是一个重大的变化。唐末实行的“两税法”使得农民与地主的人身依附关系有所松弛，根据田亩收税本已是个重大的进步，蒙元在北方再次沿用久已废弃的按户（丁）纳税的体制，应当有其不得已的原因：蒙古对金作战过程中，北方农业区遭到很大破坏，人口稀少，土地荒芜，耕作粗放。在这种情况下，土地按亩分等征税已无意义，所以才会改为按户定额征收。但这是指以农民为主体的一般民户而言的。与此同时，也存在按地亩征税之法。在己丑年（1299 年）十一月颁布的“圣旨条画”中规定：“其僧道种田作营运者，依例出纳地税、商税，其余杂泛科差并行免放。”可知僧道有田地的，都要缴纳地税。后来忽必烈中统五年（1264 年）正月的诏书中说：“照依成吉思汗、哈罕皇帝圣旨体例，僧、道、也里可温、达失蛮、儒人种田者，依例出纳地税（白田每亩三升，水田每亩五升）。”另外，丑年僧、道所纳地税，就是按照这一标准。

总之，己丑年规定的税粮，有户税、地税之分。户税先为二石，后为四石，主要由民户承担。地税则旱地每亩三升，水田五升。当时战争仍在进行，各种制度都在草创时期，税粮制亦不例外，比较简单。

自丙申年（窝阔台汗八年，1236 年）始，税粮制进入定型时期，窝阔台汗六年（1234 年）蒙古灭金，北方形势逐渐稳定下来。七年（乙未，1235 年）开始括户。八年（丙申）括户完成，分封诸王、贵戚、功臣，与此同时，定天下赋税，将草创时期制定的各种制度加以完善和改进。税粮制即其中之一，改动很大。总体来说，这次改动主要是户税改成丁税，税粮制包括丁税和地税两种项目，有的户纳丁税，有的户纳地税。

丙申年窝阔台汗曾就税粮制度发布诏书，其中说：“依仿唐租庸调之法，其地税量土地之宜。大朝开创之始，务从宽大。”唐代的租庸调制，是按丁征收，每丁纳租粟二石；调则随乡土所产，纳绩（或绢、丝）、绵或布、麻；丁一役二十日；若不役则收其庸，每日折绢三尺。租庸调是以人丁为本的赋税制度，不论土地、资产多少，都要缴纳同等数量的实物（粟、绢等）。可以看出，确与租庸调之法相同，也就是以丁计税，不论土地、资产多少。

以上是元朝时北方的大体上的税粮制度及其演变。可以确定，北方的税粮

---

① 王祯，王毓瑚校释：《农书·百谷谱集之一谷属·大小麦》，中国农业出版社 1981 年版，第 84 页。

制由户税、地税变为类似唐代租庸调的丁税、地税。税额是每丁两石，地税则是白地每亩输税三升，水地每亩五升。后变为不论水地、白地均为粟三升。

2. 南方地区的两税。《元史·食货志一》有关江南两税的记载如下：

"秋税、夏税之法，行于江南。初，世祖平宋时，除江东、浙西，其余独征税而已。至元十九年（1282 年），用姚元之请，命江南枕根依宋旧例，折输绵绢杂物。是年二月，又用耿左垂言，令输米三之一，余并入钞以折焉。以七百万锭为率，岁得羡钞十四万锭。其输米者，止用宋斗解，盖以宋一石当今七斗故也。成宗元贞二年（1296 年），始定征江南夏税之制。于是秋税止命输租，夏税则输以木绵布绢丝绵等物。其所输之数，视粮以为差。粮一石或输钞三贯、二贯、一贯，或一贯五百文、一贯七百文。输三贯者，若江浙省婺州等路、江西省龙兴等路是已。输二贯者，若福建省泉州等五路是已。输一贯五百文者，若江浙省绍兴路，福建省漳州等五路是已。皆因其地利之宜，人民之众，酌其中数而取之。其折输之物，各随时估之高下以为直，独湖广则异于是。"①

与北方的丁税、地税相比，南方的两税乃是纯粹的土地税。南方的两税以秋税为主。秋税征粮，夏税一般地按秋税所征粮数额分摊实物或钱。

通过上文的论述，可以看出，元时南北方实行不同的税制，北方实行类似唐租庸调制的丁税、地税制，南方实行夏秋两税制。所以从这个意义上说，政府一定要保证广大农民有粮可食，才能从最基本的方面确保国家长治久安。

（四）明朝的农业税制度

明朝以洪武和万历时期的农业税作为个案，它们分别代表了明朝早期与"一条鞭法"实行后的农业税状况。它们之间不仅具有代表性也具有比较性，很有研究价值，能够比较客观地说明明朝农业税的情况。

1. "一条鞭法"前明朝农业税制。明太祖即位之初，定赋役法，编造黄册、鱼鳞图册，使得赋役征收有了比较确切的依据。丁有役，田有租。租有夏税、秋粮二种。夏税缴纳米麦、钱钞、绢；秋粮缴纳米、钱钞、绢。

明代田赋，官田、民田均以土地面积为征税标准，这也是历代田赋征收基准的沿用。我们现在农业税制度中所沿用的土地计税面积也是对它的继承。在王朝建立之初，役和正赋很清晰地分开，它们是两种不同的税制，前者计丁派

---

① 王祯，王毓瑚校释：《农书·百谷谱集之一谷属·大小麦》，中国农业出版社 1981 年版，第 85 页。

役，后者是计田定赋。当然我们不能绝对地把它们分开，因为不可能去忽略纳税户的承担役的能力。在传统农业社会，评判这种能力的主要依据是拥有的土地，例如，唐朝两税法所依据的纳税户财产主要指向纳税户占有的土地。

2. “一条鞭法”后明朝农业税制。正因为土地作为纳税、征役的中心标准，作为一种发展趋势，这两种类型的税收走向合并，16 世纪“一条鞭法”应运而生。整个明朝，田赋制度相对来说比较稳定，明初每个郡县定下的税粮额即田赋正税额基本在明代固定下来。虽然税粮和役的课派走向货币化，但赋役的折纳仍然是以明初的数额为标准。从洪武后期开始，税粮的折纳越来越多，到万历时期因实行“一条鞭法”，折纳就更加普遍了。同时役也摊入田亩以银缴纳，一定程度上让人民从劳役中解放出来。

万历九年（公元 1581 年），明皇采纳内阁首辅张居正的建议，出台了“一条鞭法”。“一条鞭法”是在明朝中期至清朝后期实行的一种赋税制度，前后持续了 300 多年，在中国赋税制度上占有一定的地位。所谓“一条鞭法”，就是把徭役与田赋合并，按地亩纳税，将繁杂的赋役项目合编为一条，故称“一条编”，也称“一条鞭”。“一条鞭法”的主旨在于使多占田者多缴税，是针对当时土地兼并盛行而采取的有效措施，也是赋役制度史的一大变革。“一条鞭法”的实行使得实物税基本上实现了向货币税的转变，这就减轻了农民力役负担，也有利于缩减征收以及运送农业税的人力物力。

实行“一条鞭法”简化了赋税的征收手续，改变了以往赋与役分开征收的办法，使两者合二为一，促进了生产力的发展。清初的统治者为了巩固政权，缓解阶级矛盾，宣布继续实行“一条鞭法”，康熙五十二年，还提出“续生人丁，永不加赋”，进一步完善了“一条鞭法”，使这一制度一直延续到 1911 年。“一条鞭法”改革有很多值得我们借鉴的地方。这种改革把各种税进行合并，有利于简化税则。实际上清朝的摊丁入亩就是对它改革精髓的应用。在 2002 ~ 2005 年的税费改革中，也借鉴了它的这种做法。如把特产税并入农业税进行征收。

（五）清朝的农业税制度

清朝以顺治到乾隆年间农业税制作为研究对象，因为它们分别代表清朝早期与“摊丁入亩”实行后的农业税实际情况。

1. 清朝农业税制概述。田赋是封建国家财政的基础，清政权建立后，就宣布以明代的“一条鞭法”征派赋役。但由于明清鼎革之际，战乱多年，明代户

口、土地册籍大多荡然无存，使得清朝的征赋毫无证据。因此顺治三年（1646年）指令户部稽核钱粮原额，汇总为《赋役全书》，一切恢复明万历的制度，并附以丈量册和黄册，实际上相当于明朝的鱼鳞图册和黄册。这样就使清政府基本掌握了明王朝的财政收入原额，为稳定全国的统治奠定了财政基础。康熙二十四年（1685年）又重新修《简明赋役全书》，将原来《赋役全书》内容加以简化。

雍正年间先是进行了火耗归公的改革。火耗是明清地方政府私自征收、自筹自用的一种附加费。自明代中叶实行“一条鞭法”后，各地普遍实行田赋征银，因民间缴纳的大多是零碎银两，各州县政府借口上缴税银需熔为整块，有火炼之耗损，所以在征收田赋时，要加征火耗费，实际上，熔炼碎银的损耗极小，耗损率只为1%～2%，然而地方官吏在征敛时要多于此20倍以上，要加耗20%～30%，有时更高，清初，征收火耗较明代有过之而无不及，吏治不清，人民不堪重负，中央税赋严重流失。雍正二年（公元1724年），清政府实行火耗“提解归公”的改革。火耗归公改革取得了显著成效，一是加强了中央财政集中统一；二是有效地遏制了地方官吏私自滥征加派之弊；三是减轻了老百姓的负担。与此同时，1723年，雍正将丁税也就是人头税平均摊入田赋中，征收统一的地丁银，土地多的缴税多，土地少的缴税少，史称“摊丁入亩”，也是中国历史上一次重要的税收制度改革。

至于清朝后期田赋的变化，主要是负担的加重，地丁合一的田赋制度基本没有变。清朝后期税的加重主要是田赋负担的加重，加重的原因主要是第一次鸦片战争后财政支出急剧增加，清朝后期加重田赋的名目繁多，主要有附加税的增加。清朝前期，田赋附加主要是耗羡和平余两项目，负担尚比较稳定。自从第一次鸦片战争后，由于外国列强一再发动战争，而清朝屡屡战败，赔款累累，财政枯竭。政府于是将赔款的大部分摊派给地方负担。以后又将其他的支出如洋务费用、新政费用也加派给地方。地方各省无其他收入来源，就把这些摊派重新压在农民头上，于是实行田赋附加。民怨因此也越积越深。

2. 减负政策。减负政策作为历代王朝稳定政治的法宝，在各朝都得以运用，在以少数民族统治汉族的清朝就更加重要了。因此不管是古代、近代还是现代和当代，各政府都在不同时期不同程度地实行减少农民负担的政策，作为安邦稳定人心的武器。因此特别在这里列举一下封建社会达到顶峰时期所采用的减负政策。

顺治十一年二月题准清汰浮粮，这一政策的实施对整个清朝产生了重大的影响。清汰浮粮的数额几乎相当于原万历时期赋税总额的一半，而且在清朝历代政府中保持下来。因此明朝以来的重负得以缓解，无疑是一项利民万代的政策，同时也起到了稳定人心的作用。

政府为了缓解因灾害而带来的粮食价格上涨，解决人民生活困苦和生存问题，重要措施是从有余粮的地区驳运粮食，平减粮食价格，在这过程中为了鼓励商人踊跃运输，免税是一个措施。据笔者掌握的资料，最早的免税是在康熙六十年“议准停征淮安、凤阳等关米船课税一年”。乾隆七年四月，乾隆下谕旨：“每遇地方歉收，天津、临清、浒墅、芜湖等关口商贩米船概给票放行，免其上课，皆以为民食计也。但系特恩，间一举行，未能普遍……今特降谕旨，将直省各关口所有经过米豆应输额税悉行宽免，永著为例。”这一政策得以在全国各关执行，江苏省除了龙江西新关不征收粮食税、江海关不征收米税之外，其他各关都征收米麦豆税，那么这些年免过的米麦豆税数量有多少呢？如表6－1所示：

表6－1　　乾隆七至十三年间江苏税关粮食免税情况表

	时间	免过税银（两）	折合重量（石）
浒墅关	七年	187900	4697500
	八年	212758	5318950
扬州关	九年	37214	1860700
	十年	40925	2046250
	十一年	37625	1881250
淮安关	八年	193452	3869040
	九年	256872	5137440
	十年	330894	6617880
江海关	八年	32984.17	1099472
	九年	33525.02	1117501
	十年	33834.17	1127806

资料来源：《第一历史档案馆馆藏朱批奏折·财政类·关税档案》。

从表6－1可以得出，江苏省平均每年粮食税银532770.8两，如果以此数计算，免税的七年共免过360万余两税银。折合重量，浒墅关平均免过500万石，扬州关平均免过190万余石，淮安关免过520万石，江海关平均免过110万石，数量着实为数不少。这些数字什么概念呢？据方行先生研究，江南一口人一年的口粮是3.6石。以浒墅关为例，按照前一章的研究，大米占到全部粮食税的70%，那么所免税的粮食中，则有350万石左右的大米，约计可以供100万人

吃一年，如果仅仅是供赈济，则受惠的人则更多。这么大的流通量，在一定程度上可以缓解江南粮价的上涨。

纵观封建社会，各朝帝王深深明白只有粮食产业发展得好，人民才会解决最基本的温饱问题，才不会引起农民起义，国家才会安定。因此，历朝历代，但凡精明睿智的君主都会给人民制定正确的粮食税政策，并且保证它的顺利实行。

三、民国时期支持粮食产业发展的财税政策

至于田赋关系民生，则无论以平时而言，还是以非常时期而言，史有前例可寻。如李自成打着“迎闯王，不纳粮”的旗号来反对明朝的统治，农民呼而响应，兵力大增，可见田赋对普通农民的重要性。在共产党领导的国内革命时期，土地革命一直是重要手段和内容。在抗日战争中，通过减租减息调动农民参与革命的积极性，在解放战争中干脆采取“没收地主土地，分配给农民”的手段，让土地成为发动农民参与革命、反对国民党的武器。我们把田赋作为考察对象，对统治者对普通民众都具有很大的现实价值。

1. 民国时期农业税制概述。民国时期是中国农业税比较混乱的时期，主要是当时政权与政策的不稳定性造成的。民国初期沿用清朝旧制，但因当时军阀混战，赋役制度在各个地方就存在很大差异性，使得赋役制度变得更加繁杂。

1912 年到 1927 年期间的北洋政府统治时期，主要承袭了清朝的地丁、酒粮、租课土地税、附加四大类，另外还有杂摇、杂税等。例如，宜春县的赋税制度也是沿用清旧制。与清朝时候的地丁、米折科则以及总数相比，相差不大。当时采用征收制钱方法，后因钱价日贬，收入缺额太大，于是钱改为元，每两征收银币 2 元 2 角，每石征收银币 2 元 9 角。

从 1927 年到 1948 年为国民党政府时期，农业税包括田赋、附加、预征等，实行三征即田赋征实、粮食征购、粮食征借。田赋附加和三征，超过田赋正税数倍，农民不堪重负。

辛亥革命后，从北洋政府到国民党国民政府，田赋的数据基本是沿用旧额，保存着封建田赋制的残余，但另一方面也发生了一些变化。田赋收入的归属发生了变化即从北洋政府开始，田赋明定为地方财政收入，并一直沿袭未变。田赋缴纳形式也发生了变化，到了 20 世纪 40 年代初，国民党国民政府实

行粮食“三征”，从此由货币缴纳又改为征收实物。另外田赋征收对象的变化，少数地区试行了地价税和土地增值税，从这个意义上讲，田赋的性质也可以说是发生或开始发生了变化，向着土地税过渡。

2. 民国二十二年至二十七年的农业税制。民国时期以民国二十二年至二十七年的农业税制作为例子，因为它是民国中后期的农业税状况最生动的说明，加上当时国家处于战争的泥潭中，各种税费制度不可避免与战争联系起来，集中代表了民国税制的真实面貌。

民国二十二年至二十七年，国民党政府开始从国内战争转入抗日战争，因此，各种因战争需要而增加的附加税便相继出现，同时这段时期也是各种制度变化比较频繁的时期，尤其是田赋制度方面。统治者为了维持国家的稳定以及满足战争的需要，必然要采取各种措施来调整收入。

从这六年的田赋变化情况来看，政府是力争税收的增加，虽然仍然保持清朝时候的旧额，但缴纳的形式已经发生变化，政府通过把银两折纳成银元或是法币，带来实际收入的增加。当然通过调整折纳比率来增加收入的方法实际也是沿用明清时期的做法，因此民国时期的税制受到了前朝非常大的影响。由于国家经济的不发达以及战争，财政收入不能满足财政支出，那么自然要进行各种加派。

附加税成为这段时期非常重要的收入，甚至超过了地丁正税的收入。附加在国民党时期按规定基本用于地方开支，地方政府有很大的机动性用来提高或降低附加税的税率，甚至可以决定征收或废除某项附加。当然赋予地方的自主性也与当时的国情有关，处于战争旋涡的中央，财政吃紧，对地方的财政拨款力不从心，地方要搞建设、教育或其他公益事业必然要自己想办法，所以附加税的泛滥以及数额的逐渐上涨与国家经济、政治状况有非常大的关系。

3. 民国时期农业税制评价。民国时期的田赋制度积弊既有明清时期遗留下来的，也有其时代本身所具有的。民国时期各省名目繁多，除了繁重的附加税，还有其他苛捐杂税，种种苛税甚至超过正税十倍以上。如此，不但加重人民负担，而且令国民抵触。可见，民国时期的田赋制度积弊即册籍凌乱、征收不统一、附加税苛杂。也因为存在这些积弊，导致农民负担沉重，结果造成民心涣散，农民挺而走险走向革命。

当然民国时期的税制也有一些符合历史进步的变化。第一，重视杂税，促进了包含商税、房产税在内的各种现代税种的发展。这对于税制史的发展是一个推进。第二，田赋收入的归属发生了重要变化，由中央转向地方。历

代封建王朝，因无明确的中央税和地方税的划分，田赋收入统归国家（即中央政府）。清朝后期和末期，虽因向地方摊派赔款和军饷，田赋的管理权限被下放给地方很多，但从管理体制来讲，并没有明确田赋属于地方财政收入。从北洋政府开始，田赋明定为地方财政收入，并一直沿袭未变。只是在抗战时期，实行田赋征实时，一度将田赋划为中央收入，但为时短暂，很快又改为地方收入，这是田赋制度的变化之一。第三，减免政策。根据县志记载，"民国二十三年，因旱灾严重，免赋40084银元。民国三十四年抗日战争胜利，奉令免征本年度征实、征购、征借和公粮。"由此可见历代所实行的减免政策在民国得以延续。

总之，纵观中国古代关于粮食产业发展的财税理论，我们可以看到历朝历代的统治者们对于粮食生产中政府的作用认识日渐成熟，并且涌现出不少可以值得现在借鉴的政策主张，中国古代与粮食有关的财税政策也因此具备了中国特色。正是因为这种对粮食生产的高度重视，使得中华民族长期繁荣，傲然屹立于世界东方。

第二节　新中国成立后支持粮食产业发展的财税政策

在中国共产党的领导下，中华人民共和国成立了。是什么让中国人民翻了身？答案是：小米加步枪！在中国这个农业人口占三分之二的大国，中国共产党正是背靠农村革命根据地，走农村包围城市的革命路线，带领中国人民走上社会主义的道路。可见，"小米"对中国的作用非同小可。因此，如何帮助广大农村人民翻身做主人，成为新中国成立以来的工作中心。本节将以党的十一届三中全会为分界点，分两大阶段介绍新中国成立以来支持粮食产业发展的一些政策与措施。

一、计划经济时期支持粮食产业发展的财税政策

新中国成立后至1978年，中国农业政策选择和制度安排大体经历了这样一个过程：全国土地改革完成后，推行农业合作化运动。合作化的进程遵循

递进原则，先从政府鼓励提倡的农民自愿的农业生产互助组开始，到半社会主义性质的初级农业合作社，再过渡到社会主义性质的高级农业生产合作社，最后到达“共产主义”性质的人民公社。这个演进历程以时间段可划分为如下：1950～1952年是以土地改革（以下简称“土改”）为主要形式的发展阶段；在土改的同时，1951～1952年是以互助组为主要形式的发展阶段；1953～1954年是由互助组到初级社为主要形式的发展阶段；1955～1957年是由初级社到高级社为主要形式的发展阶段；1958～1978年则是以公有制为主要形式的人民公社发展阶段。

（一）土地改革运动——农业税的诞生

回顾中国革命历程，中国共产党之所以能在30余年的短短时间中，以小米加步枪的农民武装战胜军阀、打倒蒋家王朝，击败日本侵略者，均是因为正确对待了农民问题。毛泽东十分深刻地概括出：“农民问题是中国革命的根本问题。”他在新中国成立后的1950年就倾注了极大精力去解决农民千百年来一直盼望的土地问题。

1950年2月28日，中央人民政府政务院发出《关于新解放区土地改革及征收公粮的指示》。该指示有4项内容：一、规定华北、华中、华南、西北、西南的新解放区实行分配土地改革的时间进度。二、所有新解放区，在实行分配土地以前，一律实行减租；各级人民政府保障一切耕种土地者的收获权利，不许荒废土地；禁止一切破坏农业生产的行为。三、规定各级政府征收公粮的政策，中央政府所征公粮在新解放区不得超过农业收入的17%；地方政府附加公粮不得超过正粮的15%。应按照各户实际收入规定其公粮征收额，最高不得超过其农业税总收入的60%，特殊情形不得超过80%。公粮征收面，一般不少于农村人口的90%，并对地主、佃农的负担作了明确规定。四、对各新解放区做好土地改革的准备工作作出明确要求①。

同年4月中旬，财政部召开了全国农业税税法会议。会议总结了1949年秋收工作，下达了1950年的夏征任务和借征任务，并着重研究了统一农业税税法的问题。农业税法统一是很大的改革，由几千年的田赋改为按产量征收，是历年前所未有的。在修改新解放区农业税条例时，解决了负担平衡问题，充分

① 资料来源：国家税务总局：《中华人民共和国税收大事记1949～1999》，中国税务出版社2000年版，第20页。

注意了政策界限。条例规定，新解放区的负担面为90%；各阶层负担比例：贫农7%～10%，中农27%～30%，地主不超过60%，特殊情况者不超过80%。对农业税负担面、免征点、累进率等问题都提出了相应的措施。在《新解放区农业税暂行条例》[①]中规定：(1) 以户为单位，按农村人口每人平均的常年应产量累进计税，由收入所得人缴纳。(2) 每户农业人口全年平均每人收入不超过150市斤主粮者免征，超过者按农业收入的不同税级用3%～42%的累进税率课税；并规定出租收入100斤作为120斤计算，佃农收入100斤作为80斤计算，公营农场按农业总收入的10%起征。(3) 开垦荒地，1～5年免税。(4) 上述累进税率，在一般中等地区各阶层的负担率大体是：贫农一般为8%左右，中农为13%左右，富农为20%左右，地主为30%左右，最高不超过50%，个别大地主不超过80%。

(二) 农业合作——农业税的发展

农村土地改革完成后，中国共产党通过发动农业合作化运动开始了对农业的社会主义改造。计划经济时期农业合作化道路总体经历了三个阶段，即先从农业生产互助组开始，到半社会主义性质的初级农业生产合作社（以下简称“初级社”），然后再过渡到社会主义性质的高级农业生产合作社（以下简称“高级社”）。这个时期恰逢工业化大发展时期，第一个五年计划进行得如火如荼，由于稳定政策执行力度的加强，1953～1957年这五年平均农业税实际负担率为11.6%，比国民经济恢复时期土改的三年降低了1.4个百分点，农业其他税收和摊派负担也有一个大幅下降的过程：由1953年75302万元下降到1957年的35836万元，减幅达45.2%。

1. 第一阶段：农业生产互助组（1951～1952年）[②]。在土地改革过程中，不少农户为解决生产上的困难，自发地进行变工互助。已经完成土地改革的乡、村，因势利导进行组织互助组的试点。以上海市为例，1951年冬，中共中央将《关于农业生产互助合作的决议》以草案形式发给各级党委试行，上海郊区在贯彻执行中，对农民开展“两条路线，两个前途”的宣传教育。当时，广大农民经过土地改革，生产积极性高涨，尤其是刚分得土地的贫下中农，拥有的生产要素不齐，遇到了缺畜力、缺农具、缺资金的困难，有组织互助合作的迫切需要。农

① 柳随年、吴群敢：《中国社会主义经济简史》，黑龙江人民出版社1985年版，第37页。
② 毛育刚：《中国农业演变之探索》，社会科学文献出版社2001年版，第11页。

民群众积极响应中共中央的号召，在积极分子带领下，纷纷参加常年互助组或临时互助组。各县区通过召开互助合作代表会议，举办互助合作骨干训练班等形式，培训大批骨干，推动了农业生产互助合作的发展。到1952年底，全郊区农村共组织互助组54853个，入组农户370504户，占农户总数的51.29%①。

在这期间，财政部发布了一系列惠农轻税政策。“贯彻查田定产，依率计征，依法减免，逐步实现统一累进，并取消一切附加。”② 根据这个方针，从1952年夏征开始，农业税只由中央统一征收一道农业税，地方附加一律取消，并由中央统一供给乡村财政的需要。“同等土地、同类作物，遭受同样和同等程度的灾害，应按同一欠收成数计算；其因积极抗灾而减轻受灾程度者不降低其减免成数，如因殆尽于抗灾而使灾情加重者，不提高其减征成数”，这是1952年中央政府提出的《受灾农户农业税减免办法》，对农业税进行了完善。

2. 第二阶段：初级农业生产合作社（1953～1954年）③。由于互助组内人际关系与经济利益存在着矛盾等原因，临时互助组“昨天组织今朝散”、常年互助组“春季组织秋垮台”的现象时有发生，初级社在互助组的基础上发展起来。在生产资料私有制的基础上，实行土地入股，统一经营，按土地和劳动力比例分配收益。仍然以上海市为例，上海郊区从1952年冬开始，根据中共中央有关精神，试办初级社。到1953年底共办起41个，入社农户1124户。1954年，广大农户积极要求参加农业生产合作社，迫切向往走共同富裕的社会主义道路。上海郊区初级社迅速发展，到1954年底，全郊区共组建初级社2631个，入社农户占总农户数的10.28%。

初级社实行土地入股，耕牛、农具作价入社，土地及其他生产资料统一经营，劳动力统一调配，耕牛、农具统一使用，收益统一分配，土地、劳动力按比例分红，入社自愿、退社自由。1953年，国家发布了农业税工作指示，恰逢第一个五年计划开始，农业税的征收工作必须按照“发展经济，保障供给”的总方针，根据国家的需要和农民生产发展的具体情况来决定征收公粮的指标数字。农业税稳定在1952年实际征收的水平上不再增加，并按1952年的农业税税率执行，这是其一（见表6－2）。其二，征收公粮必须按照各地不同情况分别处理，在未完成或未进行查田定产地区，一般应停止进行查田定产工作，加以调整和规定。

① 王祖德、陈正玄：《上海农业志》，上海社会科学院出版社1996年版，第23页。

② 《关于1952年农业税收工作的指示》，《人民日报》1952年6月16日。

③ 毛育刚：《中国农业演变之探索》，社会科学文献出版社2001年版，第13页。

表 6－2　　　　1950～1956 年全国农业税收情况一览表

税额单位：细粮/亿公斤

年 份	农 业 实产量	实征农业税			农业税占实产量%	
		合 计	正 税	附 加	合 计	其中：正税
1950	1097.7	134.86	117.27	17.59	12.3	10.7
1951	1246.7	108.78	150.65	30.13	14.5	12.1
1952	1462.1	178.90	175.96	2.94	12.2	12.0
1953	1445.8	171.97	163.79	8.18	11.9	11.3
1954	1494.0	185.73	171.30	14.43	12.4	11.5
1955	1648.7	191.98	175.36	16.62	11.6	10.6
1956	1704.4	183.47	159.48	23.99	10.8	9.4

资料来源：摘编自《中国财政年鉴》（2001）。

1954 年初，为了巩固农村信用合作社的基础，促进农业的社会主义改造，财政部发出通知，继续免征农村信用合作社的工商业税，农村信用合作社减少了税务开支，提高了发展农村信贷的积极性，为农业初级合作社的大发展提供了资金保障。初级社还实行民主理财制度，定期公布账目，收益分配一年两次，夏收预分，年终决算分配。收益分配兼顾国家、集体、个人三者利益，缴纳国家的农业税，完成统派购任务，扣除集体提留，余下的实物先分配给社员，其中一部分按土地分配（也称土地分红），一部分按劳动工分配。土地分红的比例一般是 4∶6。第一届全国人民代表大会第一次会议上《政府工作报告》指出：从 1950 年到 1954 年，农民所缴纳的税款所占的比重从 29.6% 降低到 13.4%。

3. 第三阶段：高级农业生产合作社（1955～1957 年）。高级农业生产合作社（以下简称“高级社”）区别于初级社，其最大的特征是生产资料折价归公，共同占有，集体劳动，按劳分配。

为了顺利推进农村社会主义改造，配合高级社的发展，限制农村资本主义的发展，国家在 1955 年率先进行了土地的移转和契税工作。对农村土地的买卖在法律上虽不禁止，但要防止农民不必要的出卖和出典土地，保证粮食产量不减少，农村土地买卖、典当及其他移转，均应按一定程序上报批准方能办理契税手续。同时，撤销原来在农村设立的土地买卖交易员，防止其从中投机倒把。

1956 年，由于高级社的蓬勃发展，初级社的农业税收政策出现了与之矛盾的问题。财政部根据农业合作化运动迅速发展的新情况提出了过渡性的解决办法和部署全面改革农业税收制度的意见，为1958年农业税条例的出台铺垫了基石。意见指出：为了适应农业生产合作社统一经营、统一分配的情况，对于初级社改为以社为单位征收，即将农业税额从全社收入中统一提缴；适当调整了1956年一般地区仍然按照常年应产量征收农业税的计算标准，对于遭受自然灾害的纳税人，应当继续贯彻“重灾多减、轻灾少减、特重全免”的原则，对于缺乏劳动力或纳税困难的给予适当照顾。

到1956年底，农业的社会主义改造已基本完成，1957年的税收政策基本没有围绕农业展开，仅对农业税的夏征工作进行了修改：夏粮税额占全年税额的比例，应根据夏季收入占全年收入的比例，并参照往年实际征收情况确定；缺粮和粮食仅够自给的社（户）应该照章缴纳农业税，交粮难的，可以代交现金。对受灾地区，应该认真核实灾情，合理减免。

我党根据马列主义关于农业合作化的基本原理，结合中国实际情况，提出了中国农业社会主义改造的理论、路线、方针和政策，取得了农业社会主义改造的伟大胜利。在农业合作化的过程中，党和政府一直采取轻税政策，农业生产不仅没有下降，而且一直上升。根据国家统计局的统计资料显示：1953年水灾较大，但农业仍在1952年大丰收的基础上增产，粮食产量仍比1953年增长2.3%。1956年水旱风灾特别严重，灾情超过解放后任何一年，受灾面积达23000万亩，受灾人口约7000多万人，不少农作物特别是粮食、棉花受到相当大的损失，但农业仍获得了增产，总产值达582.9亿元，比上年增长4.9%，粮食仍比上年增长4.4%。全国除灾情特别严重的地区外，75%以上的农户不同程度地增加了收入，不增不减的占15%，减少收入的只占10%左右[①]。

（三）人民公社运动——农业税的改革

新中国成立以来，党和政府对农业税一直采取轻税政策。其目的是减少农业经济利益向外转移，使农民得到休养生息，促进农业生产发展。1958年颁布的《农业税条例》给出了“农业税”的完整定义：农业税是国家向一切从事农业生产，有农业收入的单位和个人征收的一种税。它以农业收益额为课税对象，按照标准作物——正粮，标准产量——常年产量计税，实行“稳定负担，增产不增税”；采用地区差别比例税率，全国名义税率平均为15.5%，最高为黑龙江省19%，最低为新疆维吾尔自治区13%；征收实物或折征代金；优待减免（如开垦

① 张遂、马慧琴：《中国三农问题研究》，中国财政经济出版社2003年版，第28～29页。

荒地、兴修水利、植树造林等)、灾欠减免(实行"轻灾少减、重灾多减、特重全免")和社会减免(如对革命烈士家属、残废军人和老、弱、孤寡户等)。

1. 人民公社运动(1958~1966年)——农业税改革后略有反弹。1958年7月1日,《红旗》杂志发表陈伯达《全新的社会,全新的人》的文章,说"把一个合作社变成既有农业合作,又有工业合作的基层组织单位,实际是把农业和工业相结合的人民公社",这是第一次公开提出的人民公社概念①。它强调"一大二公",即规模大,公有化程度高;实行政社合一,工农商学兵统于一体。人民公社既是社会主义农业的集体经济组织,又是国家政权在农村延伸的基层组织。

人民公社成立后,原高级农业生产合作社的财产一律归人民公社所有,各地纷纷取消自留地,要求社员拆除自家炉灶,吃"大锅饭",实现"共产主义"。在这期间,尤其在1961年后,财政部对农业税负担进行了调整,降低了农业税的实际负担率,即农业税正税和地方附加的实际税额占农业实际收入的比例,全国平均不超过10%,地方附加相当正税税额的比例由过去的15%~30%,一律降为不超过10%(见表6-3);各地区由于经济情况不同,仍然实行差别税率,但以生产大队为单位,最高负担率不得超过农业实际收入的13%,把各个生产大队缴纳的农业税税额定下来,3年不变,包干完成。

表6-3　　　　1958~1966年全国农业税收情况一览表

税额单位:细粮/亿公斤

年份	农业实产量	实征农业税			农业税占实产量%	
		合计	正税	附加	合计	其中:正税
1958	1782.9	222.83	194.24	28.59	12.5	10.9
1959	1544.9	221.05	193.86	27.19	14.3	12.5
1960	1254.5	173.51	157.66	15.85	13.8	12.6
1961	1133.5	105.08	97.40	7.68	9.3	8.6
1962	1267.4	110.85	102.50	8.35	8.7	8.1
1963	1500.9	116.25	106.55	9.70	7.7	7.1
1964	1683.4	130.24	114.72	15.52	7.7	6.8
1965	1820.2	127.53	112.15	15.38	7.0	6.2
1966	1971.0	128.04	112.38	15.66	6.5	5.7

数据来源:摘编自《中国财政年鉴》(2001)(中国财政杂志社)。

① 郭铁民、林善浪:《中国合作经济发展史》,当代中国出版社1998年版,第926~929页。

浮夸风，弄虚作假，前所未有。以安徽省凤阳县为例，1958 年粮食总产量为 0.75 亿公斤，上报 2.025 亿公斤；全县只有耕地 141.2 万亩，1960 年春种却上报播种面积 184.8 万亩①。面积报大了，产量估高了，不仅不向上承认错误，进行纠正，反而用层层下压的办法征过头粮。三年自然灾害期间，正当缺粮、疫病、外流严重的时候，大家还错误地认为没有粮食是思想问题而不是实际问题。

2. "文化大革命"（1966～1976 年）——税负缓减。1966 年 8 月吹响了"文化大革命"（以下简称"文革"）的号角，它以迅雷不及掩耳之势迅速从城市扩展到农村。1967 年农村"文化大革命"一开始，整个农业生产指挥系统陷入瘫痪状态。农业只能"以粮为纲"、"农业学大寨"。

其实，"文化大革命"十年，国家对农民仍然采取稳定负担的政策，并采取积极措施对安徽、新疆、湖北等省（自治区）内农民税负畸轻畸重现象作了适当调整，农业税负进一步下降。"三五"时期和"四五"时期农业税占实产量的比例分别为 6.4% 和 5.4%。分年度看，处于逐年下降的趋势（见图 6-1）。

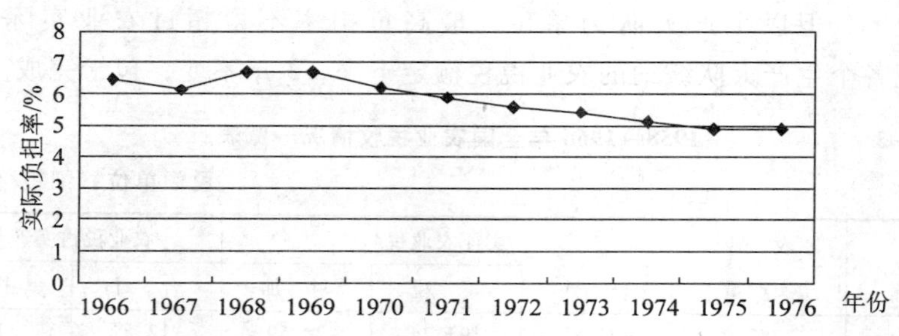

图 6-1 "文革"十年农业税实际负担趋势图

资料来源：据《新中国 50 年统计》（经济科学出版社 2004 年 4 月第 1 版）整理得到。

在人民公社成立的 20 年间，农村经济在高度集权体制的束缚下增长迟缓，特别是"文化大革命"十年动乱，使农村经济再度陷入停滞不前的局面。"农业学大寨"成了生产经营的唯一标准，片面强调"以粮为纲"，使得农业生产结构极不合理，歪曲了轻税政策的真正内涵，严重阻碍了农村经济的全面发展。

计划经济时期，中国采用了苏联的中央计划经济体制，在经济发展和选择

① 张遂、马慧琴：《中国三农问题研究》，中国财政经济出版社 2003 年版，第 35 页。

工业化道路上基本上照搬了苏联模式，强调工业化优先，尤其是片面强调发展重工业。为了确保所需要的巨额原始积累资金，国家一是运用行政手段实行统购统销，压低粮食及其他农产品价格，利用工农业产品价格“剪刀差”，隐蔽性地将农业剩余从农民手中转移出来；二是通过实行城乡隔离，使农村人口享受不到政府给予城市居民在住房、医疗、教育、农产品价格等等方面的优惠，使城市工业化的高成本很大部分又被转移到农业等传统经济部门中①。这种方法虽然在短时间内迅速积累了巨额资金，在中国建立起较为完整的工业体系，但同时也损害了农民的利益，抑制了农业的发展。改革势在必行！

二、经济转型期支持粮食产业发展的财税政策

以1978年12月党的十一届三中全会为标志，中国农村进入了一个波澜壮阔的改革开放新时期。改革开放三十年，中国粮食产业成功实现了由高度集中的计划经济向社会主义市场经济、从封闭半封闭状态到全面开放粮食市场的历史性转变；粮食供给由过去长期紧缺逐步做到了供求平衡、丰年有余；粮食流通体制日趋完善，中央和地方粮食储备充裕；粮食流通基础设施和加工业不断改善，粮食现代物流开始形成；城乡居民粮食消费水平大幅度提高，从温饱不足发展到总体小康，日子越过越好。

三十年来的粮食流通体制，大体经历了四个阶段：1979～1984年为提高粮价、“双轨制”运行阶段；1985～1992年是合同定购、建立储备阶段；1993～2004年是开放市场、深化改革阶段；2005年至今是强化调控、保证安全阶段。

（一）粮食购销“双轨制”（1979～1992年）

1978年12月党的十一届三中全会后，农村涌现出了多种形式的生产责任制，以实行家庭联产承包责任制为主要内容的农村改革迅速推开，相应政府对原有粮食流通中的统购销体制做了一定的调整和改革，实行“双轨制”。“双轨制”也就是对一部分粮食流通继续实行计划管理，对另一部分粮食流通放开经营，实行市场调节。“双轨制”运行大体经历了两个阶段：第一阶段从1979年起到1984年，对统购统销体制进行调整，大幅度提高粮食统购价格，逐步减少统购粮食数量，中央对地方实行购销调拨包干，逐步扩大市场调节范围。第

① 林毅夫：《中国的奇迹：发展战略与经济改革》，上海人民出版社1994年版，第17页。

二阶段从1985年到1992年，主要是取消统购制度，缩小统销范围，继续扩大市场调节范围，直至全国范围内取消统销制度。在“双轨制”阶段，主要的政策措施是：

1. 从1979年开始，国家在大幅度提高粮食收购价格的同时，采取了削减粮食征购基数、实行粮食议价收购和放开集贸市场等政策措施。1979年，粮食统购价格从夏粮上市时起提高了20%，超购部分在统购价格基础上的加价幅度，由原来的30%调整为50%。全国六种主要粮食平均统购价格由每50公斤的10.6元提高到12.9元，提高幅度为20.86%，高于同期经济作物和畜禽产品收购价格的提价幅度。此后几年，粮食的收购价格均有不同程度的提高。从1979年到1982年，全国粮食征购基数由377.5亿公斤减少到303.2亿公斤，4年共减少74.3亿公斤。1981年，经国务院批准，当时的粮食部建立了议购议销公司，开展粮食议购议销业务。1979年到1984年，议购粮食数量585亿公斤，是1978年的2倍。粮食集市贸易量也不断扩大。从1978年到1984年，议购与农民对非农民销售量占社会收购量的比例从4.9%上升到24.0%，每年平均上升3个百分点左右。

2. 1985年正式出台了粮食合同定购制度，定购价格按倒三七比例计价。在粮食收购价格大幅度提高之后，由于粮食销售价格并没有相应提高，财政为此背上了巨大的赤字负担。从1978年到1984年，国家用于粮食补贴的财政支出累计达到955.39亿元，占同期财政总支出的10.5%。为了减轻财政压力，并配合城市体制改革，1985年正式出台了粮食合同定购制度，定购价格按倒三七比例计价（即农民交售的征购粮，不分地区，都是30%按统购价付款，70%按超购价付款）。由于倒三七比例加价小于超购加价对农户生产行为刺激，一级经济作物的相对价格较高，这一时期的粮食生产出现徘徊不前。为了扭转粮食生产下滑趋势，国家重新加强了对粮食生产和流通的干预。到1990年，合同定购被定义为国家定购。同时，国家也采取了投入补贴措施扶持粮食生产。1987年，中央出台粮棉三挂钩政策，即以低价方式供应农户一定数量的化肥、柴油；同时，采取粮食预购定金办法，按收购价的20%预付给农民。1991年以后，多数省份取消了三挂钩政策。

3. 在粮食市场上，保持国营粮食商业主渠道作用的同时，发展多渠道经营；恢复和发展粮食集市贸易，加快市场体系建设。1990年，国家建立了第一个面向全国的规范化的郑州粮食批发市场，随后大部分省份都建立了区域性粮食批发市场，并恢复了无锡、芜湖、九江和长沙四大米市。同时，粮食期货市

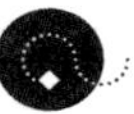

场开始产生。

4. 增加粮食进口，支持农村调整农业结构。由于过去片面强调“以粮为纲”，绝大部分耕地和农村劳动力都集中在粮食生产上。结果，粮食虽然在一个短时期内增了产，但经济作物长期上不去，食油、棉花、食糖等要进口，农民富裕不了，生活得不到改善，反过来也使得粮食生产增长缓慢。因此，中共中央、国务院下决心调整农业结构，在一些适合发展经济作物的地区有计划地减少粮田面积，扩种经济作物。1980 年，赵紫阳曾经明确提出：过去说吃进口粮是修正主义，议购粮是资本主义，这两顶帽子要摘掉。进口一定数量的粮食是必要的，这有利于各个方面，有利于改革。1981 年 3 月 30 日，中共中央、国务院在转发国家农委《关于积极发展农村多种经营的报告》的通知中明确提出：“中央、国务院决定，今后若干年要继续保持一定数量的粮食进口。各级人民政府应在粮食供求平衡的条件下，有计划地逐步把农业经济内部比例失调的状况调整过来。”① 根据中共中央和国务院的决定，1980 年和 1981 年度各进口粮食 1300 万吨，比 1979 年增加 200 多万吨。1982 年度又增加到 1531.6 万吨。1983 年度和 1984 年度国内粮食大丰收，就不再扩大进口。同时适当增加粮食出口，缩小粮食进出口逆差。此外，党还提出了“决不放松粮食生产、积极发展多种经营”的调整农业内部结构的正确方针，对处理发展粮食生产和多种经营的关系有着许多重要指示。

5. 建立专项粮食储备制度，逐步完善粮食储备体系。在这一时期，国家在粮食宏观调控上迈出了可喜步伐。1990 年，在农村工作座谈会上讲话时，时任国家主席江泽民指出：“如果中国粮食出现问题，谁也救不了。我们这么大的国家，一定要有相当数量的粮食储备。”② 为了保护农民利益，解决农民“卖粮难”问题，国务院作出了《关于建立国家专项粮食储备制度的决定》。依据该决定，国家建立了粮食专项储备制度，并成立了国家粮食储备局，负责管理国家专项粮食储备。1991 年中央又提出：除了中央建立专项粮食储备外，地方也要储备，集体和农户也要储粮备荒，建立多级粮食储备制度。这一制度的建立，为国家调控粮食市场发挥了重要作用。

---

① 中共中央文献研究室编：《三中全会以来重要文献选编》（下），人民出版社 1982 年版，第 691 页。

② 中共中央文献研究室编：《十三大以来重要文献选编》（中），人民出版社 1991 年版，第1157 ~ 1199 页。

（二）改革粮食收购政策，粮食逐步朝市场化改革方向发展（1993～2003 年）

1. 1993 年，中央农村工作会议做出了对粮食定购实行“保量放价”的决定，即继续保留定购数量，但价格随行就市。到年底，全国除云南、甘肃两省的 25 个县以外，约有 98% 的县（市）基本上放开了粮食价格和购销。这些政策和措施是朝着粮食流通市场化取向迈出的重要一步。但由于主客观因素的影响，这场改革因南方沿海省份的粮价急速上涨而很快夭折。

2. 为了平抑粮价，1994 年，国务院发出了《关于深化粮食购销体制改革的通知》，对粮食流通政策进行了调整。（1）坚持政府定购，全国国家定购和议购粮食不少于 1800 亿斤，其中国家定购 1000 亿斤。（2）提高国家定购价格，对小麦、稻谷、玉米、大豆四种粮食定购价格平均提高 44%，其他粮食收购价格和议购价格随行就市。（3）加强粮食市场管理，销区粮食批发企业必须到产区县以上粮食批发市场采购，不得直接到产区农村向农民收购粮食。为稳定粮食市场，省会城市和灾区实行粮食挂牌销售。（4）加强国家对粮食市场的调控，国有粮食部门要掌握市场粮源的 70% ～80%。

3. 1994 年，中央决定建立粮食风险基金。1994 年 5 月 9 日国务院关于印发《粮食风险基金实施意见》的通知中指出：粮食风险基金是中央和地方政府用于平抑粮食市场价格，补贴部分吃返销粮农民因粮食销价提高而增加的开支，促进粮食生产稳定增长，维护粮食正常流通秩序，实施经济调控的专项资金。这是党和政府加强粮食宏观调控的一项重大政策。建立粮食风险基金的主要目的，除了在粮食歉收时，用保护价去收购，对暂时卖不掉的，给予利息和费用补贴，从粮食风险基金中支出，以保持粮价基本稳定。由中央拿一部分财政资金，地方拿一部分财政资金，共同建立粮食风险基金，共同承担调控粮食市场的责任。1998 年 5 月 10 日，国务院《关于进一步深化粮食流通体制改革的决定》中对粮食风险基金的使用做了进一步完善和规定，该决定指出：粮食风险基金专项用于：第一，省级储备粮油的利息和费用补贴；第二，粮食企业因按保护价收购粮食，致使经营周转粮库库存增加，流转费用提高，而又不能顺价出售时应弥补的亏损补贴。

4. 1995 年国家粮食购销体制改革又推出了一个重要举措，即实行“米袋子”省长负责制。由于 1994 年中国粮食种植面积降到警戒线 16.5 亿亩以下，尤其是南方水稻连续四年减产，大米供求矛盾尖锐。针对某些沿海经济发达地区出现放松粮食生产的情况，1995 年 2 月中央农村工作会议作出了实行“米袋

子”省长负责制的重大决策。中央要求各省（直辖市、自治区）自行负责本省粮食总量平衡，也就是说，省长要把解决本省区人口吃饭问题的责任担当起来。主要内容是：保证粮食播种面积，提高单产，增加粮食总量；掌握70%～80%的粮源；建立和管理地方储备粮；建立和管理粮食风险基金；负责完成地方进口粮食任务；安排好当地粮食市场，确保供应，稳定粮价；负责省际的粮食调剂等。实行粮食省长负责制，有着重大的意义。它破除了各省区长期以来中央解决粮食问题的思想，加强了各省区负责人对粮食生产和粮食供需平衡的责任心和重要性的认识，促进了各省区加强对农业的资金投入和科技投入，加大了农业基础设施建设，保证了粮食的有效供给。

5. 1996年新粮上市时，国家又再次提高粮食购销价格，提价幅度在44%。同年10月，国务院在大连市召开粮食工作座谈会，提出抓紧深化改革，建立起符合社会主义市场经济体制要求、适合中国国情的粮食流通新体制。按照这一精神，1998年5月10日，国务院提出《关于进一步深化粮食流通体制改革的决定》，指出：改革的原则是“四分开一完善”，即实行政企分开、中央与地方责任分开、储备与经营分开、新老财务账目分开，完善粮食价格机制，更好地保护农民的生产积极性和消费者的利益。同年5月21日至25日朱镕基在安徽省考察粮食工作时指出：当前粮食流通体制改革和粮食工作的重点，是落实“三项政策、一项改革”，即坚决贯彻落实按保护价敞开收购农民余粮、国有粮食收储企业实行顺价销售、粮食收购资金封闭运行三项政策，加快粮食收储企业自身改革①。

6. 1999年5月，国务院发出了《关于进一步完善粮食流通体制改革政策措施的通知》，要求加快粮食生产结构调整，适当调整粮食收购市场管理，加快国有粮食企业改革等。2000年6月，国务院又下发了《关于进一步完善粮食生产和流通有关政策措施的通知》，提出了大力推进农业和粮食生产结构的战略性调整，促进生产和流通协调发展，认真落实按保护价敞开收购农民余粮政策，适当增加粮食风险基金规模，扩大国家粮库建设规模，进一步拓宽粮食购销渠道，积极促进粮食销售、加工、转化和出口等政策措施。2001年7月，国务院下发了《关于进一步深化粮食流通体制改革的意见》，加快推进粮食主销区粮食购销市场化改革。

依靠财税政策的支持效果，新中国顺利地渡过了建国初期的供需失调时

---

① 《当前推进粮食流通体制改革的意见》，国发〔1998〕35号。

期，有计划地恢复了生产，保证了人民生活生产的需要，进而为粮食产业向市场化逐步过渡奠定了基础。改革开放后，中国的粮食产业逐渐进入了由国家统一调控向市场化过渡的阶段，这一转变通过国家逐渐放开市场收购条件来完成。由统配的合同收购到双轨制，再到后来的最低价政策，可以看到国家对粮食产业调整的手段更加成熟，对粮食产业的发展更有信心。这些都建立在粮食生产能力提高的基础上。因此，无论国家支持粮食产业发展的财税体系如何变化，生产能力的提升始终位于首要位置。这也是粮食产业发展的关键。

第三节　中国现行财税支持粮食政策体系及效应

一、中国现行财税支持粮食政策体系结构

现阶段，中国财税支持粮食政策的基本制定方针为强化调控、保证安全。在这一方针指导下，国家积极推进粮改和农村税费改革，建立适应社会主义市场经济体制的粮食流通体制，确保国家粮食安全。以 2003 年 10 月粮食价格骤然上升为契机，市场对粮食生产、流通的调节作用日益明显，粮食价格基本由市场供需决定。国务院发出的关于深化粮食流通体制改革的一系列决定文件，标志着粮食购销全面市场化基本定型，具体政策包括以下方面。

1. 加大农村税费改革力度，减轻农民负担。20 世纪 90 年代以后，针对农民收入增收困难、农民收入增幅下降，城乡居民收入差距进一步扩大，农民负担重的问题日益凸显，部分地区还愈演愈烈，成为久治不愈的顽症。2000 年 3 月 2 日，中共中央、国务院发出《关于进行农村税费改革试点工作的通知》，决定在安徽省进行农村税费改革试点，安徽省的试点，取得了成效，这次税费改革的特点是：以“减轻、规范、稳定”为指导，以“确保明显减轻农民负担、不反弹，确保乡级政权和村级组织的正常运转，确保农村教育和其他有关事业经费的必要投入”等三个确保为标准，以“三个取消（屠宰税、乡镇统筹款、教育集资等专门向农民征收的行政事业性收费和政府性资金），一个逐步取消（用三年时间逐步减少直至全部取消统一规定的劳动积累工和业务工），两个调整（调整农业税政策和农业特产税征收办法，规定农业税税率上限为

7%）和一项改革（改革村提留征收和使用办法，以农业税税额的20%为比例征收农业税附加，替代原来的提留）为主要内容；改革的目标是借此建立一个以农业税、农业特产税及其附加，以及村级一事一议”筹资酬劳为主要内容的农村税费制度框架。

在总结改革试点的基础上，中央决定从2004年起，国家逐步降低农业税税率。2004年3月，温家宝总理在当年《政府工作报告》中提出五年内取消农业税，《中共中央国务院关于促进农民增加收入若干政策的意见》提出降低农业税税率1个百分点，提出有条件的地方，可以进一步降低农业税税率或免除农业税，全国范围五年内取消农业税。实践结果显示，三年内即到2006年全国就取消了农业税。取消农业税，减轻了农民负担，进一步调动了农民积极性。

根据各种典型调查和资料显示，与税费改革前相比较，农民负担明显减轻：上海市农民人均负担减轻62%，江苏、吉林和河南全省人民人均负担减轻幅度分别达50%、30%和37.7%；而据安徽、黑龙江、山东、四川和湖北等省份试点县市和乡镇的典型调查显示：平均减负幅度在16.8%～44.8%之间。另据国办各地上报的情况显示，在全省范围实行税费改革的20个省份中，农民人均减负平均幅度为40%，减负额约为40元，其中肩负幅度最大的是上海市，达62%，最小的是甘肃省，为24%①。

2. 建立直接补贴机制，保护种粮农民利益。2004年起，全国上下全面实行对种粮农民的直接补贴。从2004年开始，每年的中央一号文件中都涉及了这一关乎建设社会主义新农村的重要举措。

（1）加强主产区粮食生产能力建设。2004年2月8日，《中共中央国务院关于促进农民增加收入若干政策的意见》正式公布，该文件决定：从2004年起，国家将实施优质粮食产业工程，选择一部分有基础、有潜力的粮食大县和国有农场，集中力量建设一批国家优质专用粮食基地。要着力支持主产区特别是中部粮食产区重点建设旱涝保收、稳产高产基本农田。2005年的中央一号文件指出，要继续加大“两减免、三补贴”等政策实施力度。减免农业税、取消除烟叶以外的农业特产税，对种粮农民实行直接补贴，对部分地区农民实行良种补贴和农机具购置补贴，给农民的实惠不能减少。2006年《中共中央国务院关于推进社会主义新农村建设的若干意见》的颁布，更进一步稳定和强化了对农业和农民的直接补贴政策。该文件指出：粮食主产区要将种粮直接补贴的资

① 数据来源：中华人民共和国国家统计局网站。

金规模提高到粮食风险基金的50%以上，其他地区也要根据实际情况加大对种粮农民的补贴力度①。

（2）深化粮食流通体制改革。从2004年开始，国家全面放开了粮食收购和销售市场，实行购销多渠道经营。加快国有粮食购销企业改革步伐，完善粮食现货期货市场，严禁地区封锁，搞好产销区合作，优化储备布局。为保护农民利益，建立了对农民的直接补贴制度。2004年，国家从粮食风险基金中拿出部分资金，用于主产区种粮农民的直接补贴。其他地区也要对本省（自治区、市）粮食主产县（市）的种粮农民实行直接补贴。要本着调动农民种粮积极性原则，制定便于操作和监督的实施办法，确保补贴资金真正落实到农民手中。2005年继续对短缺的重点粮食品种在主产区实行最低收购价政策，逐步建立和完善稳定粮食市场价格、保护种粮农民利益的制度和机制。

3. 落实"三奖一补"政策，缓解县乡财政困难。改革开放特别是实行分税制财政管理体制以来，由于区域经济发展不平衡，财力配置不对称等原因，县乡财政较为困难，这严重制约了农民增收、粮食增产。为切实缓解县乡财政困难，中央决定从2005年起中央财政实行"三奖一补"政策，切实缓解县乡财政困难。中央对地方实行"三奖一补"政策的主要内容是：对财政困难的县乡政府增加县乡税收收入，以及省市级政府增加对财政困难县财力性转移支付给予奖励，以调动地方政府解决缓解县乡财政困难的积极性和主动性；对县乡政府精简机构和人员给予奖励，促进县乡政府提高行政效率和降低行政成本；对产粮大县给予奖励，以确保粮食安全，调动粮食生产的积极性；对以前缓解县乡财政困难工作做得好的地区给予补助，以体现公平的原则。随着中央产粮大县奖励政策的落实，地方政府抓好粮食生产的积极性普遍提高，粮食产量、粮食播种面积和粮食购销量均有明显增长。

4. 按农业产业化与WTO《农业协定》的要求，加大对农业生产的直接投入。自加入WTO后，农业发展也要按照关贸总协定的要求进行。要尽快改革财政投入不与农户直接见面的运作方式，将投入的资金尽可能地纳入"绿箱"与"黄箱"的政策框架。"绿箱"政策涉及农业基础设施建设、农业科技、农村教育、生态保护、自然环境、社会保障等方面的补贴，其面广量大的程度是中国过去的农业补贴远远不可比的。在当前，中国继续加大对农民购买良种、化肥、农业机

① 中共中央文献研究室编：《十六大以来重要文献选编》（上），中央文献出版社2005年版，第679页。

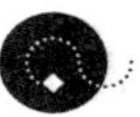

械等生产资料的直接补贴，以降低农业的生产成本。“黄箱”政策多与产量、价格直接挂钩，考虑补贴过多会影响市场机制的正常运行，WTO 有“综合支持量”的限制性规定，即以农业生产总值为标准，发达国家补贴不能超过5%，发展中国家不能超过10%。中国加入世贸组织承诺为8.5%，但是过去的实际补贴大约是2%～3%。根据这个情况，中国就实行了最低价格制度，较大幅度提高粮食收购价格，直接增加农民收入。加入 WTO 后，继续深化粮食流通体制改革，全面放开粮食购销市场，完善粮食现货和期货市场，发展现代物流业。

5. 推行退耕还林补助，保护粮食生产可持续性发展。中国将实现可持续发展作为实现小康社会的战略目标之一，退耕还林还草虽然在短期内减少了可耕种土地面积，但是从长期来看，对农业发展的作用利大于弊。退耕还林还草面对生态环境恶化地区，与西部开发战略相配合，逐步改善农民的生产环境与生活环境。具体政策措施如下①：（1）对退耕农户直接补助。现行退耕还林粮食和生活费补助期满后，中央财政安排资金，继续对退耕农户给予适当的现金补助，解决退耕农户当前生活困难。补助标准为：长江流域及南方地区每亩退耕地每年补助现金 105 元；黄河流域及北方地区每亩退耕地每年补助现金 70 元。原每亩退耕地每年 20 元生活补助费，继续直接补助给退耕农户，并与管护任务挂钩。补助期为：还生态林补助 8 年，还经济林补助 5 年，还草补助 2 年。根据验收结果，兑现补助资金。各地可结合本地实际，在国家规定的补助标准基础上，再适当提高补助标准。凡 2006 年底前退耕还林粮食和生活费补助政策已经期满的，要从 2007 年起发放补助；2007 年以后到期的，从次年起发放补助。（2）建立巩固退耕还林成果专项资金。为集中力量解决影响退耕农户长远生计的突出问题，中央财政安排一定规模资金，作为巩固退耕还林成果专项资金，主要用于西部地区、京津风沙源治理区和享受西部地区政策的中部地区退耕农户的基本口粮田建设、农村能源建设、生态移民以及补植补造，并向特殊困难地区倾斜。（3）中央财政按照退耕地还林面积核定各省（自治区、市）巩固退耕还林成果专项资金总量，并从 2008 年起按 8 年集中安排，逐年下达，包干到省。专项资金要实行专户管理，专款专用，并与原有国家各项扶持资金统筹使用。具体使用和管理办法由财政部会同国家发展和改革委员会、西部开发办、农业部、林业局等部门制定，报国务院批准。

6. 完善风险基金制度，保证市场经济正常运行。针对经济转型期农业的自

---

① 《国务院关于完善退耕还林政策的通知》，国发（2007）25 号。

然风险和市场风险，政府也加强了对风险的控制，提出了如下调节对策：(1) 推行农业保险。由于农民对自然风险的承受能力较低，推行保险，通过危险预测和损失分摊，建立风险损失的补偿机制，对自然灾害的损失者给予适当补偿。根据不同情况，对农业分别推行单一责任险、混合责任险和其他险种保障。(2) 建立农产品风险基金制度。由国家和地方财政在预算中安排一定数额资金或从其他渠道筹集资金作为农产品风险调节基金。这笔基金实行专项管理，只能用于市场调控的政策性业务出现的亏损，不能用于商业性业务亏损的补贴。(3) 建立农产品储备调节制度。国家和地方政府对需要的粮食、棉花、食油等重要农产品保持一定数量的专项储备，以利于在市场供求关系发生波动时进行吞吐调节，保证市场经济的正常运行。

7. 调整粮食出口关税，调节国内粮食供应。随着世界经济一体化进程的加快，如同其他产业一样，中国的粮食产业是世界粮食产业不可割裂的一部分，中国粮食产品进出口政策影响着国际粮食市场，同样，通过对进出口关税的调整，可以影响国内粮食供应量与国内粮食产品供应价格。近些年来，受金融危机与粮食危机影响，中国对粮食出口税进行了多次调节：2007 年，财政部和国家税务总局联合公布，将从 12 月 20 日起取消小麦、稻谷、大米、玉米、大豆等原粮及其制粉的出口退税，共涉及 84 个税则；2009 年财政部通知，自 2009 年 7 月 1 日起，取消小麦、大米、大豆等粮食产品的出口暂定关税；2010 年，财政部发布通知，经国务院批准，自 2010 年 7 月 15 日起取消包括玉米淀粉在内的 406 项商品出口退税。

综上所述，中国现有的支持粮食方面的财税体系逐渐趋于完整，并随着国内外经济状况的改变不断调整，其主要结构为：依托财政投入手段，维持粮食种植面积，刺激粮食生产，保证粮食产量提升；利用价格保护手段，保证粮食市场价格维持在一个较为稳定的状态，保障粮食生产者与消费者的利益；通过国有粮食企业，保证流通和储备过程有序进行；同时利用粮食风险基金对整个体系加以资金方面的支持。这一体系涉及生产、流通、储备、出口等多个环节，保证了粮食市场的稳定。下面，将对这一财税支持粮食政策体系的效果进行具体分析。

二、财税支持粮食政策体系效应的计量分析

（一）粮食产量的影响要素

分析粮食产量的影响要素对于研究政策有着积极作用。通过计量的定量分

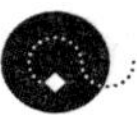

析，找出对粮食产量具有显著影响效果的因素，进而通过财政投入等其他的多种手段对这些因素加以调节。最终可以实现通过调整财政支出达到促进粮食生产的目的。因此，这一部分将对粮食产量的影响要素加以分解。

1. 粮食产量具有自相关性。根据附表1中的数据，可以看到中国粮食产量具有显著的上升趋势，且上升过程并不平稳。由于多重因素的影响，在2003年出现了显著的下降。具体粮食产量的变化趋势如图6－2所示。

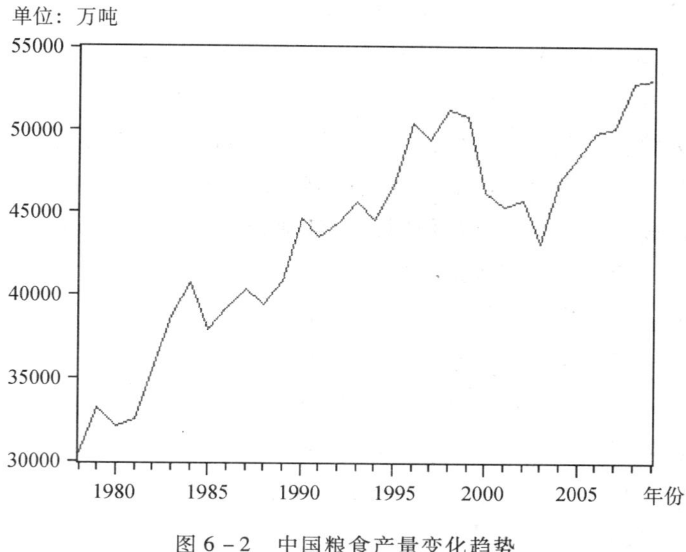

图6－2 中国粮食产量变化趋势

通过对图形分析与数据研究，可以认为中国粮食产量具有一阶自相关，从而得出以下模型：

$$Y = 4723.61874779 + 0.907612 \times Y(-1)$$
$$(1.81) \qquad\qquad (15.14)$$
$$R^2 = 0.89 \quad D.W.\ stat = 2.06 \quad F = 229.2$$

其中，Y为粮食产量（单位：万吨），$Y(-1)$为前一期的粮食产量。模型的拟合度较好，且不存在自相关的问题，各解释变量及总体方程的经济意义也完全符合要求，所以该模型为最终模型。由该模型可以得出结论：前一年的粮食产量每变化0.907612万吨，后一年的产量变化1万吨。这一系数基本上是一一对应的关系，因此前一年的粮食产量对后一年的粮食产量的影响比较显著。换言之，现阶段中国的粮食生产具有一定的稳定性，在外界因素无明显变化时，大部分的粮农改变现有生产模式的主观愿望并不强烈，包括改变播种面积和现成的种植方式。接下来，将对现有的种植方式加以进一步研究，分析粮食产量受到哪些基本要素影响。

2. 利用古典模型分析得出的粮食产量影响因素。首先，研究基本农业要素对产出的影响。为了研究基本农业要素对产出的影响。本书选取农业化肥施用量、粮食播种面积、成灾面积、农业机械总动力、农业劳动力这五个基本影响因素，利用附表1中的数据进行了线性回归。经过处理，剔除了对模型解释作用不太显著的统计，得到古典线性模型如下：

$$Y = 7358.830 + 3.964761X_1 - 0.230961X_2 + 0.933223X_3$$

$$(3.986824) \quad (13.05616) \quad (-32.71191) \quad (25.38444)$$

$$R^2 = 0.99 \qquad D.W.\ stat = 1.964763$$

其中 Y 为粮食产量，X_1 为农业化肥施用量，X_2 为成灾面积，X_3 农业劳动力。通过检验，可以看出方程的拟合度极高，并且可以认为方程已不存在自相关，异方差及多重共线性中的任何问题，各解释变量及总体方程的经济意义也完全符合要求，所以该模型为最终模型。

由该模型可以得出如下结论：当成灾面积和农业劳动力不变时，农业化肥施用量每增加1万千克时，粮食产量平均增加3.96476万吨；当农业化肥施用量、农业劳动力不变时，成灾面积每增加1公顷，粮食产量平均减少0.230961万吨；当农业化肥施用量、成灾面积不变时，农业劳动力每增加1万人，粮食产量平均增加0.933223万吨。可以看到，在这个模型中，化肥施用量对粮食产量具有显著的影响，且联动变动率较大。

从数据中能很明显地看出在成灾面积和农业劳动力不变的情况下，化肥施用量的增加引起粮食的增加是显著的。在粮食生产过程中，若化肥施用量不至于因施用量过度而使粮食烧苗造成粮食减产的范围内，增加化肥施用量能使粮食产量增产。成灾面积对粮食产量的影响也不显著，因为近些年中国自然灾害很少，所以造成粮食产量只是小幅度的减少。造成粮食增产的农业劳动力要素，它的变动导致粮食产量较施肥量也有较大幅度的变动，而且目前中国农村劳动生产效率实际是非常低下的，与发达国家甚至发展中国家比较，差距都比较明显。认为中国的粮食增产主要是依靠农业施肥量和农业劳动力的影响。因此，要促进粮食产量的提高，需要在一定限度上提高化肥施用量和劳动力因素。在该模型中，为降低异方差对模型稳定性的影响，剔除了粮食播种面积这一重要变量，但这并不意味着该变量对粮食产量没有影响。因此，本书将在下一部分，对被剔除的变量粮食播种面积进行分析。

3. 粮食播种面积对粮食产量的影响。根据附表1的数据，选择粮食播种面积为解释变量，粮食产量为被解释变量。经过自相关异方差处理后，得出古典线性模型如下：

$$Y' = 1.38993486486 + 4.26444118147 \times X_4'$$
$$(1.954915) \qquad (68.07743)$$
$$R^2 = 0.99 \quad D.W.stat = 1.55 \quad F = 4634.537$$

其中Y'为经过异方差调整后的粮食产量，X_4'为经过异方差调整后的粮食播种面积。通过统计量，可以看出该方程拟合度很高，且模型符合经济学解释，即所需的模型。虽然模型仍有一些的缺陷，但是已经可以充分说明，粮食播种面积与粮食产量之间有着一定的正向的线性关系。每增加 1 单位的粮食播种面积，相应地会引起约 4.26 单位的粮食产量上升。通过增加播种面积，可以有效地增加粮食产量。

综上所述，对粮食产量的变化有显著增加作用的要素分为以下四个方面：粮农的固有生产习惯和生产模式、化肥、劳动力投入和粮食播种面积。这几个因素均可以通过改变外在条件加以影响。下面将对这些因素的影响要素加以分析。

（二）农业支出对粮食种植面积的影响

上面研究了对粮食产出有影响的相关要素，这些要素能否通过改变财政支出对其造成一定影响，需要进一步的分析才能知道。下面对财政支出及各种相应因素之间的联动关系加以分析。

种植面积是影响粮食产量的重要制约因素，因此保证粮食种植面积是目前财政政策的重要目标之一。这一目标可以通过多种手段达到，下面主要研究的是财政支出对粮食种植面积的影响。为研究财政支出对粮食种植面积的影响，建立联动模型如下：

$$X_4 = 0.882076189765 \times X_4(-1) + 0.0245337212952 \times X_1(-1) + 1240.11968679$$
$$(8.69312) \qquad (0.64752) \qquad (1.07857)$$
$$R^2 = 0.79 \qquad F = 53.47362$$

$$X_1 = -0.507707889012 \times X_4(-1) + 0.980252909545 \times X_1(-1) + 5840.54603628$$
$$(0.64752) \qquad (8.69312) \qquad (1.07857)$$
$$R^2 = 0.82 \qquad F = 65.95653$$

其中 X_1 为农业财政支出，X_4 为粮食种植面积。

根据方程可以初步得出这样的印象，即粮食种植面积受农业财政支出的影响较小，影响效果不显著，在一定程度上受到上一期的影响，但影响效果也并不是极为明显。进一步进行格兰杰（Granger）因果检验，得出结论对农业的财政支出不能 Granger 引起粮食种植面积的变化。因此，中国的粮食种植面积是不稳定的，农业财政支出对粮食种植面积的影响较小。这一问题的原因是多方面的：一方面是中国现阶段耕地总面积有限，粮食种植面积受耕地总面积的制约，不可能有显著的改变；另一方面原因是财政政策对粮食的支出并没有直接作用在增加种植面积这一方面上，而是通过其他手段对粮食种植面积进行宏观调控。

上面两部分对于影响粮食生产的主要要素进行了定量分析。可以看到，财政支出对于粮食增收的直接影响显著性并不像想像中的那么高，而且基本上是通过间接影响来实现的。而传统农业要素如土地播种面积、农业劳动力人数以及种植传统对粮食产量的影响更为巨大，且具有直接影响效果。因此，可以大致得出结论，即中国的财政支出用于推进生产方面的相对较少。这也是中国财政支出现存的一个重要问题，这一问题一定程度上制约着农业的进一步发展。

另外，财政支出水平仅仅代表了宏观财政手段的一个方面。更多的调节是通过调整生产关系、改善农民生产条件来完成的。下面将通过定性分析，对其他政策手段的效应进行分析。

三、财税支持粮食政策体系效果研究

上一部分，通过定量分析，研究了财税政策在影响粮食生产的基本要素方面的重要作用。定量分析研究的是经济发展的一个总体趋势，但是，在具体的各年中，受到短期政策效果的刺激，部分变量的改变模式与定量分析的结论不相符。这是由定量分析的固有缺陷决定的，短期的政策效应在定量分析中无法体现。同时，数量分析只能研究政策支出对粮食生产过程的影响，但在现实生活中，对粮食生产的影响不仅有政策支出的影响，还有很多不涉及财政投入的政策作用。因此要彻底研究财政政策的效果，还需要对政策进行定性分析。在结合定量分析的基础上，这部分将对现阶段财税支持粮食产业效果进行分析。

（一）由“双轨制”到粮食最低收购价政策

1979 年至 1993 年中国实行“双轨制”，此后，政府为充分发挥市场作用，逐步取消“双轨制”而变为粮食最低收购价政策，这一变化充分体现了中国经济从计划经济向市场经济过渡的过程，即由“双轨制”的半计划经济向有保护的市场竞争过渡。长期以来，中国都是农业大国，农业作为第一产业牢牢占据国民经济的主要地位，但是在全球工业化浪潮带动下，中国逐渐走向由农业国向工业国过渡的道路，在这一过程中，国家政策不可避免地会对工业有所偏向，如何做到在发展工业的同时保护农业的发展，就需要国家政策的调控，保证农产品的价格平稳，保证粮食市场稳定与粮食供应。具体分析政策效应主要有如下几点：

1. 在宏观调控基础上发挥市场机制作用。中国经济体制是公有制基础上多种所有制经济共存的商品经济，最终目标是建立社会主义市场经济体制。粮食作为关系国计民生的重要商品，不可脱离国家的宏观调控，否则必将走向混乱，然而，在历代的政策中市场的作用往往被忽视。纵观粮食收购制度的改革历程，可以得出一条结论，即当统购价格过分背离市场价格的时候，粮农的售粮积极性会遭到打击，导致粮食种植面积与产量下滑。因此，在进行对粮价的宏观调控过程中，不可以忽视市场的作用。从“双轨制”开始，虽然“双轨制”的主要政策导向依然是国家调控为主，但已经逐渐引入了市场机制的作用。而目前中国实行的是以市场经济为主导的粮食最低收购价政策，摒弃了原有统购价格中完全忽视市场价格的做法，以市场价格为主导，在市场价格低于最低收购价时发挥最低价作用，发挥市场机制作用，确定合理价格，既保护了农民利益又减轻了财政压力。

2. 维护粮食安全稳定粮食市场。首先，粮食统购价收购是存在一定缺陷的，偏低的价格会损害种粮农民的切身利益，影响粮食安全，而过高的粮食收购价则会对国家财政造成巨大负担。“双轨制”的提出正是考虑了这两方面而提出的，它一方面稳定了市场价格，保障了粮食安全；另一方面又在一定程度上减轻了国家财政负担。更为重要的是，在中国长期实行计划经济的前提下，如果贸然改变政策，直接进入市场经济，通过市场机制调控粮食市场，那么很有可能造成在长期压抑下的粮食价格暴涨，从而造成市场混乱，而半经济半计划的“双轨制”在一定程度上稳定了转型期的粮食市场。最低收购价政策启动后，粮价在保障农民基本收入的前提下，提高了粮价调整的效率，使之更符合市场要求。此后，粮价在平稳调整中有所上升，但始终围绕最低收购价波动。根据经济学基本的价格围绕价值上下波动的原理，市场对供需自发调节，可以有效地保证粮食产量的同时形成合理价格，从而稳定粮食市场。

3. 优化粮食产品结构。统购价期间超过合同额定数额的粮食产品，根据优质优价的原则，对超出额定收购量的粮食进行收购。但在实际执行中，每个质量标准不明确，各级级差不明显，优质优价并没有很好地得到体现，以致粮农对生产成本更高但收益相对不高的优质粮种植积极性较低，长期来看，将导致整个粮食生产的结构失调，普通粮产量过剩，而优质粮产量不足无法满足人们对优质粮的需求。而在最低收购价政策调控下，粮食价格随行就市，由市场的需求决定粮食的价格，特别是在人们收入提高后，城镇居民对优质粮的需求大大提高，优质粮的利润区间逐渐显现。以市场为导向的价格机制调高了粮农的市场意识，针对市场需求粮农有目的地调高优质粮的种植面积。

（二）粮食风险基金及种粮直补政策

粮食风险基金是国家为了维护粮食安全而设立的宏观调控基金，目标是通过财政补贴政策，达到利益再分配的目的，从而有效地支持粮食储备制度的运作和粮食最低收购价制度的实现。粮食风险基金作为政府宏观调控的重要经济手段，其主要目标是保证粮农收益、实现粮食安全，使种粮农民增收、为产区财政减负。2004 年，国家把粮食流通过程中的间接补贴改为对种粮农民的直接补贴，直接补贴就是要把国家以粮食风险基金的形式建立起来的粮食补贴资金，由原来补贴粮食流通环节改为直接补贴粮食生产环节。这一政策更是直接地对种粮农民的收益进行了保证，种粮直补政策由粮食风险基金来支持。

1. 提高财政资金的使用效率。原来的补贴模式是在流通环节进行补贴，这种补贴模式的缺点是在流通过程中损耗过大，国家财政支出虽然很高但是效率低，而真正到达农民的补贴实际上并不多，并且随着收购量的增加，国家粮食的库存供销压力增大。一方面，为平衡粮食市场，高价买入的粮食需要平价卖出，随着粮食价格变化，持续的高买低卖导致亏损额不断加大。另一方面，保护价收购使得农民种植保护价品种的积极性增加，脱节于市场，导致种粮越多，粮价越低，国家亏损越严重。鉴于此，将财政资金直接在种植环节对农民进行补贴，有效地提高了财政资金的使用效率，使农民直接受惠，提高财政资金的使用效率。

2. 降低了国有粮食企业的经营风险。中国实行储备粮制度及粮价保护价政策，用于保护粮食生产者的利益，国有粮食企业作为这两个政策的执行者，政策性业务与经营性业务共存且相混合。企业除自身经营费用支出，还承担了政

策支出，即购销差价损失、粮食积压损失以及超库存的存储费用等相应费用。如果由国有粮食企业自行承担损失，那么短期来看，国有粮食企业的利润会受到影响；长期来看，会导致国有粮食企业的负担过重，经营风险加大。因此设立粮食风险基金，对国有粮食企业进行补贴，可以一定程度缓解国有粮食企业的负担，降低国有粮食企业的经营风险，保证国有粮食企业的顺利经营。

3. 维护农民利益，增加农民收入。2006 年，中央增加 120 亿元种粮直补资金，用于对种粮农民因生产资料价格上涨而导致的生产成本提高进行补贴。至此全国粮食直补资金达到 142 亿元，其中对 13 个粮食主产区的补助达 126.8 亿元。农民是种粮直补的对象，是此次种粮直补资金增长的直接受益者。根据财政部文件，种粮直补按照三个标准进行补贴：按照计税面积补贴，按照计税常产补贴，按照粮食种植面积补贴。实行对种粮农民直接补贴的具体方式由各省按照实际情况自行设定[①]。这一举措直接提高了农民收入，保证了农民的利益，发到粮农手中的是实在的钱，农民直接受到优惠，不仅符合和谐社会的要求，更使得农民种粮积极性有所上升。

（三）农村税收制度改革及农村基础设施建设完善

农村税费改革从制度层面上开始动摇了城乡二元结构的基础，其政治和经济意义都是空前的。2004 年中央一号文件提出的“多予、少取、放活”的原则，是国家宏观政策的重要转变。落实这一原则，需要进一步深化农村税费改革。农村税收机制改革，即农村税费改革，具体实践即因地制宜地进行“费改税”，取消“三提五统”费用，征收农业税及其附加和农业特产税及其附加。农村税收制度改革从制度上根本规范了农村的分配问题，有利于促进新农村的建设和稳定，保证了农村微观经济的上层建筑符合目前国内生产力发展的要求，从根本上巩固了目前农村的土地制度。

1. 农村税收制度改革有效减轻了农民负担。农村税收制度改革是土地改革和家庭联产承包责任制之后又一重大举措。在 2002 年进行的上海市试点过程中，郊区农民人均减负 93 元，共计 1.43 亿元。2003 年开展全面试点的 10 个省份核定计税面积、确定常年产量、税额落实到户率已达到 90% 以上，通过税费改革共为农民减负 137 亿元，减幅最少的省份达到 30% 以上，减幅最大的达

① 《实行对种粮农民直接补贴调整粮食风险基金使用范围的实施意见》，财政部财建［2004］75 号。

到了80%。统计数据明确地显示了税收制度改革后的农民减负情况，税收制度改革之后，农民不同程度地认为税负降低，落实了国家惠农政策，促进了农民减负增收，增强了农民种粮积极性①。

2. 农村税收制度改革改善农村干群关系。农村税收制度改革免除了农村干部长期以来收税难的尴尬，使农村干部有更多精力集中于其他各项农村事务中，同时也缓解了干群之间的矛盾，保证了社会的稳定。稳定是发展的前提，稳定的秩序有利于粮农安心生产，保证粮食生产的顺利进行。中国农村基础设施建设基础薄弱，且财政投入量不足。农村税收制度改革后，农村基层干部从繁重的税收任务解放出来，有了发展农村基础设施的人力基础。在此状况下，通过税收的转移支付作用，完善农村基础设施建设，对于缩小城乡差距，促进农村进一步发展有着积极的意义。

（四）关税对粮食进出口的调节效果

粮食生产是全局性的问题，要解决粮食供需失衡，除了在国内要大力提高农民收入刺激生产外，还需要通过对外贸易手段，按照平等交换原则在一定范围内实行粮食自由贸易政策。这不仅仅是满足国内需求的需要，更是工业化进程与全球化进程推动下不可避免的经济融入。出口关税作为进出口的重要税收调节手段，在平衡粮食市场方面有着重要作用（见表6－4、表6－5）。

表6－4　　出口主要货物数量和金额

年份	指标	计量单位	出口	
			出口主要货物数量	出口主要货物金额（万美元）
2008	谷物及谷物粉	万吨	181	75856.6
	稻谷和大米	万吨	97	48326.4
	玉米	万吨	27	7942.3
	大豆	万吨	47	35146.3
2007	谷物及谷物粉	万吨	986	218917
	稻谷和大米	万吨	134	48787
	玉米	万吨	492	87533
	大豆	万吨	46	19650

① 成都三农热线，http：//12316.chengdu.gov.cn，发布日期：2004年1月4日。

表 6－5 进口主要货物数量和金额

年份	指标	计量单位	进口	
			进口主要货物数量	进口主要货物金额（万美元）
2008	谷物及谷物粉	万吨	154	73178.9
	小麦	万吨	4.3059	1479.8
	稻谷和大米	万吨	32.9698	20840.7
	大豆	万吨	3744	2181265.4
2007	谷物及谷物粉	万吨	155	53394.4
	小麦	万吨	10	2871.1
	稻谷和大米	万吨	49	22804.3
	大豆	万吨	3082	1147217.2

数据来源：国家统计局公布数据，http：//www.stats.gov.cn。

由表 6－4、表 6－5 可以看出，在调节粮食出口关税及大豆进口关税后，在一年期间内，谷物出口额锐减至原出口额的 20% 左右，而大豆的进口额则增长了约 700 万吨。因此，粮食进出口关税的调节，在一定程度上平衡了国内市场，通过自由贸易填补国内贸易缺口，保证国内需求得到满足。解决国内粮食短缺问题，仅仅依靠内部提高产量，效果是有限的，充分利用国内外资源，多管齐下才能在短期内迅速看到收益。另外，应看到，关税的调节使国内经济进一步增强与国外的联系，在经济全球化的作用下，国内的弱势产业逐渐失去竞争优势，缓慢退出市场，而比较优势的产业则会迅速发展。因此，关税调整在一定程度上有利于国内粮食产业结构调整，但是国内应做好政策调节，避免受世界经济影响而导致部分品种受国外挤压过分严重退出市场而导致国内失衡。

第四节 中国现行财税支持粮食政策体系中存在的问题及成因

财税政策作为国家宏观调控的重要手段，对国家经济起导向、协调、控制、稳定的作用。纵观中国改革开放后的各项支持粮食发展的财税政策，对粮食产业的发展方向进行控制，最大程度上调动了种粮农民的积极性，达到了稳定生产稳定粮食市场的作用。但是应当看到的是，任何政策都有其适用范围，当政策不适用于国家现状或政策本身存在固有的缺陷，就需要政策制定者对现行的政策予以调整。就中国现状而言，财税政策的中心目标——维护粮食安全是正确的，但在具体思路与操作方法上仍有需要调整的空间。本节就将目前中国支持粮食产业的财税政策中存在的问题进行探讨，并提出政策建议。

一、改革开放后财税政策支持粮食产业发展中存在的问题

随着改革开放的推进，国内经济体制逐渐由计划经济向市场经济过渡，市场管制逐步放开。在这样的大前提下，支持粮食的财税政策也逐渐由单一计划型向多样化支持型发展。但是，经济进步与经济结构的改变也带来了一些问题。一方面，用财税手段对经济进行调节中，财税手段有其固有的非效率性与时滞性。另一方面，有的粮食支持政策不能完全适应当前的粮食生产形势，政策带来的负效应抵减了应有的政策效果。这导致了粮食政策实施过程中不可避免地会出现一些问题。本书将按照政策类型对这些问题进行阐述。

（一）直接补贴政策激励效果一般

直接补贴作为符合 WTO 规则的“绿箱”政策，在各国粮食政策中最普遍应用，其优点是补贴效率高，受补贴的农民可以直接享受到政策优惠，以此激发农民的种粮积极性。种粮直补政策是惠农政策的重要一环，但在中国目前应用时间较短，存在一些问题。

1. 伪造数目骗取补贴。中国根据自身国情需要，在不同的地区根据生产的实际需要，分别采用了不同的补贴方式。具体来说，是以计税面积、计税常产、粮食种植面积三要素单独或者组合为基准，对种粮农民进行补贴。因此，部分地区存在虚报数目伪造报表来骗取补贴的行为。部分地区基层领导在发放补助时对应发补助进行克扣，导致中央下发的实际拨款并没有完全落实在农户手中，没有真正起到惠农的效果。另外在补贴发放过程中，部分基层干部脱离实际，按照农户数量进行分配，而不是按照实际种植面积分配，导致补贴没有发放到真正需要的人手中。

2. 补贴配套措施不完善。在种粮直补政策推行过程中，要保证惠农政策的真正落实，需要法律法规的相应支持。但目前，种粮直补政策在国内实施时间仍短，国内制度建设还不够完善，给了一些人可乘之机，为谋求私利而钻政策

漏洞骗取补贴，影响了国家政策发挥效果。另外，限于城乡教育水平差异，一部分农民的文化水平不高，导致统计实际种粮面积与粮食产量的难度加大，补贴的基准难以准确计算，降低了政策的可操作性。

3. 对农民生产激励作用不明显。由于配套政策与设施的不到位，惠农政策在部分地区难以落实，对农民种粮激励方面鼓励不足，并没有达到预想的效果。另外，在发放补贴的时候，补贴的发放基准测度与粮食产品种类关联性差，农民改进粮食种类的动力不足，不利于粮食结构的调整。最后，部分地区采取的售粮时进行补贴的方法，使部分农民不仅没有领到补贴，还要补足卖粮的农业税，农民并未实际感受到惠农的效果。综合来看，直接补贴虽然刺激了农民的生产积极性，但激励效果小于预期。

（二）最低收购价的支持力度不足

最低收购价政策本质上也是对农民的一种财政补贴，区别于直接补贴，该政策作用于流通环节，对农民的基本收入进行保障。粮食最低收购价政策是近年来为保证种粮农民的基本收益，促进粮食生产而制定的，但是价格限制违背了客观经济市场规律，对粮农的补贴调节效率偏低。具体说来分以下几点。

1. 财政资金使用效率较低。粮食最低收购价政策是在粮食流通环节对粮农进行补贴的，通过国有粮食企业作为中间媒介，对市场上的粮食实施收购，但是在实际操作中，往往效率低下，对于粮农的补贴效果较差。大量财政资金损耗在流通环节。损耗分别出在三个地方，包括国家对种粮企业的补贴、收购主体除国有粮食企业外还有其他私营业主，中间存在竞争性损耗。不必要的损耗大大降低了财政资金的使用效率，使得农民收益并没有显著增长。

2. 降低了竞争能力。加入 WTO 后，中国市场不断与世界相融合，市场开放程度增加，粮食产业也不可避免地进入到竞争环境中。中国的最低收购价政策保障了粮食的收购价格，但同时，也人为地扭曲了市场价格。在最低收购价政策下，市场上的粮食价格并不能完全真实反映市场供需，在补贴的作用下增加了交易成本和流通成本。这样一方面影响了国内农产品出口；另一方面又使得国外农产品进入后，同样可享受最低收购价补贴，增强了国外产品的竞争力。对国有粮食企业而言，最低收购价政策保障了其基本收益，但也造成了其责任意识不明确、坐吃补贴的心理。长此以往，国有粮食企业将失去竞争意识与竞争能力，这对保障国家粮食安全极为不利。

3. 结构调整作用不明显。粮食最低收购价政策对于粮食收购价格有着最低价的限制，当市场价格低于保护价时，保护价机制启动，但是这一政策有一明显缺陷。当粮农大量种植籼稻等低质粮时，产出量得到提高，但不符合市场需求，市场价格降低，可能低于收购价格，此时，国家的保护价机制发挥作用。粮农虽然得以按照高于成本价的价格出售粮食，保护了自身利益，但同时，粮农大量生产低质粮同样可以获得盈利，那么粮农自身调整生产结构的愿望就在一定程度上降低了。从这个意义上说，最低收购价政策对于结构调整虽然有一定效果，但是效果并不够明显。

（三）综合支出亟待调整

除去前面两种补贴手段，政府的农业支出还包括多个方面，如环保补贴、生产性补贴、基础设施建设等，为了叙述方便，在此统称为综合支出。直接补贴与最低收购价政策的侧重点在解决农民的收入问题，而综合支出涉及的范围更加广泛，调整的方向也更多样。综合支出的问题正是由于补贴方向过于宽泛所引起的。

1. 补贴结构不合理。WTO 用“绿箱”、“黄箱”和“红箱”来分别表示允许的、承诺减让的以及禁止的支持政策。中国目前所采用的补贴政策中，仍存在着“黄箱”和“红箱”政策，需要逐步调整替代，即“绿箱”政策与“黄箱”政策、“红箱”政策的总体结构不合理。进一步来说，中国目前所采用的“绿箱”政策中，主要着力在支持粮食产品生产和流通上，即最低收购价政策，但对农产品升级与农业科技革新的支持政策种类较少，投入经费比率远低于发达国家水平，即“绿箱”政策内部不合理。

2. 支出针对性不强。中国虽然是一个农业大国，有着悠久的农业历史，但还并不是一个农业强国。具体就体现在以下几个方面，即：农业科技应用范围少，农业基础设施建设不足，抗灾能力不强，“靠天吃饭”的现象仍然严重。因此，综合支出的目标应当着重改善现在农业生产的基本状况。但中国目前财政支出方向较为繁杂，重点并不明确。虽然有对科技补贴与对基础设施建设的改善，但由于目标不够明确，政策效应被削弱了。

3. 补贴力度不够。财政目标的实现需要财政资金的支持来完成，但是中国现在的财政支出远远低于发达国家水平。没有充足的资金作为支持，很多政策目标只能流于表面，并不能真正实现。以基础设施建设而言，农业所需的农田水利系统的建设必须有大量的资金支持才能顺利进行，但目前的国情是，农田水利设施的建设需要农民自负相当一部分，这样就降低了农民改善生产条件的愿望。

（四）税费改革难以贯彻实施

税费改革的实行对于减轻农民负担有着重要作用，但由于税费改革涉及多方面利益，面临环境复杂，因此，要彻底贯彻落实税费改革难度很大。在中国历史上，先后进行过王安石变法、“一条鞭法”等多次“并税制”税费改革，改革的初衷都是利农惠农，然而最终因主客观多重原因而失败，明代著名思想家黄宗羲把这一现象归结为黄宗羲定律。在现阶段，税费改革仍处于试验阶段，凸显了以下问题。

1. 村级组织支出增加但收入减少。农村税费改革进程快于乡镇机构改革步伐，导致地方机构人员膨胀，机构臃肿，支出增多。但是税费改革后，村级组织事权与税权被强制分离，地方组织不再拥有提留税费的权利，因此乡镇组织处于支出增加而收入降低的尴尬局面。收支的不平衡不利于村级组织工作开展，加重了村级组织的债务负担，为弥补资金缺口，村干部不得不采取多种手段增加盈利，甚至采用非法手段。

2. 乱收费现象依然存在。由于乡镇机构的收支不平衡，而改革一时跟不上，为维系庞大臃肿的机构组织，一些地方在国家规定的农业税外收取其他费用。税费改革后，地方机构拨款并没有增加，税费留存相应减少，加之国内政策对乱收费的打击力度还不够强，导致地方机构在资金不足的情况下，兴办各种事业，修建基础设施都习惯性地向农民伸手要钱。取消名目繁多的税费虽然在短期内避免了巧立名目的费用摊派，但在长期过程中，若无实际政策进行保证，基层机构仍不可避免地会采取其他手段进行征敛，影响税费改革效果的实现。

（五）调节关税的两难局面

按出口政策的作用效果，可以大致将出口政策分为两类：限制型出口政策与促进型出口政策。这两种政策手段一般通过调节关税实现，并各有利弊，如何选择合适的政策平衡国内市场是个始终存在的难题。

限制型出口政策稳定了国内粮食市场的流量，但是引发以下三个问题：(1) 出口受限使得种粮农民的收入将受到一定程度的打击，进而影响其种粮积极性。(2) 诱发走私，国内外的粮食价差的客观存在，导致为了获得更高的经济利益，诱发粮贩铤而走险，粮食走私现象猖獗。(3) 为了私人利益进行粮食走私，不仅使国家关税收入遭受损失，同时使得国家对粮农的补贴流失海外。

促进型出口政策一般采用降低关税或者增加补助的方式，保证出口产品在国际市场上有价格竞争优势。促进型出口政策在作用于粮食产业时，可能引起粮食及其产出品出口过分旺盛，进而导致国内粮食市场供应量不足。同时，用于出口的粮食产品通常为库存量，而这些库存量多数是在一个较高的价位购入，而为了出口的需要，将在一个较低的价位出口，长期的高价入库低价出口将降低粮食企业的盈利能力。

总之，中国长期以来是农业大国，农业在经济生活中占重要地位，粮食生产更是保证国家安全稳定的重要作物，因此如何调动农民的种粮积极性，保证国家的粮食产量是一个重要课题。中国的粮食政策经历了很多次变革，每次变革都在一定程度上刺激了粮食的生产。同样，每项政策在提出初期不可避免地存在一些问题，需要一些时间进行调整。而随着时间推移，外在条件会改变，政策不再能起到刺激生产的作用，政策必然需要作出相应调整。目前实行的财税政策虽然在理论上都是可行的，是可以保证农民生活水平提高，保证农民切实得到实惠的。但在执行过程中，由于国家法律法规不够健全，配套设施不够完善，可能会存在着各种各样的问题。这些问题有些是违背了基本经济学客观规律，从而不可克服；有些是受到国家现阶段经济客观发展状况的制约；有些是法规不健全所致，但仍可调整。因此，在下一节，将对这些问题的成因进行相应的分析。

二、财税政策支持粮食产业发展中问题的成因

上面一系列问题的成因是多方面的，有些是根本制度上不可改变的共同性问题，这些问题在世界各国的政策实施过程中都不同程度地影响了政策效应的实现。有些成因是中国所特有的，是中国的国情所决定的。下面将对中国支持粮食产业的财税政策中遇到的问题的成因加以分析。

（一）制约财税效果实现的经济学原因

经济学上认为通过减税或者增加支出等扩张性的财税政策，对产量的影响不是完全的扩张，在挤出效应等相应效应的影响下，财税政策的效果不可避免地受到损失。这是在宏观经济环境既定下，财税政策的效应不完全性的经济学解释。具体到不同的政策，当政策违反了经济学客观规律的时候，政策效应必然会受到影响。这一点集中体现在最低收购价政策的经济学矛盾上。

1. 价格管制扭曲了市场。大多数市场经济中，价格管制是不受欢迎的。因

为价格管制在实施之初可能对需要帮助的某一市场主体有利，但最终势必被造成的效率损失所抵消。下面两个示意图可以用于解释这一现象。

如图 6－3 所示，在完全自由竞争的市场中，产品价格由市场供需自发调节形成，由图 6－3 中所示，点 O 是供给曲线 S 与需求曲线 D 相交所形成的，点 O 所对应的价格 P 与产量 Q_1 为市场供需均衡时所形成的价格，在外部条件一定的情况下，均衡点的市场状况是稳定的。

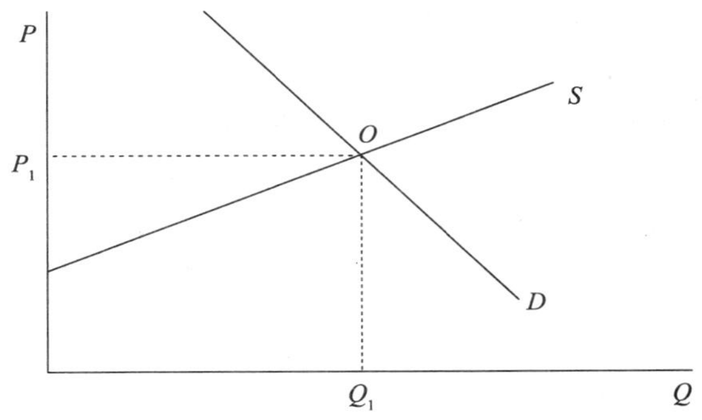

图 6－3　完全自由竞争下的粮食供需示意图

图 6－4 显示的是在保护价政策下，粮食供需的平衡示意图。如果保护价低于均衡价格，那么保护价事实上不存在限制作用，即供需均衡点与图 6－3 相同，均衡价格 P_1 完全由市场的供需状态所决定。但如果均衡价低于保护价，那么可以看到，保护价 P_2 点所对应的供给 S_1 是超出需求 D_1 的，即限制性价格引发过剩。由于最低收购价政策由国有粮食企业执行，积压导致的负担也转移到国有粮食企业上，一方面使得国有粮食企业经营风险加大；另一方面导致国家财政负担过重，整个流通过程的补贴效率低下。

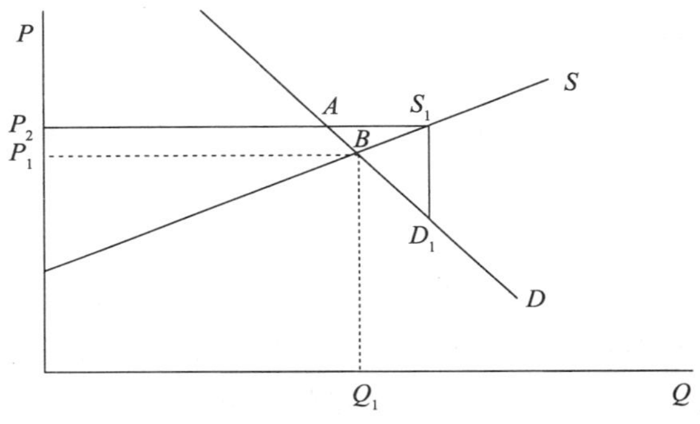

图 6－4　最低收购价保护下的粮食供需示意图

虽然粮食是刚性需求，消费者对价格的变化敏感度较低。但在长期的保护生产政策作用下，部分种类的粮食供应量事实上已经超过了市场的需求，导致市场上供给过剩。由于最低收购价政策由国有粮食企业执行，积压导致的负担也转移到国有粮食企业上，加大国有粮食企业经营风险。

另外，粮食的需求属于刚性需求，消费者为了获取一定量的粮食，必须要付出更高价格 P_2。在这一过程中，消费者损失的消费者剩余为直角梯形 ABP_1P_2 的面积。同样，生产者在保护价政策下，得以以更高的价格出售商品，从而获得更高的生产者剩余。生产者剩余的增加量为图 6－4 中直角梯形 $S_1BP_1P_2$ 的面积。而政府为了维护这一平衡的实现，需要付出的成本为（S_1-A）$\times P_2$ 的面积。显然，在这一过程中，政府所需负担的成本极高，并且整个过程中，消费者、生产者与政府的总福利是减少的。因此，作用于流通过程中的最低收购价政策导致国家财政负担过重，整个流通过程的补贴效率低下，引发了上述的一系列问题。

2. 直接补贴缺乏长期性。从经济学上分析，粮食种植的直接补贴在一定程度上刺激了粮食的生产，但是粮食的生产发展一旦超出需求量，将导致过剩。由图 6－3 可以看到，相对稳定的市场状态在 O 点即供需平衡点处取得，一旦供求失衡明显，在市场机制的作用下，粮食供需将不断向着均衡状态调整，也就是说从长期来看，种粮直补刺激粮食生产只在短期内有较强效果，随着时间推移，政策效果会逐渐减弱。

假设市场为完全自由竞争市场，如图 6－5 所示，在还未引入直接补贴政策时，市场通过自发调节达到平衡位置 O_1，此时的平衡产量为 Q_1，平衡价格为 P_1。假设其他一切条件不变，仅对农民进行了收入补贴。那么，农民的生产成本将降低，农民将自愿生产更多的粮食供应市场，并能够在一个更低的价格上出售产出品。在短期内，效应并未完全显现，但是经过市场调节，在一段时期后，农民的供给曲线右移，由 S_1 移至 S_2 的位置。此时新的均衡点位 O_2，新的均衡产量与均衡价格分别为 Q_2、P_2。在其他各要素不变的情况下，农民的生产者剩余并没有增加，农民自身福利没有上升，同时价格的下降也将降低政策效果。

市场是无形的手，是客观存在的规律。与市场规律背道而驰必然会造成不良的影响，在财政政策制定过程中，首先应当做到相信市场，顺应市场的客观趋势。中国的市场建设时间较短，对市场的作用理解不足，导致政府过分依赖政策调控而忽略了市场的作用。从而受到了市场的惩罚，降低了政策效果。

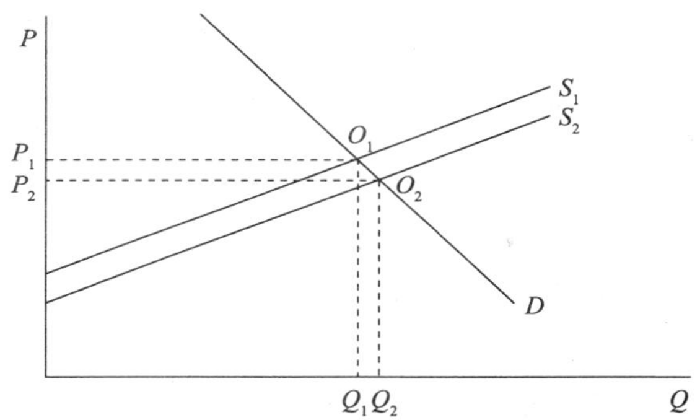

图 6-5　完全自由竞争下的粮食供需示意图

3. 忽略世界经济形势。2007 年，财政部几次调整关税调控粮食出口。从取消出口退税限制粮食出口，到降低关税促进粮食出口，其根本目的在于利用进出口调节国内粮食产业的供应及价格。中国的粮食产业并不是孤立存在的，随着国内市场开放程度的加大，国际游资的介入对国内粮食产品的价格影响加大，国外粮食产品的价格及粮食政策对国内也有着不容忽视的影响。因此，相机选择适宜的外贸政策是粮食体系中的重要一节。然而，错误估计世界经济形势，或者忽视外在经济环境，往往会导致政策选择失误。

（二）政策思想偏差

从根本上来看，中国现行粮食政策根本问题是总体思想的偏差。

1. 忽视结构调整。随着经济发展，中国的粮食需求结构也发生了改变，固有的思路已经逐渐与市场脱节。1978 年中国人均粮食产量为 318.7 公斤，2009 年增长到 398.7 公斤①，上涨 25.1%，相应而言，2009 年人均粮食消费量达到 389 公斤，供需矛盾紧张。随着人民生活水平的提高，消费结构不断改变，对大米等精粮的需求量增加较快，特别是对优质粮的需求加大，同时对肉禽蛋奶等消费品的需求增加。据预测，到 2010 年中国居民口粮消费总量 2585 亿公斤，占粮食消费需求总量的 49%，口粮消费减少。饲料用粮需求大幅增加，饲料用粮需求总量为 1870 亿公斤，占粮食消费需求总量的 36%，工业用粮需求趋于平缓②。可见，中国粮食供需矛盾依然紧张，但是口粮供应基本可以得到满足，当前粮食政策的短缺主要是一种结构性失衡。因此，当前粮食工作应当在保障

① 数据来源：《中国统计摘要 2010》（中国统计出版社 2010 年版）。

② 《国家粮食安全中长期规划纲要（2008～2020 年）》，新华网，2008 年 11 月 13 日。

粮食供应的基础上，进行相应的结构性调整。但是纵观中国现行支持粮食的财税政策，其重点仍放在保证生产与维持流通上，对粮食产品结构的关注度不足。无论是直接补贴还是间接补贴，在对农民收入与市场环境进行调节的过程中，都忽略了分层次、有针对性地对生产过程的调控。由粮食生产的效应分析可以得出这样的结论：科技进步对粮食的增收有着积极的作用。但是良种推广、农业科技推广，必须在政府的推进下才能顺利进行，而中国现行的粮食政策显然对农业科技的重视程度还不够。

2. 地区与中央的权责混乱。农业政策的推广需要从中央到地方的层层推进与相互协调。这需要一个有力的中央政府负起应有的责任，地方政府也要敢于承担自身的责任，尽到政策执行者的义务。但是中国现阶段的政策推行中，无论地方还是中央，都缺乏一种承担责任的意识：中央过度下放责任，导致地方责任过大，但没有相对等的权利保证，使地方充分尽到自己的责任；地方则倾向于明哲保身，在政策执行过程中先考虑到自身利益。进而导致地区与地区之间、地区与中央之间不能形成一条有效连贯的政策链条，用以协调各方面的利益。这一推诿责任的做法导致了粮食市场事实上的地区分割，加剧了政策执行的紊乱。

（三）财政支持不足

1. 应肯定的是政府认识到农业的重要性，并不断加大对农业的财政支出。从改革开放至今，中国的农业财政支出呈逐年上升趋势，见图 6－6 所示，除 1989 年出现一个小幅降低外，其他各年对农业的财政支出呈逐步上升趋势，并在 2004 年后上升速度明显加快。

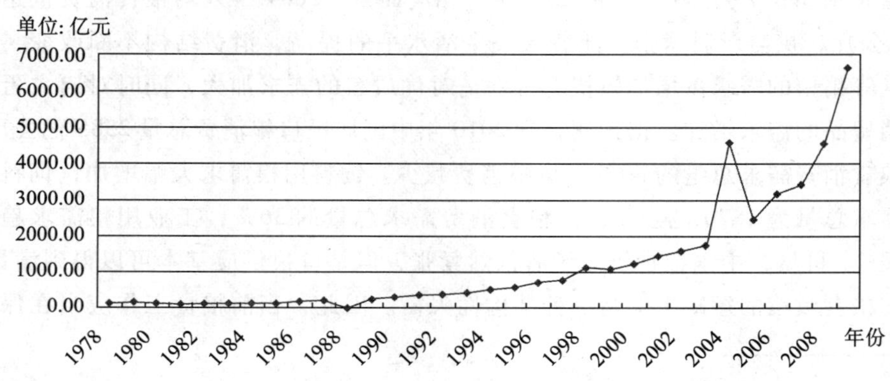

图 6－6　中国对农业的财政支出变化示意图

但是，相对应 GDP 的增长与其他财政支出项目而言，农业财政支出占据的比重依然较低。除改革开放初期的 1978 ~ 1980 年与刚开始推行粮食直补政策的 2004 年相对较高超过 10% 以外，其他各年均在 8% ~ 10% 之间徘徊。相对地看，欧美各国每年预算用于农业的支出一般占财政总支出的 20% ~ 50% [①]。可见就农业财政支出比例而言，中国依然处于世界落后水平。如图 6 - 7 所示，农业财政支出比重自 1978 年以来，始终保持平稳。并存在下降趋势。

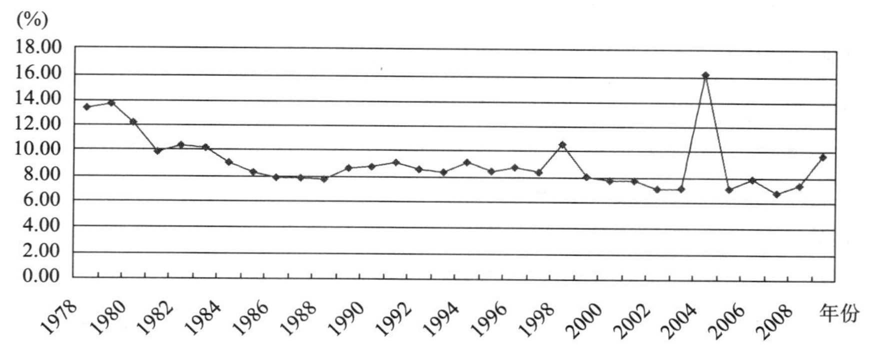

图 6 - 7　中国农业财政支出比重示意图

2. 中国的财政资金使用模式通常为从中央到地方，层层下放。在这一过程中，人为克扣与其他损耗导致农业财政支出效率较低，地区性经费不足。而基层机关恰恰是财政政策的最主要执行者。地区性经费不足会诱发财政政策执行时的不彻底，甚至基层机关的不作为。特别是在税费改革政策推行后，村组织改革速度与税费改革速度不匹配，加剧了基层的资金严重缩水。

在原有的税收机制下，村组织的收入来源主要是两费一金中的村提留和村自主创收收入。税费改革后，村组织的收入变成国家财政拨款与自主创收收入，收入来源相对减少，且不够稳定，与税费改革前相比，村组织收入减少，甚至入不敷出。然而，村组织的机构精简需要一定时间与过程。在精简过程中，减少的财政资金影响了村级组织的正常工作需要，包括：村级行政工作支出、村级公共设施建设支出、村公益支出等。在部分自身经济条件较差，集体经济不发达的经济落后地区，这种现象尤其明显。因此，若没有与之相配套的机制改革与处理办法解决村组织收入问题，滋生腐败与乱收费是难以避免的。同时，村公益事业与基础设施建设的无力开展，与提高农民生活水平的期望相

① 郭勇：《三元结构条件下中国农业投入问题研究》，《开发研究》2004 年第 3 期。

悖，与税费改革的初衷相悖。

农业财政支出水平受到国家财政收入与总体经济发展目标的制约，农业财政支出不足从根源上追究，是受到中国现有经济能力制约的。因此，要解决农业财政支出不足，支持力度不够的问题，必须从根本上发展国家经济，促进国家经济增长，保障财政收入的实现。

（四）政策制定缺陷

还有一些问题是由中国现行的政策制定缺陷造成的，政策制定的缺陷导致在政策实施过程中的操作困难，也给了不法分子以可乘之机。

1. 政策实施的配套措施不完善。任何政策的实现都需要从中央到地方给予一定的支持，财政支持是其中的一个方面，另一个重要的保障措施就是配套政策的保障。农业体系涉及多方面的利益，是一个复杂的系统，在维护这个系统的过程中，需要从中央到地方，各级相互辅助，给出切实可行的保障政策与维护保障政策的配套措施。参照发达国家的经验，可以看到，政策相互间相辅相成的重要性。以欧盟为例，欧盟的粮食保护价格体系是由目标价格、干预价格和门槛价格三种组成的，而中国的保护价政策则相对简单，仅对于过低或过高的市场价格进行调节，但过低与过高没有具体界定，要求随行就市，导致中间有政策漏洞可钻。再例如在改善农用机械方面及农业保险方面，虽然早已推出相关政策，但基层的保障措施迟迟不到位，影响了政策的效应。

2. 政策连续性差。近年来，中国政府为了解决在粮食生产流通中出现的各项问题，保证农业的顺利发展，对政策调整力度加大。地方为了响应中央对“三农”问题的号召，也作出了响应性的地区性政策调整。但是在整个调整过程中，为了尽快实现政策目标，地方政府不可避免地出现求成心切，政策调整动作较大，甚至作出不恰当的口头承诺。但由于基层机关领导者调整频繁，各任领导者之间缺乏有效衔接，上一任领导者的政策不能得到贯彻，口头保证更多地变成空头支票，政策连续性难以得到保证，影响了政策的效果。更进一步说，无法贯彻的政策影响了农民对政府的信任度，加大了新政策推行难度。

3. 可参照的法律条文缺失。中国的法制体系还比较年轻，各方面的法律条文漏洞依然存在，这一问题出现在各行各业。涉及农业方面，主要体现在各政策的法律保障不足上。以种粮直补政策为例，目前的种粮直补政策的依据主要为播种面积，但是如何界定播种面积保证农民切实收到补贴，则需要相应的法

律保障。土地承包权的不明确不仅影响到农民补贴的切实实现，还会引发相应的土地承包黑幕。若没有法律进行引导规范，那么种粮补贴将转化成新的成本——土地承包竞争性成本，相对应的农民并没有享受到补贴优惠。涉及其他政策补贴也是一样，法律保障了政策的落实。

另外，对犯罪行为的打击需要法律来实现。在利益的驱动下，中小企业往往容易铤而走险，走上粮食走私的道路。在这一过程中，加大查处打击的力度，加大走私的风险成本，可以在一定程度上遏制走私行为。总之，政策需要相应的法律保障来促进政策的贯彻落实。显然，目前的法律建设步伐跟不上政策的改进力度，从而引发了一些执行及监管上的问题。

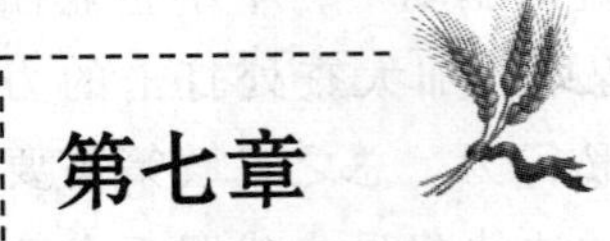

第七章

中国支持粮食产业发展的财税政策研究
——政策体系改进建议

前面对中国现行的支持粮食产业发展的财税政策体系进行了初步的研究，分析了现有体系的政策结构与政策效果。近十年，中国的支持粮食产业发展的财税政策不断调整，逐渐形成了以市场为主导，财政手段加以辅助的财税政策体系。在财税政策支持下，粮食产量稳步提高，粮食企业逐渐转型，自主竞争能力有所提高。然而粮食问题远远未得到解决，在相当长一段历史时期内，轻农重工的思想对中国的粮食产业冲击严重，中国粮食产业发展基础薄弱。加之近年来，自然灾害频发，粮食危机的阴影始终没有远离。因此，本章将在中国粮食产业的供需状况与粮食产业未来发展的趋势基础上，对现行的财税政策体系进行改进，使之符合进一步发展的需要，促进粮食产业的发展。

第一节　中国粮食产业的战略方向

政策制定应当立足于现在，放眼于未来。作为政策制定者应当有敏锐的觉察能力与前瞻性眼光，对现行政策提出改进意见同样需要了解中国粮食产业的发展趋势。因此，本节将对中国粮食产业的发展趋势进行深入讨论，为中国支持粮食产业发展的财税政策的改进提供现实依据。

一、中国粮食产业发展的制约因素

中国的粮食问题并不是像很多人认为的那样，仅仅是供需矛盾。事实上，近些年在政策支持下，虽然区域性不足仍然存在，但是供需总量基本达到平衡，自给自足能力基本具备。中国的粮食问题是发展问题，在长期轻农重工的政策下，农业发展的基础薄弱，制约了持续发展能力，自主盈利能力较弱。纵观中国粮食产业长期以来的发展状况，可以发现以下制约粮食产业发展的因素。

（一）人地矛盾紧张

人地矛盾是中国粮食问题中最严峻的问题。2009 年底，中国总人口数达到 13.3 亿人，较之 1978 年，增长了约 3 亿人，据专家预测，保持现有的增速不变的情况下，到 2020 年，中国人口数将突破 14 亿人。如何养活本国人口成为中国粮食发展的首要问题。从根本上解决吃饭问题必须从耕地入手，不断增加粮食种植面积，提高产量。

1. 人均耕地面积不足。中国地大是事实，但不断扩大耕地面积只是理论上的美好愿望。长期以来，中国习惯性地宣传中国国土辽阔，地大物博。事实上，中国国土虽然面积辽阔，但真正适宜耕种的土地面积仅占总国土面积的 10%，平摊到个人的耕地面积更是有限。根据中国国家统计局公布数据，2009 年，中国人均耕地面积为 0.12 公顷，其中人均粮食播种面积为 0.08 公顷。按照平均每公顷的产能为 205 千克来计算，年人均粮食占有量为 205 千克左右，在自然灾害多发的年份，这一数字将更低。

2. 适宜耕种的土地的地域性明显。另一个限制耕地面积的因素是中国宜耕土地的地域性非常明显：西部地区受自然条件制约，耕地不足；可用耕地中相当一部分位于东部沿海平原地带。正如人们所知，东部沿海平原地带是中国经济发展速度最快、城市化程度最高的地区，人口密集，城市规模的不断扩大侵蚀着可用的耕地面积。在城市化过程中，城市不断扩大，与城市周边的乡镇抢夺着原本稀缺的耕地资源。更有甚者，为了满足私利，房地产开发商恶意抢占耕地建造商品房。同时，城市的不断扩大抢夺着耕种所需的相关资源，如淡水资源。2010 年，为保证密云水库及官厅水库的水质水量，解决北京市的用水问题，河北省承德市滦平、丰宁与张家口市赤城三县 10 万亩良田改种了抗旱能力强的粮食作物。城市与农村争夺土地已经不是新闻，而且随着中国经济实力的不断增强，这一现象将有愈演愈烈的趋势。人地矛盾已经成为限制中国粮食产业发展的一个严重问题。

3. “撂荒”现象仍存在。与耕地短缺相对应的是“撂荒”现象的存在，“撂荒”指适宜耕种的土地因无人耕种变成荒地的现象，形成这种现象的主要原因有以下两个：（1）村委会联合开发商非法征用土地，征用后的土地仅为了满足开发商囤地的需要，并未得到妥善使用。（2）种粮经济效益低下使得农村的青壮年劳动力为了提高收入，选择入城打工，而土地流转政策不利于土地的转种，导致大片土地无人耕种。

（二）种植技术含量低

随着农业科技水平不断提高，世界粮食产业向着科技化发展，粮食作物的抗灾能力增强，粮食产品的产量与质量不断提高。与之相对应的是，中国的大部分农民仍采用较为粗放的耕种方式，使用着祖辈传下来的传统农具，农业机械的普及率低。这种耕种方式不可避免地需要大量劳动力投入与大量的生产资料投入。这种种植方式严重制约着粮食生产能力的提高与种粮农民的增收。

1. 粗放型种植方式需要大量的人力投入。简单的生产方式将原本有更大产能的青壮年劳动力捆绑在土地上，投入与产出不成比例，大大制约了产能的提升。简单的生产方式增加了单位成本，成为农民收入增加的巨大障碍。进一步看，一方面，在市场不断开放的情况下，外国粮食产品开始与国内粮食产品抢占市场，粗放型种植的粮食产品竞争力较差。为了维护粮食安全，国家被迫采用财政补贴保护国内粮农，长期以往，将给国家财政带来巨大负担。另一方面，在经济发展迅速的今天，城市及企业的劳动力需求量大大增加，青壮年劳动力选择在家从事简单劳作的机会成本较高，以至于很多劳动力抛弃土地，寻求更好的发展，间接诱发了“撂荒”的存在。

2. 种植过程的科技水平低。目前中国种植品种缺少像矮化水稻、矮化小麦和杂交水稻、杂交玉米那样的带有革命性的增产品种，也缺少增产效果显著的成熟配套技术①。为了满足增产的需要，粮农提高产量的方式往往通过大量施用农药化肥来实现。一方面，采用这种方法生产出来的产品与发达国家所提倡

① 张向前：《中国粮食安全问题研究》，《东北财经大学学报》2009 年第 1 期。

的绿色环保相悖，因此，中国在农产品出口的过程中，因农药残留量达不到标准，屡屡遭遇发达国家的“绿色壁垒”，出口严重受限。另一方面，大量农药的施用污染着土地，曾经有数据显示，受农药及“三废”污染的耕地面积高达0.2万公顷，造成120亿千克的粮食损失和250亿元的经济损失①。

3. 破坏式开发限制持续发展能力。粗放型种植方式导致种粮农民对土地的需求量增大，在土地流转困难的情况下，部分种粮农民开荒愿望强烈，特别是在新中国成立初期，在“人定胜天”的号召下，全国农民形成了大举开荒的浪潮，破坏了大量不适宜耕种的土地的原有植被。生态环境遭到破坏的后果不是短期体现的。现今，人们逐渐品尝到了环境破坏的恶果，过度开发诱发了水土流失、土壤沙化等人为自然灾害，不仅对提高粮食产量的作用有限，反而影响了农业的持续发展能力。

（三）调控目标冲突

“谷贱伤农，谷贵伤民”是众所周知的道理。农产品价格直接影响着人民的生活水平，恩格尔系数正是根据居民的消费结构对国家富裕程度进行评价的指标，食品占居民消费的百分比影响着居民的生活水平。粮食属于人民生活中的必需消费品，粮食价格的高低与人民食品消费比重有着直接联系。粮价提高后，消费结构将直接受到冲击，为了正常的生活需要，人民将花费更多在吃饭问题上，生活质量受到影响。

自2008年以来，中国的CPI指数不断攀升。2010年7月，中国的CPI指数3.3%，创下了历史新高；一般来说，CPI指数增长超过3%就认为有通货膨胀存在。近年来CPI指数已经连续超过3%，通货膨胀已经客观存在，形成了经济运行中的不稳定因素。如果任由目前的态势发展，不仅居民生活受到影响，整个国家的经济运行状态都将恶化，经济增速放缓。这一次CPI指数的增长，很大程度由于食品价格上涨引起。因此，在政策制定过程中，国家将采用一系列的价格抑制政策，控制食品价格的上涨速度。

而农产品价格的上涨与农业原材料价格的上涨始终是分不开的。中国是钾肥的主要进口国，70%的钾肥依赖进口，随着国际钾肥价格的飙升，国内钾肥的价格也迅猛上涨。同时，国内通货膨胀压力一直存在，其他生产资料的价格也随之不断上涨。生产资料价格上涨带动了农产品生产成本提高。解决粮食问

① 彭珂珊：《中国粮食生产可持续发展问题的再认识》，《国土与自然资源研究》1998年第1期。

题，重要的一个环节就是保证农民收入水平的不断提高，随着农产品生产成本不断提高，粮食产品价格也必然水涨船高。国家现在为保证农民收入水平，根据市场状况制定最低保护价政策，当价格水平过低时，将采用财政手段保证粮食产品价格。

高粮价诱发通货膨胀，而通货膨胀又带动了粮价的再次上涨，如此往复，形成了恶性循环。因此，在控制粮食价格过分上涨与增加农民收入这两个矛盾的政策目标之间，如何选取一个平衡是政策制定过程中的重要问题。

（四）农业资金欠缺

1. 农业资金的特殊性。农业资金是决定农业发展能力的重要因素。农业资金具有特殊性，最主要的一点就是农业资金的低盈利性。特别是在中国，受多方面条件制约，农业作为一个传统的生产部门发展水平远低于其他产业，常常处于靠天吃饭的被动局面。投入回报率远低于其他产业，特别是传统种植业，更是投资期长，收效缓慢。同时，农业资金具有外部性，对农业的投入往往能带来更大的社会效益，例如，对粮食的投入可以增加粮食产量，平缓粮价稳定粮食市场，保障国家粮食安全。农业资金的低盈利性与外部性决定了农业资金必然需要由政府为主导，且投放方向具有政策导向的作用。

2. 资金来源不足。由于农业资金的上述两个特性，导致农业发展过程中，要求大量的资金投入。而农民恰恰是中国收入最低的一个群体，特别是种粮的农民，往往生活水平低下，甚至一部分人的收入水平仅能勉强维持基本生活，要求这样一个群体投入大量资金改善生产条件显然是不现实的。而另一大资金来源——民间资本对这样一个低收益、资金回笼慢的产业的生产环节关注较少。因此，可靠的资金来源途径就仅剩下国家财政投入这一条。观之中国近些年的财政支出比例，虽然对农业的投入比率不断提升，但远远达不到发达国家水平，加之农业人口众多，分摊到每块土地的可用资金量更是有限。

3. 农村金融发展与农民需要脱节。近些年来，农村信用合作社不断发展壮大，但是农民贷款难的问题依然难以解决。归根结底是放贷与风险控制之间难以取到平衡。农业银行需要考虑自身的盈利性与安全性，因此在发放贷款时，需考察贷款人的还贷能力。然而，对于广大农民来说，具有迫切资金需求的农户未必能满足贷款条件，贷款不能发到最切实需要的人手中。在偿还方式上，农民收入季节性较强，现在的主要还款方式是以月为单位分期付款，这种付款方式对农民来说有一定经济上的压力。在偿还能力方面，农民属于低收入人

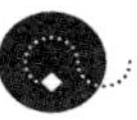

群，选择新项目或改善新技术对收入的影响方向不确定，贷款用于改善生产是否能达到预期收益并不确定，农民存在无法偿还贷款的可能性。农业银行在放贷给农民上面临安全与政策两难的局面。

农业资金不足直接限制了中国粮食产业的进一步发展，单纯依靠政策性补贴不仅给国家财政带来了沉重负担，更重要的是，农业资金限制了粮食产业的长远发展，单纯依靠财政支出解决农业问题并非根本的解决方法。

（五）国际市场冲击

粮食产业不是孤立存在的，而是与世界紧密联系的一个整体。随着中国融入国际市场的程度加大，中国的粮食市场的开放程度加深，中国的粮食安全不可避免地受到别国粮食政策的影响与国际游资的冲击。而中国的粮食产业能否在外来冲击下保证自主性，是维护中国粮食安全的重要问题。

1. 外资对国内粮食产业的控制。2008 年起，大豆市场逐渐向国际市场开放，中国允许美国向中国出口大豆，且开放程度较高。较之国内生产方式落后，生产成本较高，美国大豆的密集型生产显然更有价格竞争的优势。自大豆市场开放后，美国以低价打压国内的大豆市场，又通过注入资金的方式，逐渐控制了大豆加工产业。令人痛心而无能为力的是，中国的大豆产业正在国外资本冲击下逐步沦落。大豆产业的沦陷并不是特例，随着近些年中国开放程度不断提高，国内主要产业均不同程度地受到外资的冲击，主要的手段为两种：一是利用国内市场的开放，采用低价手段进行倾销，冲击国内市场，打击国内种植产业；二是通过技术或者直接注资，控制粮食流通及深加工产业。中国粮食产业的粗放型耕作与资金缺乏，给了国外资本可乘之机，粮食安全受到威胁。

2. 游资恶意炒作对粮价的冲击。外资冲击粮食安全已经不是新闻。近年来，外资对国内粮食的冲击又出现了新的方式。由于国际金融形势不断恶化，粮食逐渐成为了继黄金之后的又一种新的避险产品，在国际游资的炒作下，国内价格不断攀升，收购过程受阻。2010 年来，世界粮价一路飙升，这与国际投机商的炒作是分不开的。在国内，外资与国有粮食企业展开了粮食收购战。特别是 2011 年，国内自然灾害不断，粮食收成预期欠佳的状况下，国际买手通过竞价一再扰动市场价格，包括玉米、大米在内的多种粮食价格不断创新高。而粮农寻求更高的经济利益，始终迟疑不肯将手上的粮食出手。在价格博弈过程中，国有粮食企业的利益受损严重。

粮食安全不仅仅是经济问题，更是政治问题，一旦国内的粮食市场被外国资本彻底操纵，中国13亿人口的吃饭问题将成为一个严重的问题，直接影响政局稳定。另外，一旦中国的粮食产业丧失独立性，那么中国的政治也将不可避免地将受制于人，国家的独立性也将受到冲击。

二、中国粮食产业的发展趋势

（一）生产方面

生产环节是粮食产业的根本核心，生产搞不好其他各方面更是无从谈起。中国近年来对粮食生产环节的投入不断增加，在财政支持的带动作用下，粮食产量有了稳步提高。2010年，虽然各地自然灾害频发对粮食生产带来了巨大的不利影响，但粮食供求比例仍然处于平衡的状态，并没有因为粮食减产而影响粮食市场的供给。

1. 种植面积的变化趋势。种植面积的变化趋势是影响未来产能提升的中心要素，因此，未来种植面积的变化将很大程度上影响政策的指导方向。前面文中提到，耕地面积不足是现阶段限制中国粮食产业的问题之一，未来种植面积能否有大幅度提高则是值得关注的话题。表7-1所示的是最近十年中国粮食种植面积：

表7-1　2000~2009年中国粮食种植面积　单位：万公顷

年　份	2000	2001	2002	2003	2004
粮食种植面积（万公顷）	10846.25	10608.00	10389.08	9941.04	10160.60
年　份	2005	2006	2007	2008	2009
粮食种植面积（万公顷）	10427.84	10506.77	10563.80	10679.30	10898.58

分析数据我们可知，中国的耕地面积基本处于稳定的状态，在9941万公顷到10900公顷的区间内上下波动，且变化量有限。据报道，到达2015年，中国人口数将达到14亿人，按照目前的人地关系，如果人口持续增长，那么耕地面积也很难有大幅增长。另外，人民生活水平提高后，对食品的要求更加多元化，未来的种植结构将改变，经济作物的种植也将对粮食作物的种植面积有一定影响。因此，综上所述，未来中国的粮食播种面积较之现在不会有大幅改变，甚至可能逐渐减少。

2. 粮田复种能力提升。增加耕地面积是解决粮食问题的一条重要途径。现在的情况一面是耕地面积紧张，另一面是粮田出现各种状况的闲置。粮田复种是在现在的耕地规模下，通过改变种植结构，增加生产的一种方式。据研究：种植饲料作物增加复种指数的潜力可以超过160%以上，目前的平均复种指数为156%左右，出现过一段波动时期。南方冬闲田面积有1亿多亩，绿肥作物面积可以全部改为饲料作物，华北地区也可以通过改种饲料作物提高复种面积5000万亩左右①。增加粮田的复种能力，相当于在无形间扩大了粮食的播种面积，在耕地的面积难以有所提高的情况下，提高粮田的复种能力是必然的发展趋势。

3. 种植方式的革新。目前的中国农业种植方式仍主要以粗放型种植为主，但是世界的主流已经向绿色化、产业化发展。为了增强中国粮食产业的竞争力，种植方式必须进行改革。主要向三个方向转变：（1）绿色化，即减少农药和化肥的施用量，把现有的产品逐步转换成有机产品，增加产品的附加价值，增强农产品的竞争力；（2）产业化，从传统的一户式生产转化成延伸至“企业——农户——加工”的完整生产线，企业提供种子，农户负责种植，企业回购负责流通及加工；（3）科技化，集约型生产方式在日后必然会替代现在的粗放型生产，未来的粮食产业将提高种子质量，同时增加农用机械的使用。

4. 产量的变化趋势。目前，粮食的万公顷产量平均为4.9万吨，从1978年至今，单位产量不断增加。定Y为单位粮食产量，分析1978年至2009年的数据，得出模型如下：

$$Y = 1.01681331078 \times Y(-1)$$
$$(154.3675)$$
$$R^2 = 0.94 \qquad \text{D. W. stat} = 2.13$$

该模型的拟合程度较好，可以用于简单预测。由该模型可以得出，在耕地面积不变及粮食生产技术革新速度不变的基础上，中国每年的粮食增长倍数为1.017。也就是说，在保持其他条件不变的情况下，中国未来的粮食每万公顷产量有可能超过6万吨。将总耕地面积波动范围取中值作为未来的粮食播种面积，按照每万公顷产量为6万吨来计算，那么未来的粮食总产量将在6亿吨左右。

当然，这只是通过数学方法进行的简单预测，实际粮食产量的变动还需要

① 梅方权：《2020年中国粮食的发展目标分析》，《中国食品与营养》2009年第2期。

参考很多未知因素，例如政策变动与科技变动。但是，粮食产量将不断提高的总趋势是存在的。

（二）消费方面

生产和消费是构成一个市场的最主要的两个要素，消费由生产决定，同时，消费结构很大程度上影响生产结构。下面将对未来的粮食市场的消费趋势加以分析。消费最主要的影响要素是人民生活水平，按照国际通用的恩格尔系数来评判，中国历年富裕水平见表 7－2。

表 7－2　中国恩格尔系数

年　份	城镇居民家庭	农村居民家庭	年　份	城镇居民家庭	农村居民家庭
1990	54.2	58.8	2000	39.4	49.1
1991	53.8	57.6	2001	38.2	47.7
1992	53.0	57.6	2002	37.7	46.2
1993	50.3	58.1	2003	37.1	45.6
1994	50.0	58.9	2004	37.7	47.2
1995	50.1	58.6	2005	36.7	45.5
1996	48.8	56.3	2006	35.8	43.0
1997	46.6	55.1	2007	36.3	43.1
1998	44.7	53.4	2008	37.9	43.7
1999	42.1	52.6	2009	36.5	41.0

按照恩格尔系数的定义，一个国家平均家庭恩格尔系数大于 60% 为贫穷；50%～60% 为温饱；40%～50% 为小康；30%～40% 属于相对富裕；20%～30% 为富裕；20% 以下为极其富裕。根据这一定义可以看出，近二十年间，人民生活水平有了很大提高。中国基本完成了城镇居民生活从温饱到相对富裕、农村居民从温饱到小康的历史性跨越。这一变化直接对人民的生活方式与消费结构有着巨大冲击，特别是食品消费方面。

1. 食品消费结构。改革开放后，人民生活水平有了显著提高，其中最明显的就是居民食品消费结构的改变。表 7－3 以每十年为一个跨度，显示了改革开放后居民个人在食品消费方面的变化。

表 7－3　　中国城镇居民家庭平均每人全年消费支出　　单位：千克

年　份	1990	1995	2000	2005	2009
粮食	130.72	97.00	82.31	76.98	81.3
鲜菜	138.70	116.47	114.74	118.58	120.5
食用植物油	6.40	7.11	8.16	9.25	9.7
猪肉	18.46	17.24	16.73	20.15	20.5
牛羊肉	3.28	2.44	3.33	3.71	3.7
家禽	3.42	3.97	5.44	8.97	10.5
鲜蛋	7.25	9.74	11.21	10.40	10.6
水产品	7.69	9.20	11.74	12.55	—
鲜奶	4.63	4.62	9.94	17.92	—

资料来源：国家统计局：《中国统计年鉴》(1991～2006)、《中国统计摘要 2010》。

显然，随着人民生活水平的不断提高，人们对粮食的消费需求量不断下降，对肉禽蛋奶等副食品的需求量上升。从食品的构成来看，鲜奶的消费量的提高最为显著，这与国家为增强人民体质，提倡大家增加鲜奶摄入，同时中小学推广校园午餐奶供应有着相当程度的联系，从更长远来看，这一消费量仍可能继续上升，但是升幅将逐渐下降。牛羊肉的消费变化不大，猪肉有小幅度提升，长期来看，这一部分的消费将在现有基础上小幅提升，尤其是牛羊肉，在健康饮食的倡导下，将在现阶段的基础上小幅提高。家禽与鲜蛋的消费量都有大幅提高，这一趋势在长期不会改变。水产品消费量与运输业的发展密不可分，随着航空运输业及运输条件的不断改善，水产品的消费将不仅仅局限于东部沿海地区，而是更进一步地逐步向内陆地区进行推广。

综上所述，随着近些年的人们生活水平不断提高，副食品愈发成为人民生活中不可或缺的重要部分。人民对食品的需求已经从简单的吃饱提高到营养丰富、品种多样上来。因此，个人对副食品的消费量不断提高，并根据地区与富裕程度的不同有着不同的结构，副食品的消费量侧面降低了粮食的消费量，整体的饮食结构更为合理而复杂。

2. 总需求量。目前中国的粮食需求分为三个方面：口粮需求、饲料用粮及加工用粮。其中，口粮需求占据粮食消费的最主要部分，而另两项则随着居民生活水平的提高不断增长。

首先，副食品对粮食有一定的替代作用，因此，随着副食品消费的增加，粮食的消费量部分被抵消，居民全年消费支出总趋势是下降的。其次，副食品的增长主要是肉禽蛋奶等消费品的增长。而猪牛羊禽等养殖业的发展离不开饲料粮，虽然饲料粮的品质要求较低，但是总需求量较大。综合来看，虽然口粮消费量处于不断下降的趋势，但是，畜牧养殖业的发展对粮食需求仍然巨大。最后，粮食的深加工程度也随着经济的发展不断深化，主要是在酒类酿造上，粮食的投入量近年来不断提高，也构成了粮食消费量的重要一部分。综上所述，虽然在不同的方面有增有减，但是人均的粮食总消费量（直接和间接）将不断提高。

另外，人口增长的趋势对粮食的需求变化有着至关重要的作用，人均消费量的微小变化在巨大的人口基数的作用下，被严重放大。根据预测，到2010年中国居民人均粮食消费量为389公斤，粮食需求总量达5250亿公斤；到2020年人均粮食消费量为395公斤，需求总量达5725亿公斤①。

3. 粮食品种需求。粮食消费量不断下降的另一个效果就是居民对粮食品质的要求提高。在温饱得到满足的情况下，吃饱就不再是人们的主要愿望，如何更加健康地安排膳食成了一条新的思路。除了对饮食结构合理搭配，不断提高对粮食品质的要求成为粮食生产过程中的发展方向。粮食品质需求的变化最主要的是对粮食口味口感的要求，传统的籼稻以高产成熟期短普及了全国，但是籼稻米的口味相对较差。相对而言，成熟期较长的东北大米在销售过程中成为消费者的新宠。大众对粮食口味的要求将不断提高，稻花香、五常等优质稻米已经逐渐形成品牌优势。在未来，这种需求将进一步提高，味香口味好的大米将更进一步得到推广。

目前，绿色无污染食品已经成为了公众对健康追求的必需品，传统的粗放型种植虽然亩产高，但是远达不到国际上认可的绿色无公害的标准。未来的消费趋势将对健康饮食的关注进一步加强，绿色食品在竞争方面必然逐渐占据市场优势。

未来的消费者的粮食需求将更加品牌化、绿色化，对优质品种的需求量将提高。以此为目标生产相应产品将逐渐成为市场的新趋势。

（三）市场方面

对供需双方的分析，根本目的是为了对整体市场的发展趋势进行预测。一

① 《国家粮食安全中长期规划纲要（2008～2020年）》，新华网，2008年11月13日。

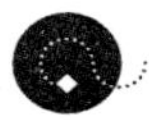

个完整的市场体系是由多个组成部分构成的，包括市场交易对象、流通、存储等。粮食市场是一个特殊的市场，整个的交易过程需要在国家的监管下进行，但是整体的结构与其他市场相比差别不大。因此，对粮食市场的分析也可以按照对其他市场的分析来进行。

1. 总体供求。生产者、消费者与商品是构成一个市场的最基本要素。生产者和消费者双方在价格与利润上的博弈形成了市场的价格。因此，在研究市场发展趋势时，必须对买卖双方加以分析研究。本书前面分别对市场的生产与消费情况进行了分析，根据预测，未来的生产能力在6亿吨左右，而总需求量在5.7亿吨左右。目前，市场的总体供求状况基本平衡，且小有结余，按照未来生产和消费需求量来看，这一状况将在一定时期内保持不变。也就是说，在不出现大的动荡扰动市场的情况下，中国的粮食安全基本可以得到保证。

同时，供求结构也会有所改变。低质量粮食产品将逐步退出市场，而高质量的粮食产品的需求将不断增加。生产者面向消费者进行生产，市场的整体结构必然会改变。

2. 市场价格。根据中国国家统计局发布数据，中国2010年早稻总产量比2009年减产204万吨。同时，2010年的小麦、早稻和玉米的收购价格均出现大幅度上涨，同时这三大主粮的期货价格在8月份也创下历史新高。市场价格上涨存在两大推力：一是自然灾害频发，粮食歉收，供需关系紧张；二是世界游资不断冲击市场价格，对粮价进行恶性炒作。当然这是在特定年份、多种因素共同作用下导致的。但是，这也揭露了一个现象，即目前的粮价存在着上涨的空间，一旦出现外力作用于粮食市场，那么粮食市场将出现波动。

中国加入WTO以后，粮食市场逐渐对外开放，其中大豆市场已经基本完全开放，主要的口粮作物的开放速度相对较缓慢。可以想像，在未来的某一天，中国的市场将完全与国际市场融合，这是世界一体化的趋势也是中国不可避免的命运。因此，世界粮食市场的波动将更大程度地影响国内粮食产品的价格。同时，各国的粮食生产存在差异，粮食生产与粮食政策的变化将作用于中国市场，造成中国市场的价格波动。市场的价格形成更加随行就市，政府对粮食市场价格的掌控程度降低。就现在而言，虽然国内粮食供求基本稳定，粮价波动可控，但是放在世界整体来看，世界粮食紧张很可能造成粮食价格的进一步上涨。

3. 存储与流通系统。存储与流通系统是粮食市场的最基础部分，是一个完整的粮食市场不可缺少的。良好的存储系统与流通系统对于农民直接收益、保障粮食安全有着重要作用。

目前，国内粮食存储系统主要存在三个方面问题：存储空间不足，存储技术落后，存粮标准混乱。这三个方面导致了粮食存储过程中出现了严重浪费，影响了粮食安全。粮食存储过程中易受到外部环境的影响，温度、湿度等客观条件对粮食的陈化、霉化程度有着不同程度的影响。因此，未来的粮食存储系统的发展将逐渐改变存储方式，增加存储过程中的技术含量是必然趋势。这不仅有利于保证粮食的库存质量，同时确保了粮食安全。

流通体制不健全导致粮食运输不便，整个流通过程中层层加价，增加了粮食供应成本。在粮食流通过程中，虽然粮价不断上涨，但是粮农的收益增加有限。未来的流通系统发展将着眼于基础设施的逐步完善与交通工具的大规模升级。

另外，健全粮食储备与流通系统，不应仅局限于运用政府资金，还应充分发挥民间资本的作用，从而有效地促进粮食流通与储备领域的基础设施建设。

三、中国粮食政策的战略目标

政策目标是财政政策的出发点，对粮食政策目标的研究能够促使更好地研究粮食政策。财政的两大基本功能是促进经济发展和维护分配公平。结合粮食产业的发展来看，粮食政策的基本目标是促进粮食产业的稳定发展、保护农民收入的不断提高，根本目的在于保证国家的粮食安全。外部因素制约着中国粮食产业的发展，内部的基础薄弱则带来种种不良影响。按发展趋势来看，未来粮食安全的形势依然严峻。国家粮食生产线相当于国家的生命线，保证国家粮食安全就是保护国家的政权稳定。因此，中国粮食政策目标与一些发达国家简单地追求对生产者的保障不同，具有多重性。主要目标有三个方面：一是保护粮食安全；二是提高粮食生产者收入；三是稳定粮食市场。以此为主旨，得出中国粮食政策的战略目标结构包括如下三个方面。

（一）生产环节

对生产环节的政策作用主要在于对生产技术的改进与对劳动者的补贴，实现粮食生产过程中的可持续发展。财政政策目标目的在于解决粮食安全问题，中国人地矛盾紧张，人口众多，为了解决粮食问题，必须要保证产量。生产问题就成为粮食政策制定中的重要一环。解决粮食问题涉及以下四个方面。

1. 粮食生产者。种植者是生产环节中的最重要组成部分，维护种植者的既得利益就是保护粮食生产环节的稳定。生产者生产的目的是获取利益，保证生活，因此，如果生产者生产的根本目的无法达到，那么生产者将会选择其他的途径获利。粮食是一种特殊商品，生产者自身盈利能力较弱，如果失去了国家财政扶持，那么必将陷入生产者难以生产的困境中去。因此，国家粮食政策的首要目标是保障粮食种植者的基本生活和收益。

2. 保护耕地面积。人地矛盾紧张严重影响了中国粮食的产量，在需求不断增加的前提下，保证产量就成为保障粮食安全的重要环节。保护耕地面积的根本目的在于保护生产能力、保护粮食安全。纵观近些年中国的粮食政策，各种补贴对耕地面积增加的刺激效果非常有限，增加耕地面积的难度相当大。因此，当务之急并不是增加耕地面积，而是通过增加补贴，提高粮农的种植热情，减少搁荒的土地，保证粮食种植面积都能够有确定的产出。

3. 基础设施。基础设施是保障产量的重要因素，尤其在中国这样一个灾害频发的国家，基础设施建设尤为重要。基础设施建设主要由国家财政补贴，基层组织执行，但是自从取消农业税，农村基层组织的资金不足，基础设施建设脚步放缓。国家财政的另一个作用目标就是保证基础设施建设跟上生产的频率，降低自然灾害对生产的负面影响。

4. 科技推广环节。首先，科技推广是在不改变现有耕地面积前提下，提高粮田产出率的重要手段。其次，科技推广是对抗气候及病虫害的另一重要途径。按照中国的现状，单纯依靠农民自发使用科技产品是难以大范围推广的。最后，在国际竞争不占优势的局面下，落后的生产方式将被市场所淘汰，发展科技是必需的。因此，国家粮食政策另一个重要目标是努力促进科技产品的推广率与推广范围。

（二）流通环节

流通环节主要指粮食从生产到最终投入市场的完整过程，是沟通生产者与销售者的桥梁。搞好流通环节，对粮食生产者与销售者都有着重要的作用。同时也有助于粮食储备及粮食销售环节等后续工作的顺利进行。流通环节作为中间环节，在财政政策制定过程中不容小觑。国家财政目标需要保证流通环节的畅通，国家财政调整中需要对粮食中间商与粮食运输进行调控。

1. 粮食中间商。粮食中间商是沟通粮食生产者与消费者的桥梁，具备一定的自主盈利能力，并且一部分粮食中间商自身规模较大，形成完整的产业链，已经具有粮食产品深加工的能力。现在，还存在着粮食经纪人这种对利润要求更高的个体经营人。因此，保证粮食市场的健康稳定发展，规范粮食企业的中间人作用是必需的。粮食企业的经营方式与经营效果直接对粮食市场的起伏相关联。因此，国家的财政政策需要对粮食企业予以一定的引导。另外，粮食企业是自主经营的企业，过多的财政投入将影响粮食企业的自主性，财政政策对粮食企业应引导大于直接补贴。

2. 交通运输。交通运输业不断发展，新的交通工具不断产生，对粮食产业的发展同样具有积极的促进效果。这是由于中国的粮食产区分布不均、地区差异明显，各地区的供求关系有着显著区别。运输业的发展有利于弥补这一缺陷，充分调动东西部资源优势，实现互补。另外，交通运输不便的情况下，粮农可能出现产能大但是运输不畅的情况，这一情况的根本解决也需要交通运输的发展。交通运输是一条涉及各方各面的综合事业，财政支持过程中同时可以创造价值。因此不仅仅要停留在盈利性上，应当更多地关注运输线路的使用效率与效果。

（三）存储环节

手中有粮心中不慌，必须要保证粮食的储存量才能够做到调控粮食市场时更有底气。保证国家粮食安全要求粮食的存储必须由国家主导，储备粮收购与储备过程中必然需要大量的财政资金投入。国家财政在收购与存储环节花费巨大，财政部门不仅仅要求在存储环节保证目标的切实实现，更要保证这一环节的资金运用合理。同时，不仅仅依靠经济手段，还可以依靠政策手段，加强改革过程中的引导作用。

1. 体系革新。目前国内的存储体系主要是垂直管理体制。这一体制通过中储粮公司的垂直组织体系，通过布局在粮食主产区、主销区和大都市群的仓储物流网络对中央储备粮直接进行运营管理。明确了权责，提高了粮食储备的调动效率。随着市场化程度的加强，储备体制也不断地改革，这一过程政策支持是基础。不仅需要中央指导帮助，同时也需要各级的政策支持和制度保障。财政的引导效果能否充分发挥决定着体系革新的效果。

2. 存储技术革新。粮食竞争日趋激烈后，不仅生产环节需要绿色无污染，存储与运输环节同样需要绿色环保，减少粮食产品中有害残留。因此，需要不断提高存储过程的技术含量，包括恒温系统、环流熏蒸等新技术。科技的发展给了数字化储粮推广的契机，但是科技化新粮库的建造离不开财政资金的支

持。但是单纯依靠财政力量负担过重，如何达到政企合一，在利用财政资金的基础上，同时发挥民间资本的重要作用，是财政政策执行过程中的又一重要目标。

（四）销售环节

粮食市场的价格是百姓最为关心的话题。粮价上涨过快必然会引发民众恐慌，影响政局稳定。调控粮食价格，避免粮食市场出现过度波动，是中国粮食政策目标中的重要部分。一方面，随着粮食期货市场的不断发展，粮食期货市场对粮食现货市场的价格引导作用逐步显现，投资者逐渐脱离国家直接管制，对粮食市场影响程度加深。国际流动资金不断涌入市场，其中大量资本为追求短期高利润的投机性资本，这种资本涌入粮食期货市场不仅不能发挥期货市场的保值稳定作用，反而增加了市场的不稳定性。另一方面，粮食市场的开放程度增加形成了一柄双刃剑，优良品种的引入增加了粮食市场的多元化，给予了消费者更多的选择空间，从侧面促进国内生产者改进生产、提高质量。但也存在着弊端，国外粮食产品的流入对国内粮食产品造成了冲击，加之国外粮食产品在国内市场竞争过程中，往往依靠强大的经济后盾进行倾销，对国内粮食产业造成了潜在的风险因素。

因此，国家财政在粮食销售过程所要达到的政策目标中，最重要的两点：一个是保护国内粮农的收入，另一个就是调控粮食价格。保护国内粮农的收入也就是保护了国内粮食生产环节的安全，这一点往往通过国家统一收购来实现。调控粮食价格的手段很多，主要方式是控制生产和销售两头，外加大量的存储粮作为担保。财政直接影响粮食价格是非常规手段，加入WTO以后，对这种直接作用于销售环节的财政政策有一定的限制，因此，创建新的政策体系，保证粮食销售市场的安全成了国家财政的当务之急。

（五）财政目标之间的联系

虽然在细节处理上有着不同，但各个体系间的政策目标，归根结底还是依照保护粮食安全、提高农民收入、稳定粮食市场这三条主线进行。多重目标难分主次，带来了政策制定过程中的困难，如何在多重目标中寻找一个交叉点，达到最大的目标效果成了重要问题。国家财政的目的不仅仅在于解决问题，更重要的是如何利用最少的财政资金更多地解决问题。这就要求对多重目标进行综合分析。

另外，现在的主要三个政策目标之间存在着效果冲突。例如，黑市收购往往比国家统一收购的价格更高，更有利于粮农提高收益，但是，却不利于国家对粮食产业的控制，对提高粮食安全不利。因此，在制定粮食财政支持政策时，必然要面对的一点就是多重目标之间的冲突，这是不可避免的。政策目标间的不可兼顾对政策制定者提出了重要挑战。人与自然的和谐、工业与农业的和谐、城市与农村的和谐是财政政策目标中必须要考虑的几大要素，如何在多重目标多方利益中寻找到一个新的平衡点，是不断改进粮食财政体系的动力所在。

第二节　对中国现行粮食财税政策体系的改进

财政政策是国家现阶段调节各项经济活动的主要方式，尤其是对粮食这种特殊行业来说，特别需要国家财政的支持。中国现行的粮食财政支持政策已经极大地促进了粮食产业的发展，在前文中已经对现行粮食财政支持政策以及未来的发展方向进行了分析。根据以上分析可以对中国现行粮食财税政策体系进行改进。从而在市场和宏观调控间形成均衡点，使之更适应中国国情，进一步促进农业的发展。在整个政策体系改进的过程中，要时刻关注财政政策的运行效率与政策的可行性。

一、整体框架的改进

财政政策的改进并不是推翻原有体系的改革，而是在现有基础上，作出更适宜国情与外部环境的调整。

（一）整体思路的创新

1978 年后，中国经济走进了转型期，在这一时期，逐渐放松了国家的管制与计划，向市场调控与宏观调控相结合的方向转变。在很多市场上，取消了计划生产激发出了前所未有的生机和活力。但是粮食市场是个特殊的市场，政府放松管理将引发粮食产业的动荡，进而影响粮食安全。长期以来，中国的政策制定者都在关注如何保证粮食安全的问题，采取了各种方式方法提高粮食产量。现阶段，一方面，供需关系紧张程度有一定的缓解，单纯追求高产出的思路需要进行一定的调整。另一方面，为保证粮食安全，国家财政长期对粮食企业加以资金支持，这一做法一定程度上抑制了企业的自主盈利能力。要让企业学会用自己的力量走出发展之路，国家必须强化辅助指导功能，淡化资金直接补贴，逐步完善粮食企业的破产机制。

财政手段对调节粮食市场效果最为直接，因此应用也最为广泛。但是，财政手段的力量不是万能的。在未来的发展中，财政政策应从引领粮食产业发展，过渡到帮助粮食产业自主发展，这需要一个漫长的过程。现阶段需要做的，是转变思想，帮助中国的粮食产业形成自主盈利自主竞争能力。

（二）财政资金应用改进

农业资金不足是限制粮食产业发展的主要因素。按照中国目前的财政支出比例来看，支农支出比例相对较低，而且从前面的效率分析来看，资金投入的效果较弱。因此，对财政资金的投入与应用方向的改进，成为很多财政政策效果能否得到实现的根本要素。实现这一点，最根本手段是加大财政投入力度。

目前粮食政策的实现一个重要的制约因素为资金的制约。在大多数发展中国家均存在这样的问题，即为了促进经济的快速发展，牺牲第一产业的利益来维护第二产业的发展。“以农补工”危害了广大农民的利益，影响了粮食生产的积极性，在中国，一些政策制定过程中依然有轻视农业的倾向，加之近些年中国工业化水平不断加快提升，工农业失衡的状况进一步显现。要改善这种局面，需要政府加大对农业投入的比例。然而，目前中国的农业财政投入远远低于正常的发达国家水平，这一现状制约了很多环节的政策实现。因此，要解决政策推行方面的困难，加大财政投入力度是势在必行的。

但是，这并不意味着盲目加大，而是在目前的财政投入比例上，适当加大农业投入的比重。财政支出本身是一种特殊的支持手段，资金投入的猛增不仅仅达不到预期的效果，还会引发地方政府为了骗取更多的资金，进行项目虚报，导致出现不必要的支出，增加中央财政负担。因此，在增加财政资金支出时，需要考虑多重因素，做到逐渐放量、有的放矢，让投入的每一笔财政资金真正落到实处，切实给种粮农民带来福利。

同时，投入财政资金不仅仅是中央财政的责任，中央财政有必要引导地方财政针对各地不同的情况进行投入。但不管以哪一种方式扩大财政投入，政府必须做好充足的预算，考虑到应有的损耗，并将其纳入整个财政投入预算体系中。以此来切实保证政策落实的过程中资金的充足到位。避免政策执行中出现前期资金充足，却没有连贯后续投入使政策落实虎头蛇尾的局面出现，使财政资金的使用效率更高。

最后，要切实做好资金投入后的复核工作，确保资金投入后切实达到预想的效果，保证地方申报的项目确有其事，且确实有效，从而避免虚假申报骗取资金的情况。对投入较大的地区，不仅仅停留在政府监督，更要切实深入到民间，广泛采纳多方意见。

（三）补贴结构改革

粮食财政支持政策体系中，效果最直接的是补贴政策，但是现有财政补贴体系存在一定缺陷，补贴效果低于预期。另外，根据 WTO 协议，中国现行的农业补贴的框架还有需要调整的部分。因此，在现阶段，需要对补贴结构进行一些调整。其中最重要的一点是完善补贴结构，善用“绿箱”政策。

根据 WTO《农业协议》，“绿箱”政策包括 11 项措施，具体为①：

（1）政府一般性服务。包括：①农业科研；②病虫害控制；③培训；④推广咨询服务；⑤检验服务；⑥农产品市场促销服务；⑦农业基础设施建设；⑧其他一般性服务。（2）粮食安全储备补贴。（3）粮食援助补贴。（4）与生产不挂钩的收入补贴（收入稳定计划）。（5）收入保险计划。（6）自然灾害救济补贴。（7）农业生产者退休补贴。（8）农业资源储备补贴。（9）农业结构调整投资补贴。（10）农业环境保护补贴。（11）区域援助计划（扶贫支出）。

中国现在的补贴体系主要为以下 4 项：种粮直补、农机综合补贴、良种补贴、农机具购置补贴。通过对比可以看到，现在中国的补贴体系尚未充分利用上述的“绿箱”政策，整个政策体系存在着一定的“绿箱”漏洞，具体表现在对“绿箱”政策的利用不彻底且投入比例失衡。因此，在 WTO 规则允许的范围内，可以进一步丰富农业体系补贴。

在改善补贴结构方面，应做到以下三点。首先，完善区域性补贴，对粮食主产区的支持侧重于生产促进，对粮食非种植区的农民进行扶贫补助。对不同的地区有所侧重，从而协调区域间的发展，在可能的范围内缩小区域差异，真正做到区域经济的协调发展。其次，完善农民养老金体系建设，使农民老有所

① 钱克明：《中国“绿箱”政策的支持结构与效率》，《农业经济问题》2008 年第 3 期。

养，没有负担地进行生产。最后，完善环境保护补贴、科技补贴等多种补贴项目，并加大这方面的力度。中国现有的补贴体系对科技环境方面的关注度远远低于正常的国际水平，因此，完善补贴体系势必要加大科技方面及环境方面的政策关注力度。

现阶段的补贴方法主要以价格补贴为主，这与 WTO 规则相违背。随着开放程度不断增加，价格补贴会受到国外粮食产品涌入的影响，降低对粮农的补贴效果。因此，应当逐步调整补贴方法，使粮农切实获得利益。根据中国种粮人口众多且相对富裕程度较低的国情来看，补贴方法应采取直接补贴为主，价格补贴为辅助的手段。

在未来的政策制定中，应当充分考虑补贴的针对性、科学性与可操作性，补贴发放过程中，做好后续监督管理工作，保证补贴切实造福种粮农民。增加补贴途径与方式是一条落实粮食补贴的途径。例如，改变原本的补贴发放方式，给农户办理实名制的补贴卡，不仅仅能将村基层组织从发放补贴的繁杂劳动中解放出来，更能有效地遏制冒领情况的发生。

二、对粮食市场系统的改进

粮食市场由农户即生产者、粮食企业即中介与消费者三部分组成，在存储与流通体系与市场的协调下，形成一个完整的体系。改革粮食市场系统对于完善粮食产业，促进粮食产业的发展有着重要作用。

（一）粮食企业改革的支持政策

1. 激励“企业带农户”模式的形成。中国是个特殊的国家，拥有世界最多的农业人口，因此，在处理中国的农业问题时，必须要考虑众多农业人口的安置问题，这是中国与其他多个国家最显著的区别。另一点主要差别是中国的社会主义国家性质，所有土地归国家所有，农民只拥有使用权。中国土地管理法规定，国有土地和农民集体所有的土地，可以依法确定给单位或者个人使用。使用土地的单位和个人，有保护、管理和合理利用土地的义务。单位和个人依法使用的国有土地，由县级以上人民政府登记造册，核发证书，确认使用权。这两点区别也正是限制中国大农业发展的主要制约因素。因此，在中国发展粮食产业化经营实现大农业发展需要另辟蹊径。具体说来就是“企业 + 农户 + 基地 + 科研”的经营模式，这一经营模式优点在于避免生产环节的盲目性，提高生产环节的效率。目前，“企业带农户”的产业链已经初具规模，但是，这一模式的实现需要财政手段的支持。基层机关可以根据各地的情况，对“企业带农户”形式的项目给予一定的经济支持。可以参照之前对吸收下岗人员的企业的优惠模式，按照合作的农户数量以及合作的粮田数量，对企业给予不同程度的税收优惠。减小粮食企业与其他产业间的差别，避免粮食企业将利润投向其他行业的情况发生。

2. 推动民间农业科技发展。中国的农业科技研发水平较高，研发实际投入生产的转换率却较低，很多农用科技实验室内研发成果却得不到推广。这一现象根源于中国科技发展完全依靠国家支持，大部分科研成果在实验室中完成，与实际需要脱轨。要解决这一矛盾必须加大民间创新力度，将科技研发的主体由政府转移到民间。首先，逐渐向粮食龙头企业或科技研发企业开放科技创新项目，使企业逐渐成为科技创新的中坚力量。将政府创新与企业创新相结合，从而更紧密地联系实际生产与应用进行科技创新。其次，对进行科技研发的企业与个人给予一定的奖励与补贴，用实际利益来刺激民间创新的发展。最后，加大科技推广力度，对推广新科技的企业予以政策上的帮助，促进科技顺利推广。

3. 促进粮食企业自主改革。目前中国粮食企业自主盈利能力依然较低，经营方式比较单一，要加强粮食企业的盈利能力，粮食企业改革是必由之路。

首先，依照自身资金实力选择发展道路。结合生产、存储、加工、运输、销售的一体化道路容易形成规模优势，适用于资金实力雄厚的大型粮食企业或粮食集团，背靠粮食产区与粮食主销区，依托强大的资金与技术优势，形成具有一定规模及国际竞争力的龙头企业。在外来经济不断对国内粮食市场进行冲击的情况下，具有集团化优势的龙头企业对保证粮食市场的价格相对稳定与国家的粮食安全有着重要作用。同时，涉及种植过程的大型企业将更有动力帮助农户改进生产设施，订单收购对提高种粮农民收入有着积极意义。

但并不是说所有的企业都应该不顾自身情况进行规模扩大及多元生产。目前，很多企业受到多元化发展的号召，进行盲目扩大，反而对企业的经营状况造成了不利影响。对于资金量小的企业，应依靠自身优势，发展成为功能单一而专业型的企业。利用原有优势，在同质企业竞争中体现出比较优势，从而参与到产业链中去。

其次，在粮食企业进行专业化或龙头化分化过程中，企业要做好定位。这一过程需要地方财政加以指导，在资金投放前，对企业的盈利能力与竞争优势加以考察。不要一窝蜂地对表面经济效益较好的项目进行投入，要针对地区优

势开发优势项目。国家财政应当有计划地选择有一定基础的大型粮食企业加以资金支持，帮助其完成企业改革。资金可以从国家的粮食基金中进行部分划拨，在现阶段帮助粮食企业完成改革。当粮食企业体制改革完成，可以独立自负盈亏之后，每年可以从利润中提出一部分反哺粮食风险基金，从而解决一部分粮食基金的资金来源问题。

（二）改变传统粮食存储方式

长期以来，中国的粮食储备都是由国家主导的，粮食储备安全涉及国家粮食安全与粮食市场的稳定，因此，为配合粮食体制改革，粮食储备体系必然进行改革。目前国家的粮食储备系统主要是由国有粮食企业垄断的，而且远远高于国际的粮食安全储备比例，也就是说，目前中国的粮食储备方面，即使考虑储存损耗与存储数量虚报，储备量也已经远远达到了安全的界限。过大的储备量，影响了国家粮食市场的流量，而且加重了国家财政负担。

1. 提高国家储备体系的效率。对于中国来说，储备量到底多少合适还是一个需要讨论的问题。但是有一点是确定的，就是粮食的储备量并不是越多越好，而应当与国家需求与整体存储能力相一致。在现阶段，中国的粮食储备量显然已经给国家财政带来了一定的压力，因此，中国储备体系调整的问题并不在于简单提高储备量，更重要的在于调整储备结构，提高粮食储备体系的存储效率。保证储备粮在需要的时候，能够达到所需要的数量，以及能够迅速地进行调度。要做到这一点，必须改善现有粮食储备的科技含量，降低储备粮的坏损率。财政资金投入目前放在对储存量的补贴上，为了提高储存效率，对粮食企业进行激励，未来的财政补贴可以着眼于可用可调动储备量上，按照粮食企业的实际可用量进行补贴，细化补贴标准。同时，对有改善存储条件需要的粮食企业，进行科技补贴，并给予一定的科技指导。

2. 对粮食企业引入竞争机制。目前中国粮食储备主要由国家主导，通过国有粮食企业进行经营。在这一过程中，由于没有竞争，而且有国家财政补贴支持，各国有粮食企业容易虚报或者瞒报自身所有的粮食储备数量。这一做法大大降低了粮食储备的效率与财政资金储备的效率。要解决这一局面，政府应当在确保国有粮食企业的主导地位的前提下，改变现在的粮食储备被国有粮食企业所垄断的局面，适当地引入竞争机制，放开储备粮企业的审查标准，让一些商业企业也参与到粮食储备中来，进行竞争。在这一过程中，逐渐形成有商业企业参与与有适当竞争的现代仓储系统。从而达到平衡粮食储备量，降低储备成本，提高财政支出效率的作用。

3. 尝试新的粮食储备模式。宁夏回族自治区塞外香面粉有限公司创建的粮食银行模式值得借鉴。粮食银行由粮农将所产粮食按当时市场价格存入该公司，粮农可根据该公司发放的凭证随意在当地兑换粮油及日常用品。而所存入的粮食兑换价格根据市场价格走势而定，但最低价限制在粮农存粮时的价格，且含有定期的利息。

这种储备模式是对现在的粮食企业直接收购模式的一种改良，存入粮食银行的粮食价格随市价变化，更有利于保证农民的利益，农民将更自愿地将粮食存入粮食银行。同时，粮食企业也保证了自身的加工与存储粮的需要。已经形成完整产业链的粮食存储企业也可以借鉴这一体系，不仅保证了用粮，更能保证粮食的流动性。

（三）改革粮食流通体制

1. 市场体制方面。政府在支持粮食产业发展时，应该注意充分发挥市场的调节机制与资源配置作用，使粮食综合生产能力自觉遵循市场规律，形成以中央为主体的，统一、开放、竞争、有序的粮食市场体系。承认市场的作用，遵循市场的规律是完善流通体制的重要前提。因此，一方面，国家应逐渐放开粮食流通市场的准入标准，允许符合一定条件的个体私营业主进入粮食流通市场，实现粮食收购主体的多元化，加大市场的买方竞争。另一方面，规范粮食的期货市场，使粮食期货市场切实起到引导避险的作用。

中国的农业有其固有的特征，即生产者的分散性。完全放手让农民自主竞争，并不适应中国的国情，简单的放开只会导致市场秩序的紊乱。在这样的大环境下，进一步完善最低收购价政策不仅仅是对粮食种植者的保障，更是对流通体制的进一步完善。目前，最低收购价政策呈现过于简单、价格标准偏低的问题。这要求政策制定者根据各地区历年数据加以综合考察，制定符合地区特点的、能切实维护农民利益的最低收购价格。

最后，应当建立和完善重要农资储备制度，以实现淡储旺供，调剂余缺，稳定价格，保证流通体系的稳定性与粮食市场的安全性。

2. 加强粮食物流的服务系统。首先，建立具有现代化技术标准的粮食运输枢纽。背靠粮食产地，依托粮食产地的巨大粮食产出量，建立起具有现代化存储与吞吐能力的粮食运输点。再通过现代化的交通运输手段，在交通便利的地区建立二级枢纽点，用以衔接水陆空三种运输方式，最终完成涵盖全国范围的粮食运输链。

其次，不断提高物流装备水平，研制专门适用于运输粮食的水陆运输工具。改善运输枢纽点的存储设备，提高运输枢纽点的吞吐能力。良好的物流装备是粮食流通链畅通的根本保障。因此，国家财政需要对这部分设施的建设格外加以关注，保证整个粮食系统的畅通。另外，可以利用现有的大型粮食企业的科技水平与仓储系统，减少国家的财政支出，同样能达到建立完善的粮食流通链的目的。

三、加强农村公共事业建设

（一）对农民基本生活的改善

农民抛弃土地进城打工的现象虽然对城市发展有着积极作用，但是从农业发展的角度来看，青壮年务农人员的减少却会对农业的发展带来不利的影响。要从根本上解决这一问题需要千方百计地提高农民的收入水平。正常状态下，农民的主要收入来源应该为种植农产品的利得，在这一收入不能满足农民的生活需要时，农民必然会选择其他方式进行增收。因此，为提高农民收入，种粮直补政策在整个补贴体系的比重应当适当加大。在目前投入水平不发生根本改变的前提下，应当适当减少流通过程中的补贴，直接补贴到农民身上。当然，仅通过国家扶持来解决农民的收入难题是治标不治本的办法，必须提高农民自主创收能力，政府应当提高农民的自主创收意识，提供科技以及信息方面的支持。同时，应逐步建立农民的医疗保险、养老保险体系，农民有了保障能够更安心地从事生产。

前面提到的“企业带农户”的模式，是个提高农民收入的直接有效的手段。粮食企业将种粮农民纳入企业的一部分，参照技术入股模式，让种粮农民以生产入股，企业给种粮农民订单，进行粮食定向收购，保证种粮农民的产出能够完全被市场吸收。同时，种粮农民持有粮食企业的部分特殊股份，拥有与粮食企业共享利润的权利。这一模式同样可以考虑用于解决种粮农民的养老及医疗保险问题。通过与企业进行挂靠，建立起属于农户自己的养老及医疗保险账户体系。

（二）科学教育培训

限制粮食生产的发展原因之一是农民的科学文化水平，特别是在一些边远地区，教育设施建设远远跟不上时代发展的需要，无论从师资到物质资源都相当匮乏。虽然国家财政对农村教育事业一直有所关注，但是由于中国人口众多，农业涉及的区域广大，且偏远地区的农户往往居住较为分散，普及教育的难度较大，根本解决这一问题，必然要求大量的资金投入。农村教育落后的根源在于农村自身的贫困，而农村的教育问题又加重了农村的贫困问题，这是个难以解决的怪圈。在现今的中国，特别是在农村，教育成为奢侈品，义务教育并不能给地方政府带来最为直观的利益，也不能够最直接地表现政绩，因此往往成为历届地方政府习惯性忽略的一部分。教育问题不是一个短期内能够解决的问题，不是口头说支持就可以一蹴而就的工程。因此，地方政府需要改善思路，将教育支出作为一个长期计划，保证教育支出预算。中央财政与地方财政都应当加大对教育的投入力度，支持农村教育体系的完善。同时可以考虑成立教育基金，通过国家与社会两个方面共同对农村教育事业加以关注，建立专项资金，不仅仅将农村教育停留在校舍的兴建上，更多地关注在教育的过程中减少不必要的开支，让每一笔教育资金切实用到需要的人群上去。

（三）调整基础设施建设投入

传统的基础设施建设投入中，投入资金多用于农田水利与交通运输事业的改造，这种投入一般由国家主导，依靠财政投入兴建。一方面，在项目选择过程中，往往依靠地区申报来完成。这种结构往往效率低，国家需要投入的财政资金较多。另一方面，个别地方干部为了获得资金，虚报多报并不存在或并未得到充分考察的项目，财政资金未能落到实处。但这并不意味着国家就要取消基础设施建设投入。相反，为了粮食产业向现代化、开放化转变，需要扩大基础设施建设的范围。根据粮食业产业化、现代化的客观要求，中国应当加强的基础设施建设应该包括以下几个方面：农田水利建设、交通运输、抗灾设施建设、基础教育推广以及信息系统的建设。粮食政策的推广受限在一定程度上是受基础设施建设水平的限制。现代农业体系需要有相配套的系统加以支持，配套系统健全程度影响了农业生产的集约程度。因此，加强中国的粮食产业发展，加强配套体系修建是必需的。

加强农田附属设施建设，是对粮食生产的物质支持，更优质的附属设施建设，对于提高粮食产量有着一定的效果；改善交通运输条件，有利于农产品地区间迅速调配，方便产出品运出产地；中国地域辽阔，自然灾害频发，加强抗灾设施建设有利于缓解自然灾害对农产品产量的冲击；加强教育建设，提高农

民的知识水平，不仅有利于政策的推广落实，更为农业科技的大规模应用打下了基础；加强信息系统建设，为农民更好地掌握市场动态，了解生产方向贡献力量。这几个方面相辅相成、互相促进，共同保证了粮食生产的提高和政策的推广。

在农村基础设施体系当中，如果完全依靠国家的财政投入显然问题很多。最显著的问题在于，国家财政如果一次性投入这么多方面，需要大量资金做依托，将使国家财政负担极大。但是如果逐步分层完成，那么全部完成则需要相当长的时间。因此，在基础设施兴建过程中，应按照需求缓急，分层分批完成。因此，单纯依靠国家财政力量并不是解决农村基础设施建设的根本之路，国家仅仅是管理者，难以了解基层的每一部分需要，只有一线的生产者才真正明白自身的需求点在哪里，可是矛盾在于一线生产者没有资金对基础设施进行改善。

解决基础设施修建过程中的问题，根本在于生产者。财政资金的投放应当从简单的投入项目，向帮助粮食生产者具有改善生产环境的能力过渡。中国是个农业大国，主要是农业人口众多。这是劣势同样是优势，对于基础设施兴建这件事来说，众多的农业人口可以为基础设施的兴建过程提供一定的人力和财力。另外，粮农的财力毕竟有限，政府可以引导粮食企业与农户进行结合，共同完成基础设施工程修建。对于教育等直接经济效益较低的工程，则由国家财政投入资金进行改造。

四、利用外贸减轻国际市场的冲击

各国在国际贸易中都有其比较优势，逐渐放宽国内市场的同时，也要调整对外贸易的结构。各种粮食出口政策的出台都是以国内粮食市场的状况为基础的，因此在制定过程中，应综合考虑国内各方利益，不能单单考虑价格或者流量的因素。在加入 WTO 之后，中国粮食市场与世界市场的融合度增加，国际粮食市场对国内粮食价格以及粮食流量的影响加深，依靠国际市场对国内粮食市场进行调节的情形也不断出现。因此，关税调节成为粮食政策的重要组成部分。

（一）避免过度频繁的政策变化

为保证国家粮食安全，中国曾经取消了出口退税，将粮食出口的权利集中在国有大型粮食流通企业上。而后，又为了调节国内粮食价格，取消了一部分粮食产品的出口关税。国内粮食出口调节政策显然是机动灵活、随时而变的，这一点是值得肯定的。但是，不可忽视的是，市场的自发调节需要时间，两年间对粮食出口政策的频繁变动，在调节了国内市场的同时，也对国内粮食市场产生了巨大的冲击力量。因此，在调节过程中，要给市场一个缓冲的力量，一步到位的调节方式确实效率很高，但也引起了国内市场的不稳定。政策制定者应当避免过度频繁的政策性变化，保证政策的稳定过渡，维护国内市场的稳定。

（二）发挥进出口优势

为了进一步发挥进出口的优势，中国可以在确保口粮的情况下，进行粮食进出口贸易，以此弥补国内的空缺。中国在小麦、玉米等方面并不具有生产的比较优势，可以通过出口具有比较优势的产品如棉丝或者资源，来换取口粮。最后，粮食进出口中的盈利虽然收归国有，但应该作用于国内粮食生产的补贴。这笔经费可以在不增加财政负担的基础上，增加对农业的资金支持，对加大财政资金支持力度，完善补贴体系有着积极的作用。

总之，目前国内的粮食政策已经基本形成了一个较为完整的体系，政策制定者所能做的不是从根本上推翻现行体系，而是根据国情的变化对现行体系不断修正，使之更加符合粮食市场发展的需要。综合以上的政策建议来看，对现行粮食政策体系的改进主要在以下四个方面：（1）调动市场的自主调节能力，引入竞争机制，适度对一些项目进行“放手”；（2）采用一切可调动的要素，提高农民收入水平和生活水平，提高农村的教育水平；（3）充分利用财政资金，与企业自主创建相结合，建立现代化的粮食产供运销体系；（4）提高财政资金的使用效率。这四个调整目标的实现仅仅依靠财政手段仍有一些欠缺，需要多种政策手段的配合，下面将对支持粮食产业发展的财税政策进一步加以讨论。

第三节　其他政策及金融工具对粮食产业发展的支持

财政服务的公共性与外部性较强，且具有作用期短、效果明显的特点，正是由于这一特点，财政手段成为对粮食产业进行调节的首要手段，在支持粮食

产业发展中起着重要的作用。但仅依靠财政手段对粮食产业进行调整是治标不治本的办法，要从根本上解决粮食产业的问题，需要多种手段共同配合。

一、充分利用金融手段

财政手段与金融手段是经济活动调节过程中最重要的两种手段。财政手段由国家引导，作用直接效果明显；金融手段更倾向于市场的作用，推进产业的现代化进程，增加产业自身的活力。要真正解决中国粮食产业的问题，财政手段与金融手段的作用缺一不可。

利用金融手段对粮食产业进行支持，主要是以金融服务机构为依托，利用金融产品对粮食产业加以资金支持与风险分担。但是，在这一调节过程中，仅依靠金融的力量是不够的，必须同时善用金融与财政两种手段，双管齐下，共同对粮食产业进行调节才能发挥最大的功效。

（一）发挥农村金融的作用

1. 农村金融系统的优势。农业发展银行要保证国家粮食储备和政府调控粮食的信贷资金需要。对在农业发展银行开户的国有粮食购销企业，包括改制后落实原有贷款债务、具备贷款条件、继续从事粮食经营的企业，要按企业的风险承受能力确定发放收购资金贷款。对具备粮食收储资格的粮食产业化龙头企业以及其他粮食企业，农业发展银行可以提供贷款支持。各类商业银行也要积极支持粮食生产和经营。

粮食生产、加工、经营，农业科技成果的推广，农业基础设施的建设，都需要农业贷款的支持。银行商业化改革是经营机制的改革，支持和保护经济的职能更应加强，经济转型期更多地利用了贷款利率手段支持农业、保护农业。改革措施主要是：（1）中国人民银行、农业银行、农业发展银行、农村合作银行都按照实行低利率农业贷款的原则，制定了切实可行的支持农业生产、保护农业投资效益的具体方案。（2）国家合同定购农产品的生产经营和国家农产品商品生产基地县，由农业银行和农业发展银行适当安排低息贷款和贴息贷款予以支持。（3）国家批准的农业综合开发项目、农业科技推广项目、农业基础设施建设工程，由有关部门相应安排低息、贴息农业贷款和专项周转金予以支持。（4）试行名特优农产品抵押贷款开发制度，即由政府根据需要，在农作物收获前公布名特优产品抵押贷款率，即最低收购价，农民在收获之前，可以向政府申请一定期限和一定数额的产品抵押贷款。

中国农业金融体系在扶持农业方面做出了突出贡献，1993 年正式确立农业政策性贷款制度；1994 年成立农业发展银行，1997 年农村信用合作社与中国农业银行分设，从而形成由商业金融、政策金融、合作金融以及国际金融等共同组成的多元农业金融体系，使中国农业金融体制逐步完善。

2. 农村金融系统的改进。金融体系在粮食产业发展过程中起到了巨大的资金支持作用，但是，随着经济发展程度的不断提高，城乡金融的发展速度出现了显著区别，城乡金融服务差距越来越大。农村金融要发挥最大的作用，必须进一步进行改革。前面分析了目前农村金融的主要问题，总结为以下四点：（1）金融资源不足，且分布不均衡；（2）农村网点分布较少，便利程度不足；（3）金融产品单一，不贴合农民生活实际；（4）农民贷款问题难以切实得到解决。针对上述问题，需要对农村金融系统进行改革。

首先，国家应该加强对农业银行发展过程中的调控，促进区域间的协调发展。银行本身是自负盈亏的法人，如果任由市场调节对银行资源进行配置，那么在趋利性的引导下，银行资源必然会向经济较发达的地区倾斜。要避免这一局面的出现，最直接的手段就是国家在金融资源配置过程中，发挥宏观调控的力量，促进区域间金融系统协调发展。

其次，风险过大是农业银行对农民发放贷款的最大障碍。要保证农民能够顺利贷款，银行需要尽量化解农业贷款中的风险。一方面可以由国家财政进行支持；另一方面可以创建保险基金系统，对农业贷款中的潜在风险加以担保，使农业银行的风险得到分散，农业银行在对农民进行贷款时更有保障。因此，银行可以适度降低贷款标准，让真正需要资金的农民能够获得贷款。

最后，发展农村新型金融机构。农业银行与政府关联度上升到一定程度，就脱离了群众基础，失去了原有的优势。农村信用合作社所走的就是这样一条道路，从农民共建，到逐渐脱离群众成为独立的企业法人，在这一过程中农民失去了实惠。因此，要构建真正独立于政府机构与市场系统之外的民间基金，使之更贴近农民的生活生产需要。另外，建立农村公益性小型信贷组织，专门用于发放农村小额信贷，这种组织不同于银行系统，不以盈利为目的。因此，贷款的标准更低，与农户的联系更加直接。

（二）完善粮食期货体系

粮食期货市场是中国粮食市场体系的重要组成部分，与粮食收购、批发、

零售市场共同构成完整的粮食市场体系。目前，中国粮食期货涵盖了玉米、小麦和早籼稻三大粮食作物，粮食期货体系已经初步具备。随着中国粮食市场的开放程度加深，国内外各方面因素对国内市场的影响不断增加，国际资本的冲击、世界粮食生产环节甚至国际政治格局的变动都将对国内粮食的价格产生严重冲击。如何在这样一个价格剧烈波动的市场环境下保护国内粮食产业的稳定，是保护粮食产业安全的一个重要课题。期货市场最初出现的原动力来自商人风险规避的愿望，这就决定了粮食期货从诞生起就具备风险规避的特性。在现今市场环境复杂多变的情况下，发挥粮食市场的规避自然风险和价格波动风险的作用就显得尤为重要。充分发挥粮食期货市场的价格发现作用，对于引导农民按照市场调节生产、保障农民收入增加有着重要意义。期货市场对农民提出了产品标准的要求，促使了粮食市场订单农业的发展，农民根据期货市场的价格安排未来的生产，并可以依照粮食期货的价格走势以更高的价位出售农产品，从而提高了农民的收入，做到了市场资源优化配置。更进一步看，粮食收购商及加工商一方面可以在自然灾害频发的年度保证基本的粮食获得；另一方面可以利用粮食期货市场对粮食价格进行对冲，降低因为粮价波动过大而引发的潜在风险。

但是，期货市场的繁荣与市场化程度是分不开的，市场的价格调控程度越高，期货市场对投资者的吸引力越低，期货市场的作用效果就越差。粮食市场是个特殊的市场，不可能任由市场自由调节价格，否则必将对粮食安全造成影响。因此，要保证粮食期货的发展，必须要在市场化与国家宏观调控之间寻求一个平衡点，如此才能充分发挥粮食期货的作用，此为中国粮食期货市场发展的阻碍之一。

另外，期货市场不仅仅是避险市场。事实上，任何一个国家的期货市场上90%的资本均为投机资本，投机资本的炒作对粮食市场的稳定必然会带来不利影响。尤其在2010年，一些国家自然灾害频发，全球小麦期货价格暴涨，其他农产品期货价格也跟风飙升，导致现货市场粮食价格也受到了影响。国际投机资本对粮食期货的炒作已经严重影响了国际粮食市场的稳定，全球粮食市场的投机风险随着粮食期货市场的发展也不断扩大。

因此，国家要发挥期货市场的作用，不可以忽视上述问题。在政策制定过程中，首先，应充分考虑市场的作用。宏观调控与市场的作用到底哪个效率更高在不同的历史时期有着不同的结论，但是，在现阶段，要解决粮食产业发展的问题，仅凭宏观调控的力量显然是不够的。这要求政策制定者要适当调控，在以市场为主的前提下发挥宏观调控，不能让国家宏观调控的力量代替市场的调控。期货市场是粮食市场的一个反映，如果没有粮食市场的自由活跃的运作，期货市场的效果也难以真正发挥。其次，要加强对期货市场的监管。投机资本进入期货市场是难以避免的，任何一个国家的期货市场都存在着大量的投机资本，国家所能做的不是简单地限制资本入场，而是利用法规手段限制投机资本对粮食期货市场进行恶性炒作。更为重要的是，国家需要引导真正依靠粮食期货进行对冲避险的粮食企业入场，真正让粮食期货市场发挥其避险作用。

（三）落实农业保险体制

中国是一个自然灾害频发的国家，通过改善基础设施降低自然灾害的损失需要大量的人力财力投入，且需要相当长的时间，最为重要的是即便如此依然会有自然灾害造成的损失。因此，广大的粮食种植者需要进行风险分担来保障种植的收益，农业保险正是在这种要求下应运而生的。农业保险以农产品为标的，对农产品生产者生产过程中的经济损失提供保障，通常是由国家补贴、商业保险公司进行承保的政策性险种。农业保险包含在 WTO 规则允许的范围内，对农业进行有效保护，是稳定农民收入的重要手段。2008 年，国家将政策性农业保险的支持范围扩大到粮食作物生产方面。利用保险公司设计农业保险产品，可以对农户因自然灾害承担的风险进行评估，并设计合理的理赔机制，比政府直接补贴针对性更强，资金利用效率更高。对保险公司而言，农业保险是一种创新型的保险产品，受众是占中国总人口最高比例的农业人口，农业保险的繁荣可以成为保险公司新的盈利点，从而在日趋激烈的竞争中占有有利地位。

现阶段中国的农业保险还处于起步阶段，要大规模推广还需要一段时间。其间要经过试点才能制定最合适的保险机制，既能保证保险公司的盈利性，又可以对农户的潜在风险加以分散。农业保险外部性较强，无法完全按照保险公司的商业运作模式来做，否则必然会出现保险公司赔付过高不愿承保、农户因保费过高不愿投保的状况。因此，要保证农业保险的推行，最根本的要做到配套措施同步发展，国家政策性补贴随时到位。对于保险公司而言，农业保险的承保有以下两点问题：（1）各地区的自然条件不同导致各地的农业保险所要承担的风险不同，保费标准与保险机制需要因地制宜，各分公司应详细考察各地的自然条件后制定当地的保险规则，上报总公司核查，这在无形间增加了保险公司的成本；（2）财政补贴资金的到位时间对运营状况影响巨大，财政资金到

位不及时，保险公司需要以自营资金进行补漏，严重时会影响企业的正常运营资金，给企业带来运营风险，长期如此将严重打击保险公司的承保积极性。

针对以上问题，国家一方面应当对农业保险承保公司进行严格资质审查，保证其确实具有承保能力，一旦大规模的自然灾害发生，保险公司能及时调动足够的资金对受灾农户进行赔付，切实保证农民的收入安全。另一方面，国家要做好对保险公司的支持工作，做好农业保险的配套措施，运用财政、法律等多种手段保障保险公司的权益，同时提高补贴资金到位的效率，做好政策性农业保险的服务工作，构建保险服务网络。

二、土地制度

耕地是重要的生产资料，同时也是有限的生产资料。中国的人均耕地面积较少已经是不争的事实。如何使有限的耕地资源发挥最大的效益，实现现代化粮食生产，不仅需要国家在财政金融方面加以支持，更需要对现有的土地制度加以改造。

1. 耕地的重要性。劳动、资本和土地是社会生产中不可缺少的三个要素，粮食生产更是无法缺少其中任何一个要素，特别是土地要素。土地是种植业赖以发展的必需条件，耕地面积直接影响着粮食产量，因此，保护耕地面积就是保护粮食产业安全。认识到这一点，中国已经对国家耕地的重要性在法律上予以确认。按照中国现行的《中华人民共和国土地管理法》（以下简称《土地管理法》）第三条规定，十分珍惜、合理利用土地和切实保护耕地是中国的基本国策，这条法律从立法上确认了中国耕地重要意义。为保证粮食安全，国家对耕地资源设立了各种保护措施，《土地管理法》第三十一条对耕地保护做出了明确的规定：国家保护耕地，严格控制耕地转为非耕地。国家实行占用耕地补偿制度。非农业建设经批准占用耕地的，按照“占多少，垦多少”的原则，由占用耕地的单位负责开垦与所占用耕地的数量和质量相当的耕地；没有条件开垦或者开垦的耕地不符合要求的，应当按照省、自治区、直辖市的规定缴纳耕地开垦费，专款用于开垦新的耕地。省、自治区、直辖市人民政府应当制定开垦耕地计划，监督占用耕地的单位按照计划开垦耕地或者按照计划组织开垦耕地，并进行验收。

没有耕地，就没有粮食安全，这是所有粮食安全研究中的共识。国际政治环境的日趋复杂要求国内粮食生产必须要充分保证自给自足，尽管现阶段中国粮食产量已经足以满足消费需求，但这并不意味着耕地保护就不再重要。中国农业人口众多，耕地不仅仅是生产的保证，更是一些农民生活的根本保证。很多农民把土地看做是安身立命的根本，保护耕地就是保护广大农民的利益。更进一步说，按照历朝历代的经验来看，农民失去了土地，必然会造成社会的动荡不安，保护耕地更是保护整个国家根基的稳定。

2. 耕地保护制度中存在的问题。中国现在使用的是 1985 年所建立的土地管理法规体系。在相当长一段历史时期内，这一体系对保护中国的耕地安全发挥了巨大的作用，保证了有生产愿望的粮食种植者有土地进行生产，对保护国家粮食安全有着重要作用。但是，随着现代经济体系的进一步构建，科技的进一步发展，对耕地的保护提出了更高要求，简单的"耕者有其田"式的土地制度已经不能满足生产的需要。首先，每户农户的土地有限，限制了现代化农用机械的大规模使用。其次，种粮大户的出现，需要有合理的土地流转制度，目前的土地流转制度对种粮大户的保护不足，打击了种粮大户的信心。

另外，任何政策的推行都有其利弊。现行的耕地保护措施较为严格，在保护耕地面积的同时，需要国家付出一定的代价加以维护，当维持成本高于政策效果的时候，就需要考虑对政策进行调整。中国目前严格的耕地保护政策引发了一系列的问题，比如耕地搁荒现象，虽然中国法律明确对耕地搁荒问题加以打击限制，但是，一些入城打工的农民在现今的耕地保护制度下，没有顺利转让土地的途径，不得不保留自家的土地，造成被迫搁荒。

最后，虽然国家现阶段的土地管理法制法规相当严格且具体，但是在开发商的逐利性下，乱占耕地乱圈地的现象始终存在。房价的一路飙升刺激了房地产开发商，当寻租成本已经不足以成为房地产开发商的阻碍时，占耕地盖房就不再是个别现象了。人口的增加，对房屋改善的愿望也与日俱增，各地都出现了大量的建在农村集体建设用地上俗称小产权房的无法办理产权证和土地使用证的楼盘。小产权房与耕地占用成为房地产开发过程中的两大问题，伴随着这些现象，政府腐败也随之滋生。

3. 对土地政策的改革建议。

（1）建立健全农民的保障体系。解决土地问题根本在于设立农民的保障体系。粮食种植过程中，需要充分发挥规模效应，但是，就中国现状而言，种粮耕地远未达到规模效应。虽然国家已经允许了土地流转制度，但是，实际上真正实现土地流转仍有许多亟待解决的问题。究其根本，在于土地已经成为农民生活的最根本保障，失去土地的农民将失去安身立命的根本。因此，很多农民

即使搁荒土地也不愿转让土地的使用权。种粮直补的政策出台后，更是有大批农民为获得种粮补贴收回自己的土地，导致种粮大户的地位非常尴尬。因此，不解决农民的保障问题，土地流转的根本性问题始终难以解决。

（2）改革土地集体所有制。土地的集体所有制曾经在一段历史时期促进了农业的发展，但是，在现阶段却对农业的发展产生了限制。虽然国家已经允许了土地的流转，但是，在目前的集体所有制下，流转的效率偏低，流转成本偏大。粮食种植与其他的承包不同，要实现长期经营与规模效益，需要的土地面积相对较大，在目前的土地流转制度下，种粮大户所要承担的承包成本更大，而且不确定因素较多。种种因素的综合作用下，农村种粮大户的经济效益较低，且利益难以得到保障。农村种粮大户的数量远远少于养殖大户的数量，粮食产业的规模效益远远没有达到。要解决这一问题，必须要对现有的土地集体所有制加以改革，让农民具有更多的自主性，降低土地流转的交易成本。

（3）规范土地流转程序。受主客观条件制约，目前农村的土地流转过程中，私下流转与口头流转占多数，较少有农民申请报批与备案，流转协议书面内容不规范，约定内容不明确，而且存在违反土地流转规定的状况。不规范的流转行为导致土地流转双方的利益无法得到保护。因此，基层组织应当做好对农户的宣传工作，使农户树立自我保护意识，在法律的范围内进行土地流转。另外，建立土地流转报备的绿色通道，减少土地流转过程中的不必要程序，简化流转过程。

三、多种手段相配合

粮食政策调整过程中，不仅要充分发挥经济手段的作用，还要充分发挥多种政策的配合效果，包括法律、人口、媒体等多重手段相配合，才能够实现更好的政策效果，从而构建支持粮食产业发展的完整政策体系。

（一）法律手段

现阶段，中国粮食法律体系尚未建立，粮食的法治化还需要相当长的一段历史时期进行构建。但是，粮食法治化是历史的必然趋势，是不可抗拒的潮流，粮食法治化的推行有着三个方面的原因。

1. 依法治国已经成为中国的基本治国方略，法治化是国家发展的必然趋势。法律由国家制定或认可，由国家强制力保证实施，用以规定当事人权利和义务为内容的具有普遍约束力的行为准则，不以人的主观意志为转移，是统治阶级利益的表达。对于中国这样一个社会主义国家，法律是最广大公民利益的体现。具体到粮食领域，粮食法律具有严肃性与强制力，粮食法律中所规定的权利义务关系必须履行，是不可抗拒的。并且在制定过程中，必须经过严格的法定程序，这是粮食法律与粮食政策最根本上的不同。这一本质上的差别导致粮食法律较之粮食政策更具有长期性与稳定性，且更加具体而规范化，更适用于粮食产业这样一个需要长期稳定政策扶持的产业。

2. 粮食法律是完善粮食市场的保障。市场经济是公平有序法治化的经济，弗里德曼认为："自由市场的存在并不排除对政府的需要。相反地，政府的必要性在于它是'竞赛规则'的规定者，又是解释和强制执行这些已立决定的裁判者。"[①] 根据这一观点，要建立自由的市场经济体制，无法离开政府的调节作用。中国的粮食市场正在经历一个特殊的转型期，即由传统的计划经济向市场经济过渡，各国的历史上鲜有可以借鉴的经验。因此，要建立公平有序的市场经济秩序，必须有成熟的规则对市场交易双方加以限制，也就是法律。市场主体的活动、市场各主体之间的关系等等事项，如果失去了法律的调节，势必会导致混乱。只有建立健全粮食法规体系，用法律手段对粮食市场进行规范，才能真正保证粮食市场安全有序运行。

3. 建立粮食法律体系是融入世界经济的需要。加入 WTO 以后，国际一体化进程加快，中国的粮食市场与世界粮食市场的融合程度加深，市场的往来增加，在日趋激烈的国际竞争中，必须实行法治，才能够以规范的行为参与到国际竞争中去，建立长期稳定的市场关系。同时，在国际竞争中，利用法律武器，才能增强自我保护能力，维护自身的权益。随着世界各国融合程度的加深，建立健全法律体制不仅仅是国际经济交往的需要，更是维护国际国内粮食安全的战略性要求。

综上所述，粮食立法能从根本上解决政策的重复建设及目标不稳定的问题，促进中国粮食产业与世界相融合，中国的粮食产业要安全稳步发展必然需要走上法治化的道路。目前，中国的粮食立法基本上还处于空白，仅有的一部粮食法依然处在酝酿阶段。因此，最重要的就是要加快粮食立法的进程，建立适合中国国情的粮食法规体系。只有有法能依才能进一步谈到有法可依。在确立了粮食法律法规体系之后，要逐步进行法律法规的宣传，提高粮食相关人员

---

① 米尔顿·弗里德曼：《资本主义与自由》，商务印书馆 2006 年版，第 19 页。

的法律意识和法律素质，做到依法售粮、依法购粮，促进整个粮食产业链条在法律的维护下有序发展。法律体系的建立也对违反法律的行为有着制度上的制约，根据相关的法律条款，可以对威胁国家粮食安全的行为运用法律手段加以打击，从而从根本上、从长远的角度保障中国的粮食安全。

（二）人口政策

作为世界人口第一大国，中国物产丰富但是人均占有量不足的问题已经深刻地体现在各方各面，这一现象反映在粮食问题上格外突出，中国的粮食危机归根结底实际是人口危机。中国的耕地总面积在世界居于前列，且耕地价值较高，适宜的条件下，能达到两年三熟或者一年两熟。但是在 14 亿人口的巨大基数作用下，人均耕地面积在世界的排名仅为 126 名，高产土地也仅能维持供需的平衡。造成这一现象的根源就在于中国的巨大的人口基数。马尔萨斯在其著作《人口原理》中提出了著名的马尔萨斯人口论：人类的性本能决定人口以几何级数增长，若不加以控制，每 25 年可增加一倍；因土地有限而导致的报酬递减规律的作用，食物只能以算术级数增长；人口受生活资料的制约，在缺乏有效控制的条件下，便随生活资料的增加而增加。因人口增长速度快于食物供应的增长速度，随时间推移，人口将超过食物的供给量。而食物不足会引起贫困、恶习等出现。故人口与食物间的不平衡总是通过抑制人口增长而加以改善①。根据这一理论，在未来的中国，粮食产量的增加终将不能满足人口增长的需要，并带来一系列社会问题。

纵观中国目前的土地管理制度，对耕地的保护措施已经相当严格，耕地的缩减数量有限。未来的数十年间，耕地面积不会有较大的改变。随着科技的发展，耕地亩产将有一定的提升，但是，耕地亩产终归会有一个上限，而且科技的推广需要一定的时间。而人口的增长确实是时刻发生的，目前中国的人口数已经达到 14 亿人，据预测，这一数字在未来将可能达到 15 亿人。在耕地生产能力有限的情况下，如果任由人口数量不断膨胀，那么中国的粮食危机迟早会爆发。另外，人口的激增导致人地矛盾紧张，城市的不断扩张与农村争夺着土地，直接影响着耕地保护的效果。人口的激增同时给生态环境带来了巨大压力，按照可持续发展原则，这代人的发展应以不破坏未来后代的发展为前提，但是，人口的不断增长，对资源的需求量也将不断加大，环境破坏的速度将不

---

① 马尔萨斯：《人口原理》，商务印书馆 1996 年版，第 7～12 页。

受主观愿望控制，最终导致生态环境的失衡。生态环境的失衡引发更频繁的自然灾害，及土地资源的破坏，间接降低了粮食的生产能力。

因此，基于这一国情，中国必须坚持计划生育这一基本国策不动摇，提倡少生优生的基本概念，做好人口的管理工作。在没有大规模战争或自然灾害发生的前提下，人口的增长是必然的、不可逆转的，国家所能做的，就是严格控制人口增长速度，寻求一条人与自然和谐相处的道路，来满足粮食产业发展的要求，从而保障中国的粮食供求关系趋于稳定，确保国家的粮食安全。

（三）充分发挥媒体的导向作用

媒体是信息传播的渠道，是人与人之间、人与社会之间沟通的桥梁。当今时代是个信息爆炸的时代，各种主流媒体与网络对人们生活的影响越来越巨大，新兴的网络媒体更是以一种崭新的方式悄然改变着人们的生活。媒体与信息直接相连，已经成为了人们日常生活中不可分割的一部分。因此，正确发挥媒体的导向作用，可以对保护粮食安全发挥一定作用。

1. 充分发挥媒体的传播功能。媒体最重要的功能是信息传播，利用媒体的信息传播功能，农户可以了解最新的产业发展动向和最新的科技发展方向。媒体传播与政府宣传相比，优势在于效率更高，速度更快。通过网络、电视、报刊、杂志等多种媒体传播渠道，种粮农民多了一条同外界交流的途径，充分利用不同媒体的优势，农民可以迅速获得自己所需要的信息，从而对生产方向和生产方式进行调节。政府的政策推广信息也可以通过媒体快捷地传递到农民那里，较之政策的层层传达更有效率。但是，媒体传播同样具有信息量过大，且信息良莠不齐的缺陷，对媒体的盲从可能会损害农民的权益。加之现在广大的种粮农民文化程度不高，信息的分辨能力较差。因此，在发挥媒体的信息传播作用的时候，基层组织需要做好政策服务，帮助农民分辨信息真伪，国家部委应当加强媒体信息的审核力度，从根本上遏制损农伤农的假新闻假消息的出现。

2. 媒体的传播作用容易被投机资本所利用，因此要做好监督工作。媒体的不实渲染与投机资本相结合，将引发市场的恐慌，严重时将带来市场价格的剧烈波动，房地产的恶性炒作风波与媒体的推波助澜分不开干系。加强媒体监管，避免出现扰乱市场秩序的虚假新闻或过分夸大的消息，对于维护市场的稳定有着重要的作用。

附表　中国粮食生产与相关投入数据资料

年份	粮食产量（万吨）	农业化肥施用量（万千克）	粮食播种面积（千公顷）	成灾面积（公顷）	农业机械总动力（万千瓦）	财政支出（亿元）	农业劳动力（万人）
1977	28273	648	120400	15160	10261.7	108.12	28340
1978	30476.5	884	120587	21800	11749.9	150.66	28455.6
1979	33212	1086.3	119263	15120	13379	174.3	28634
1980	32055.5	1269.4	117234	22320	14745.7	149.95	29122
1981	32502	1335	114958	18740	15680	110.2	29777
1982	35450	1513.4	113463	16120	16614	120.5	30859
1983	38728	1659.8	114047	16209.3	18022	132.9	31645.1
1984	40731	1739.8	112884	15264	19497	141.3	31685
1985	37911	1775.8	108845	22705.3	20913	153.62	30351.5
1986	39151	1930.6	110933	23656	22950	184.2	30467
1987	40208	1999.3	111268	20392.7	24836	195.5	30870
1988	39408	2141.5	110123	23944.7	26575	214.07	31455.7
1989	40755	2357.1	112205	24448.7	28067	265.94	32440.5
1990	44624	2590.3	113466	17819.3	28708	307.84	33330.4
1991	43529	2806.1	112314	27814	29389	347.57	34186.3
1992	44264	2930.2	110560	25894.7	30308	376.02	34037
1993	45649	3151.9	110509	23133	31817	440.45	33258.2
1994	44510	3317.9	109544	31383	33802	532.98	32690.3
1995	46662	3593.7	110060	22267	36118	574.93	32334.5
1996	50454	3827.9	112548	21233	38547	700.43	32260.4
1997	49417	3980.7	112912	30309	42016	766.39	32434.9
1998	51230	4083.7	113787	25181	45208	1154.76	32626.4
1999	50839	4124.3	113161	26731	48996	1085.76	32911.8
2000	46218	4146.4	108463	34374	52574	1191.13	32797.5
2001	45263.7	4253.8	106080	31793	55172.1	1456.73	32451
2002	45705.8	4339.4	103891	27319	57929.9	1580.76	31990.6
2003	43069.5	4411.6	99410	32516	60386.5	1754.45	31259.6
2004	46946.9	4636.6	101606	16297	64027.9	4596.95	30596
2005	48402.2	4766.2	104278	19966	68397.8	2450.31	29975.5
2006	49746	4950.1	105489	24632	72100	3172.97	31511.6
2007	50160	5108	105638	25064	76589.6	3404.70	31444
2008	52871	5239	106793	22283	82190.4	4544.0	30654
2009	53082	5404	108986	21230	—	6631.6	—

资料来源：《中国统计年鉴》（1985～2009）、中国经济信息网。

参考文献

[1] 巴西农业部：《全国供应公司最新农业收成报告》，2008 年。
[2] 班固撰，颜师古注：《汉书·食货志上》，中华书局 2000 年版。
[3] 庇古，朱泱、张胜纪、吴良健译：《福利经济学》，商务印书馆 2006 年版。
[4] 布衣：《日本对农业的价格补贴政策》，《农村工作通讯》2008 年第 7 期。
[5] 财政部农业司考察团：《新西兰、阿根廷农业财政政策考察报告》。
[6] 蔡昉：《宏观经济政策调整与农民增收》，《中国农村观察》2003 年第 4 期。
[7] 蔡昉：《推进社会主义新农村建设的着力点》，《湘潭大学学报》2007 年第 5 期。
[8] 蔡昉：《有效推进农村改革化解金融危机影响》，《农村经营管理》2009 年第 5 期。
[9] 蔡建文：《农道：解读中国粮食问题》，辽宁人民出版社 2005 年版。
[10] 柴田明夫：《着眼国际民生确保粮食安全》，《广西粮食经济》2002 年第 3 期。
[11] 常明明：《论重农学派经济思想对中国农业发展的现代意义》，《学术论坛》2007 年第 3 期。
[12] 陈登原：《中国田赋史》，商务印书馆 1998 年版。
[13] 陈刚：《预算乘数的模型分析》，《南通职业大学学报》2005 年第 12 期。
[14] 陈高华、史卫民：《中国经济通史》元代卷，经济日报出版社 2000 年版。
[15] 陈明光：《唐代财政史新编》，中国财政经济出版社 1991 年版。
[16] 陈菁、高峻：《试述孙中山对农业、农村、农民问题的思考》，《广州社

会主义学院学报》2006 年第 4 期。

[17] 陈戎杰：《欧美生物燃料战略与东南亚粮食贸易困境》，《东南亚研究》2008 年第 6 期。

[18] 陈颂东：《日本农业保护的经验值得借鉴》，《财经科学》2008 年第 2 期。

[19] 陈永成、龚影：《后农业税时代的农民税负问题研究》，《科技创业》2007 年第 7 期。

[20] 陈正华：《对粮食直补问题的调查与思考》，《中国粮食经济》2009 年第 9 期。

[21] 程国强：《发达国家农业补贴政策的启示》，《北京农业》2010 年第 2 期。

[22] 程国强：《美国粮食出口促进计划评述》，《外国经济与管理》1991 年第 9 期。

[23] 程黎：《发达国家涉农税收及其对中国统一城乡税制的借鉴》，《中南财经政法大学学报》2008 年第 2 期。

[24] 当代中国丛书编辑部：《当代中国的粮食工作》，中国社会科学出版社 1988 年版。

[25] 丁声俊：《中国粮食流通体制改革指导全书》，中国大地出版社 1998 年版。

[26] 董静、窦勇：《金融危机下的中国粮食安全问题探讨》，《现代农业科技》2009 年第 24 期。

[27] 董峻、韩洁：《财政部加大农村综合改革支持力度》，《金融博览》2009 年第 2 期。

[28] 董若愚、伍万云：《产业化经营是保护农民种粮积极性的必由之路》，《安徽大学学报》2005 年第 11 期。

[29] 杜巍：《绿色食品产业——现代农业发展的新标杆》，《中国食品》2010 年第 3 期。

[30] 段云飞：《应对链式直补绩效问题建立制度创新制度研究》，《财政研究》2009 年第 2 期。

[31] 〔美〕恩道尔著，赵刚等译：《粮食危机》，知识产权出版社 2008 年版。

[32] 樊欣：《社会主义新农村的理论渊源》，《学术交流》2007 年第 5 期。

[33] 范宝学：《免征农业税后农村经济存在问题分析》，《辽宁工程技术大学学报》（社会科学版）2009 年第 2 期。

[34] 范文澜：《中国通史》第 1 册，人民出版社 2001 年版。

[35] 范文澜:《中国通史》第3册，人民出版社2001年版。
[36] 范文澜:《中国通史》第8册，人民出版社2001年版。
[37] 房民、孙国贵、汤成国、胡士华:《粮食直接补贴政策的效应及其完善》,《现代经济探讨》2008年第10期。
[38] 冯志强:《美国粮食经济简述》,《粮食科技与经济》2009年第3期。
[39] 冯志强:《中国经济发展论》,中国经济出版社2003年版。
[40] 冯志强:《中国粮食经济问题研究》,香港: 世界文明出版有限公司2001年版。
[41] 弗朗斯瓦·魁奈，吴斐丹、张草纫选译:《魁奈经济著作选集》,商务印书馆1979年版。
[42] 傅贤治、侯明利:《中国现行粮食补贴政策研究》,《学术交流》2008年第9期。
[43] 葛夕良、沈腊梅:《马斯格雷夫的现代市场财政观〈财政理论与实践〉译介》,《经济资料译丛》2002年第1期。
[44]《各国科技要览》,科学技术文献出版社。
[45] 顾立林:《农业部: 国际粮价上涨将长期化 国内粮市相对平稳》,《新闻晨报》2008年5月26日。
[46] 关静杰:《略论孙中山的农业经济思想》,《牡丹江师范学院学报》2006年第4期。
[47] 郭成:《丹麦、瑞典、芬兰北欧三国粮食政策与仓储设施考察报告》,《粮库建设理论与实践》,中国计划出版社2002年版。
[48] 郭怀亮:《论魁奈的“政府之手”》,《渭南师范学院学报》2004年第11期。
[49] 郭书田:《短缺与对策——中国粮食问题研究》,中国人民大学出版社1988年版。
[50] 郭勇:《三元结构条件下中国农业投入问题研究》,《开发研究》2004年第3期。
[51]《国家粮食安全中长期规划纲要(2008~2020年)》。
[52] 国家粮食局调控司赴巴西培训团:《巴西粮食购销市场化中的宏观调控与管理》,《中国粮食经济》2003年第4期。
[53] 何忠伟:《中国农业补贴政策的效果与体系研究》,中国农业出版社2005年版。

[54] 贺永华：《论21世纪东南亚粮食安全问题》，暨南大学硕士学位论文，2009年5月。
[55] 洪凯：《世界粮食危机影响下的东南亚国家粮食安全问题及中国的对策》，《东南亚研究》2008年第6期。
[56] 侯石安：《中国财政农业投入的目标选择与政策优化》，《农业经济问题》2004年第3期。
[57] 胡晓群：《发达国家粮食宏观调控体系》，《中国粮食经济》1999年第11期。
[58] 黄钢等：《转型期中国农业技术创新面临的突出矛盾与路径选择》，国家科技部软科学研究计划项目。
[59] 江瑞平：《从粮食问题的不断恶化看日本农业政策的失误》，《农业经济问题》1990年第4期。
[60] 蒋锐：《列宁关于引导农民走社会主义道路的探索》，《当代世界社会主义问题》2002年第1期。
[61] 金赛美：《谈税收乘数对国民收入的影响》，《全国贸易经济类核心期刊》，2007年第26卷。
[62] 凯恩斯：《就业、利息和货币通论》，商务印书馆1983年版。
[63] 柯炳生：《欧盟粮食政策的发展变化》，《南京经济学院学报》2000年第4期。
[64] 柯炳生：《美国的粮食政策》，《农业经济问题》1994年第5期。
[65] 柯武刚，史漫飞，韩朝华译：《社会秩序与公共政策》，商务印书馆2001年版。
[66]〔英〕拉吉·帕特尔著，郭国玺、程剑锋译：《粮食战争》，东方出版社2008年版。
[67] 蓝海涛、王为农：《中国中长期粮食安全的若干重大问题及对策》，《宏观经济研究》2007年第6期。
[68] 黎环、肖伟：《孙中山与中国农业现代化》，《农业考古》2006年第6期。
[69] 黎翔凤、梁连华：《管子校注》，中华书局2004年版。
[70] 里查德·A. 马斯格雷夫等：《财政理论与实践》，中国财政经济出版社2003年版。
[71] 李超民：《1938年农业调整法与常平仓：美国当代农业繁荣的保障》，《财经研究》2000年第12期。

[72] 李超民：《思想、制度与启示：中国古代常平仓思想的当代意义》，《石油大学学报》2001 年第 6 期。
[73] 李超民：《王安石变法与美国 20 世纪 30 年代的新政》，《西安交通大学学报》2001 年第 6 期。
[74] 李成贵、王红春：《中国的粮食安全与国际贸易》，《国际经济评论》2002 年版。
[75] 李亮：《论中国粮食直补制度的转型》，《中洲学刊》2009 年第 11 期。
[76] 李茂岗：《中国农民负担问题研究》，陕西经济出版社 1996 年版。
[77] 李瑞锋、肖海峰：《欧盟、美国和中国的农民直接补贴政策比较研究》，《世界经济研究》2006 年。
[78] 李铜山、陈允仓：《后农业税时代农民负担演变成“特隐性负担”》，《中州学刊》2009 年第 2 期。
[79] 李铜山、陈允仓：《后农业税时代农民负担问题的调查与分析》，《中州学刊》2009 年第 1 期。
[80] 李维林、赵梦涵、范蠡平：《粜法与李悝平籴法比较的经济学分析》，《东岳论坛》2008 年第 5 期。
[81] 李晓敏、毕广杰：《关于粮直补政策的几点思考》，《农村财政与财务》2009 年第 4 期。
[82] 李新、席艳乐、董怡：《后农业税时代中国农业税制改革方向研究》，《农业经济问题》2007 年第 9 期。
[83] 李亚光：《〈吕氏春秋〉与〈商君书〉重农思想比较研究》，《长春师范学院学报》2007 年第 11 期。
[84] 李志坚：《试论徐光启的荒政思想》，《农业考古》2004 年第 1 期。
[85] 联合国粮食及农业组织：《各国粮食政策》，1975 年版。
[86] 《粮食政策目标与补贴政策设计——兼论“二元互补”的直接补贴体系》，《财政研究》2004 年第 12 期。
[87]《意大利粮食生产贸易概况》，《粮油市场报》2001 年第 8 期。
[88] 廖小健：《马来西亚的农村经济发展策略》，《亚太经济》2007 年第 2 期。
[89]《列宁选集》第 4 卷，人民出版社 1972 年版。
[90] 林毅夫：《有关当前当前农村政策的几点意见》，《红旗文摘》2003 年第 8 期。
[91] 林毅夫：《中央财政支持农村的五种可行方式》，《经济参考报》2003 年

3 月 26 日。

[92] 林毅夫、沈明高:《中国农业科研优先序》,中国农业出版社 1996 年版。

[93] 刘甲朋、韩淑红:《〈管子·轻重〉篇价格管理思想的历史渊源》,《财经理论与实践》2003 年第 3 期。

[94] 刘明:《论徐光启的重农思想及其实践》,《苏州大学学报》2005 年第 1 期。

[95] 刘睿:《粮食最低收购价格政策的经济学分析和效应评述》,《粮食科技与经济》2009 年第 1 期。

[96] 刘吴、胡尊让:《〈农政全书〉的水利建设思》,《西北农业大学学报》1998 年第 8 期。

[97] 龙方:《新世纪中国粮食安全问题研究》,中国经济出版社 2007 年版。

[98] 龙方:《新粮食政策后种粮大户面临的新问题及对策》,《湖南农业大学学报》(社会科学版)2005 年第 10 期。

[99] 卢东伟、孙东升:《中国农产品关税保护效应分析》,《世界农业》2008 年第 10 期。

[100] 鲁靖:《粮食经济中的和谐:中国粮食市场与政府宏观政策的耦合》,东南大学出版社 2006 年版。

[101] 陆文聪、梅燕、李元龙:《中国粮食生产的区域变化:人地关系、非农就业与劳动报酬的影响效应》,《中国人口科学》2008 年第 3 期。

[102] 罗鸣令:《从〈赋税论〉看威廉·配第的税收思想》,《铜陵学院学报》2009 年第 3 期。

[103] 骆永寿:《唐朝后期的理财能臣刘晏》,《四川教育学院学报》2001 年第 5 期。

[104] 吕昭江、唐荣君:《关于国家粮食政策的系统性效应分析报告(上、下)》,《齐鲁粮食》2009 年第 2 期。

[105] 马非百:《管子轻重篇新诠——〈管子·权修〉》,中华书局 1979 年版。

[106]《马克思恩格斯选集》第 26 卷,人民出版社 1974 年版。

[107] 马文杰、冯中朝:《国外粮食直接补贴政策及启示》,《经济纵横》2007 年第 11 期。

[108] 马晓河、蓝海涛:《中国粮食综合生产能力与粮食安全》,经济科学出版社 2008 年版。

[109] 曼昆:《经济学原理》(中文第 4 版),北京大学出版社 2006 年版。

[110] 孟春、李力:《安徽、吉林两省粮食直补试点的调查报告——粮食直补效应分析与政策建议》,《农村财政与财务》2004 年第 11 期。
[111] 梅方权:《加入世界贸易组织与中国食物安全战略的调整》,《中国食物与营养》2002 年第 1 期。
[112] 纳哈德·埃斯兰贝格,何玉长、汪晨编译:《庇古的〈福利经济学〉及其学术影响》,2008 年。
[113] 聂振邦:《法国、英国、瑞典粮食政策演变及对中国深化粮食流通体制改革的几点想法》,《中国粮食经济》2001 年第 11 期。
[114]《欧盟拟对粮食进口暂停征收关税》,《中国粮食经济》2008 年第 4 期。
[115] 庞晓鹏:《粮食产业化经营的理论探讨》,《中国粮食经济》2001 年第 3 期。
[116] 彭礼寿、胡小菊:《国外农业税收优惠对中国的启示》,《税务》(福州)2003 年第 2 期。
[117] 皮埃尔·布阿吉尔贝尔:《布阿吉尔贝尔选集》,商务印书馆 1984 年版。
[118] 皮埃尔·布阿吉尔贝尔:《法国详情及补篇》,商务印书馆 1981 年版。
[119] 皮埃尔·布阿吉尔贝尔:《谷物论、论财富、货币和赋税的性质》,商务印书馆 1979 年版。
[120] 戚继民:《欧共体粮食政策框架及其运行》,《中国粮食经济》2000 年第 3 期。
[121] 钱克明:《中国“绿箱”政策的支持结构与效率》,中国农业科学院农业经济研究所。
[122] 秦富、王秀清等:《国外农业支持政策》,中国农业出版社 2003 年版。
[123] 秦中春:《中国新型粮食储备体系的主要特点》,中国粮油信息网,2009 年 10 月 30 日。
[124] 日本国际协力事业团:《泰国东亚粮食安全保障及其大米储备系统计划调查最终报告书》,2003 年东京出版。
[125] 荣孟源:《中国国民党历次代表大会及中央全会资料》(上册),光明日报出版社 1985 年版。
[126] 萨缪尔森、诺德豪斯:《经济学》,首都经济贸易大学出版社 1998 年版。
[127] 山下一仁:《拥有高价农产品的日本的弱点》,《经济学家》周刊 2006 年第 2 期。
[128] 商鞅:《商君书·垦令》,中华书局 2009 年版。

[129] 商鞅：《商君书·算地》，中华书局2009年版。
[130] 商鞅：《商君书·农战》，中华书局2009年版。
[131] 尚钺：《中国历史纲要》，人民出版社1980年版。
[132] 沈红芳：《东亚主要发展中经济体经济发展模式研究》，厦门大学博士学位论文，2006年。
[133] 沈昫：《旧唐书·刘晏传》，中华书局2002年版。
[134] 施敏锋、蒋乐琪：《马克思主义经典作家农业合作社思想探要》，《长江大学学报》2009年第2期。
[135] 石晶莹：《粮食风险基金若干问题研究》，《农业发展与金融》2003年第11期。
[136] 石声汉：《农政全书校注：农本·诸家杂论》下，上海古籍出版社1979年版。
[137] 司马光，胡三省音注：《资治通鉴》卷二二六，中华书局1956年版。
[138] 司马迁：《史记·商君列传》，中华书局2008年版。
[139] 松际农网：《东南亚国家农业概览》，http：//www.99sj.com/Article。
[140]《宋史·王安石传》，中华书局2004年版。
[141] 苏轼：《东坡志林》，中华书局1981年版。
[142] 孙宏岭、何曙光：《法国、荷兰的现代化粮食流通》，《粮食流通技术》1997年第2期。
[143] 孙香玉、钟甫宁：《对农业保险补贴的福利经济学分析》，《农业经济问题》2008年第2期。
[144] 孙艺、胡艳芳：《中国粮食补贴政策体系的构建与完善》，《石家庄经济学院学报》2009年第12期。
[145] 孙诒让：《周礼·正义》，中华书局1987年版。
[146] 孙振远：《中国粮食问题》，河南人民出版社2000年版。
[147] 谭本刚、郭道林、徐玉斌：《荷兰及法国粮食储藏保鲜与流通技术考察报告》，《粮食流通技术》2002年第1期。
[148] 唐福坤：《权威专家看加入WTO对中国粮食的影响》，《中国牧业通讯》2000年第2期。
[149] 唐文基：《明代赋役制度史》，中国社会科学出版社1991年版。
[150] 唐为民、刘春浦：《赴法、德粮油储藏技术考察报告》，《粮油仓储科技通讯》1999年第2期。

[151] 宛金泉：《再谈学习列宁〈论粮食税〉的现实意义》，《北京宣武红旗业余大学学报》2003 年第 2 期。

[152] 汪蕾：《商君书的重农思想及其对三农问题的启示》，《重庆工学院学报》2008 年第 11 期。

[153] 王德林：《刘晏的管理思想》，《辽宁科技大学学报》2009 年第 4 期。

[154] 王佳：《农村税费改革的后续问题及其完善对策》，《经济研究导刊》2009 年第 5 期。

[155] 王健、陆文聪：《市场化、国际化背景下中国粮食安全分析及对策研究》，浙江大学出版社 2009 年版。

[156] 王开：《欧盟农业政策在市场风险上对中国的借鉴》，《河北农业科学》2008 年第 11 期。

[157] 王莉蓉、张建华：《赴欧农产品加工、流通技术考察评述》，《粮油食品科技》1998 年第 2 期。

[158] 王楠：《当前世界主要国家粮食政策调整对中国的影响》，《国际贸易》2008 年第 4 期。

[159] 王涛：《刘晏的财政改革与唐后期商品经济发展》，《忻州师范学院学报》2002 年第 4 期。

[160] 王伟、李秉文：《关于中国城乡统一税制重构问题的探讨》，《商业时代》2009 年第 36 期。

[161] 王相品：《中外农业政策性金融理论与实务》，中国金融出版社 1999 年版。

[162] 王晓云、高斌：《试论列宁对发展社会主义商品经济的探索》，《江汉大学学报》1998 年第 2 期。

[163] 王学斌：《WTO 框架下阿根廷农业发展的经验与教训》，《世界经济情况》2003 年第 8 期。

[164] 王祯，王毓瑚校释：《王祯农书》，中国农业出版社 1981 年版。

[165] 王争艳等：《影响粮食生产因素的贡献率分析及政策建议》，《安徽农业科学》2008 年第 4 期。

[166] 威廉·配第：《政治算术》，商务印书馆 1978 年版。

[167] 魏殿金：《美国食品安全体系面面观》，《中国粮食经济研究》2006 年第 6 期。

[168] 温桂荣：《后农业税时期确保农民增收的财政政策探讨》，《湖南商学院

学报》2008年第15期。

[169] 温皓杰、张领先、傅泽田：《欧盟农业国内支持水平及政策》，《世界农业》2008年第5期。

[170] 文小才：《美国农业财政补贴政策的经验与启示》，《云南财经大学学报》2007年第23卷第3期。

[171] 吴宝森：《世界粮食供需形势及安全分析》，《价格理论与实践》2008年第4期。

[172] 吴宾：《中国古代粮食安全问题研究》，西北农林科技大学（农业经济管理专业）博士学位论文，2007年。

[173] 吴敏先、孙成军：《粮食直补和取消农业税成效的思考》，《新长征》2009年第1期。

[174] 吴双：《浅谈新经济政策的理论贡献和实践意义》，《内蒙古师范大学学报》2008年第11期。

[175] 吴雄周、曾福生：《中国粮食政策补贴转变的制度经济学分析》，《湖南农业大学学报》2008年第8期。

[176] 吴兆莘：《中国税制史》，商务印书馆1998年版。

[177] 武秀成：《旧唐书·刘晏传》，上海古籍出版社2003年版。

[178] 西奥多·W. 舒尔茨，梁小民译：《改造传统农业》，商务印书馆1987年版。

[179] 席克正：《从威廉·配第到大卫·李嘉图的古典学派财政学说》，《财经研究》1986年第9期。

[180] 肖国安：《中国粮食安全研究》，中国经济出版社2005年版。

[181] 肖海峰、李鹏：《美国、欧盟和日本粮食生产能力保护体系及其对中国的启示》，《调研世界》2004年第11期。

[182] 谢海燕、朱洪海：《中国绿色食品产业发展中出现的问题》，《湖北植保》2007年第2期。

[183] 邢鹏、钟甫宁：《粮食单产波动与政策性农业保险制度》，《新疆大学学报》2004年第3期。

[184] 徐柏园：《澳大利亚的粮食产业政策》，《世界农业》1996年第5期。

[185] 徐更生：《美国农业政策》，经济管理出版社2007年版。

[186] 徐叔华、陈丕横：《简论李悝经济思想的现代意义》，《中国经济与管理科学》2009年第1期。

[187] 许经勇：《马克思农业科学技术进步理论初探》，《当代经济研究》2007年第12期。
[188] 许经勇等：《粮食保护政策和粮食安全问题的深层思考》，《财经论坛》2005年第1期。
[189] 〔英〕亚当·斯密，郭大力、王亚南译：《国富论》，商务印书馆1979年版。
[190] 严瑞珍、程漱兰：《经济全球化与中国粮食问题》，中国人民大学出版社2001年版。
[191] 颜波、陈玉中：《粮食流通体制改革30年》，《中国粮食经济》2009年第3期。
[192] 颜鹏飞、张青：《论约翰·穆勒的国家适度干预学说》，《经济评论》1996年第6期。
[193] 杨黛：《论布阿吉尔贝尔的经济思想及其现实意义》，《广东教育学院学报》2003年第8期。
[194] 杨海：《对西奥多·舒尔茨的回顾及其理论启示》，《高等函授学报》2006年第3期。
[195] 杨红旗、汪秀峰、张玉乐：《浅谈中国现行的粮食补贴政策》，《种业导刊》2009年第7期。
[196] 杨焕玲、孙志亮：《美国农业税收政策及其对中国的启示》，《改革与开放》2008年第4期。
[197] 杨惠芳：《阿根廷农业税收制度及其对中国的启示》，《拉丁美洲研究》2003年第2期。
[198] 杨巍：《中国粮食作物技术进步模式的经济学分析》，中国农业科学院研究生院博士学位论文，2010年。
[199] 杨卫路：《美国的粮食保护策略》，《中国粮食经济》2000年第4期。
[200] 杨晓智：《中国粮食供求与农业开放政策研究》，《国际贸易研究》2009年第11期。
[201] 杨阵：《中国粮食贸易现状分析及政策选择》，吉林大学硕士学位论文，2006年。
[202] 杨智杰：《王安石变法及其理财思想》，《财会月刊》2007年第11期。
[203] 尹岩：《发达国家对本国农业保护及其对农产品国际贸易的影响》，《中国粮食经济》2001年第10期。

[204] 于振峰：《德国粮食干燥和低温储粮技术，粮库建设理论与实践》，中国计划出版社2002年版。

[205] 虞和平：《孙中山民生主义的发展过程及其行政影响》，广东人民出版社2006年版。

[206] 约翰·穆勒：《政治经济学原理》下卷，商务印书馆1991年版。

[207] 张红宇、陈良彪：《巴西农民收入支持政策及启示》，《世界农业》2004年第10期。

[208] 张晶：《重农主义经济思想述评》，《现代商贸工业》2008年版。

[209] 张莉：《粮食取消出口暂定关税》，《北京农业》2009年第8期。

[210] 张琳：《论约翰·穆勒的政府干预思想》，《枣庄学院学报》2007年第8期。

[211] 张领先：《国外农业支持政策对中国的启示》，《科技管理研究》2006年第2期。

[212] 张培刚：《二十世纪中国粮食经济》，华中理工大学出版社2002年版。

[213] 张守军：《徐光启的经济思想》，《财经问题研究》1997年第8期。

[214] 张彦英、夏海英：《农业财政补贴的经济学理论依据分析》，《中国集体经济》2007年第2期。

[215] 张玉棉：《战后日本的农业保护政策及其效果》，《现代日本经济》1998年第6期。

[216] 赵发生等：《当代中国的粮食工作》，中国社会科学出版社1988年版。

[217] 振华、周守文：《粮食安全有九大隐忧》，《决策探索》2004年第1期。

[218] 郑冰：《支持价下免除农业税及直接补贴对农民粮食生产的影响分析》，《科学管理》2007年第6期。

[219] 郑淑臻：《中国与美国、欧盟农产品税收与补贴比较研究》，《上海金融学院学报》2006年第4期。

[220] 钟常：《欧盟：区别对待粮食短缺与过剩》，《经济日报》2006年5月11日。

[221] 中发（2010）1号：《中共中央国务院关于加大统筹城乡发展力度进一步夯实农业农村发展基础的若干意见》。

[222] 钟甫宁：《进攻还是防御？略论农业支持政策重点的战略选择》，《农业经济问题》2003年第1期。

[223] 钟甫宁：《全球化与小农：中国面临的现实》，《南京农业大学学报》

2005 年第 2 期。
[224] 中共中央马恩列斯著作编译局：《列宁选集》第 4 卷，人民出版社 1972 年版。
[225] 中共中央文献研究室：《三中全会以来重要文献选编》（上），人民出版社 1982 年版，第 1 ~265 页。
[226] 中共中央文献研究室：《三中全会以来重要文献选编》（下），人民出版社 1982 年版，第 690 ~700 页。
[227] 中共中央文献研究室：《十二大以来重要文献选编》（上），人民出版社 1986 年版，第 1 ~426 页。
[228] 中共中央文献研究室：《十二大以来重要文献选编》（中），人民出版社 1986 年版，第 600 ~845 页。
[229] 中共中央文献研究室：《十二大以来重要文献选编》（下），人民出版社 1988 年版，第 1029 ~1039 页。
[230] 中共中央文献研究室：《十三大以来重要文献选编》（上），人民出版社 1991 年版，第 1 ~317 页。
[231] 中共中央文献研究室：《十三大以来重要文献选编》（中），人民出版社 1991 年版，第 676 ~1159 页。
[232] 中共中央文献研究室：《十四大以来重要文献选编》（上），人民出版社 1996 年版，第 480 ~483 页。
[233] 中共中央文献研究室：《十四大以来重要文献选编》（下），人民出版社 1999 年版，第 1945 ~2578 页。
[234] 中共中央文献研究室：《十五大以来重要文献选编》（上），人民出版社 2000 年版，第 1 ~779 页。
[235] 中共中央文献研究室：《十五大以来重要文献选编》（中），人民出版社 2001 年版，第 1000 ~1465 页。
[236] 中共中央文献研究室：《十五大以来重要文献选编》（下），人民出版社 2003 年版，第 1950 ~1957 页。
[237] 中共中央文献研究室：《十六大以来重要文献选编》（上），中央文献出版社 2005 年版，第 1 ~833 页。
[238] 中共中央文献研究室：《十六大以来重要文献选编》（中），中央文献出版社 2006 年版，第 96 ~929 页。
[239] 中国社会科学院近代史所编：《孙中山全集》第 2 卷，中华书局 1982

年版。

[240]《中国统计年鉴》(1985～2009),中国统计出版社各年版。

[241] 中央电视台《中国财经报道》栏目组:《粮食战争》,机械工业出版社2008年版。

[242] 周道生:《论刘晏的经济改革及其历史意义》,《湖南税务高等专科学校学报》2003年第7期。

[243] 周浩明、鹏明朗:《亚当·斯密的农业发展理论及其启示》,《湘潭大学学报》1992年第1期。

[244] 周慧秋、李孝忠:《价格支持、直接补贴与粮食政策改进》,《学习与探索》2008年第4期。

[245] 周立、刘永好:《粮食战争》,机械工业出版社2008年版。

[246] 周俊:《建议粮食最低收购价政策执行效应分析》,《财政监督》2008年第7期。

[247] 周平川、吉海瑞:《分阶段分步骤彻底改革农业税收制度》,《税务研究》2004年第2期。

[248] 周小萍、崔月明:《中国粮食供求的区域特征及未来形势分析》,《发展研究》2006年第4期。

[249] 周彦:《从发展经济学角度看中国与欧盟的农业政策》,《当代经理人》2006年第4期。

[250] 周永刚、向德富:《论先秦时期的“惠农”政策》,《福建论坛》2007年第8期。

[251] 朱长国:《英国粮食流通基本情况和主要特征》,《中国粮食经济》2000年第1期。

[252] 朱行:《世界农业强国巴西农业概述》,《海外农业》2009年第3期。

[253] 朱行:《美国〈2007农业法〉提案简介》,《粮食科技与经济》2007年第4期。

[254] 朱行:《美国农业合同发展概况》,《粮食科技与经济》2008年第1期。

[255] 朱润喜:《统一城乡税制的路径选择》,《中国财政》2009年第8期。

[256] 朱希刚:《跨世纪的探索:中国粮食问题研究》,中国农业出版社1997年版。

[257] 朱信凯、涂圣伟:《农产品出口信贷及新框架协议下的影响与对策》,《商业经济与管理》2005年第4期。

[258] 朱艳丽:《20 世纪 90 年代中期以来日本农业改革研究》，吉林大学博士学位论文，2009 年。

[259] 朱泽:《中国粮食安全状况的实证研究》，中共中央政策研究室。

[260] 左丘明:《国语·齐语》，中华书局 2007 年版。

[261] WTO ANALYTICAL INDEX AGREEMENT ON AGRICULTURE, http://www. wto. org/english/res_e/booksp_e/analytic_index_e/agric - ulture_01_e. htm 2010. 7. 21。

[262]《联合国粮农组织统计年鉴》，http://www. fao. org/economic/ess/publications - studies/statistical - yearbook/2009/zh/。

[263] 中华人民共和国国家统计局，http://www. stats. gov。

[264] 上海农业网，http://www. shac. gov. cn/fwzx/hwzc/zcgl/200712/t20071214_200269. h - tlm, 2010 年 7 月 28 日。

[265]《日本统计年鉴》(2009)，http://www. stat. go. jp/data/nenkan/index. htm。

[266]《2009 年越南大米出口创历史最高水平》，《经济日报》，http://www. 8801. com. cn，2010 年 1 月 26 日。

[267]《2008 年泰国大米出口量有望达到 1000 万吨》，中国农业网，http://www. zgny. con. cn，2008 年 8 月 28 日。

[268]《菲律宾新政府将重审大米进口政策》，农博要闻，http://news. aweb. com. cn, 2010 年 6 月 30 日。

[269]《阿根廷农业综合调研》，国际经贸研究中心网，http://www. heyitrade. cn/onews. asp? id = 511&Page = 22008. http://www. j - rj. com。

[270]《米价每吨近 1000 美元东南亚出现大米恐慌》，《第一财经日报》2008 年 4 月 21 日。

[271] Grain: World Markets and Trades, FAS/USDA June 2008. pp. 12 ~ 14. 联合国粮农组织，http://www. fao. org/es/esc/en/20953/21026/index. html/。

[272]《全球粮食危机蔓延 泰国米价创纪录每吨 1000 美元》，央视国际，http://www. news. cn，2008 年 4 月 19 日。

[273] 北京师联教育科学研究所:《中国古典文化大成·诸子百家卷·周礼》，学苑音像出版社 2005 年版，p. 18 ~ 37。

[274]《中国统计摘要 2010》，中国统计出版社 2010 年版。

[275]《实行对种粮农民直接补贴调整粮食风险基金使用范围的实施意见》，财政部财建［2004］75 号。

[276] 成都三农热线，http：//12316. chengdu. gov. cn 发布日期：2004 年 1 月 4 日。

[277]〔五代〕刘昫：《旧唐书》卷 118，中华书局 1975 年版。

[278] 朱道华主编：《农业经济学》，中国农业出版社 2005 年版。

[279] 张向前：《中国粮食安全问题研究》，《东北财经大学学报》2009 年第 1 期。

[280]《粮食财政财务管理实用手册》（上、下），经济科学出版社 2006 年版。

[281] 梅方权：《2020 年中国粮食的发展目标分析》，《中国食品与营养》2009 年第 2 期。

[282] 王艳：《论中国粮食政策的法治化》，《中国粮食经济》2009 年第 10 期。

[283] 彭珂珊：《中国粮食生产可持续发展问题的再认识》，《国土与自然资源研究》1998 年第 1 期。

[284] 肖顺武：《论法律保障粮食安全的必要性》，《凯里学院学报》2007 年第 25 卷第 1 期。

[285] 马尔萨斯：《人口原理》，商务印书馆 1996 年版。